Z 2271
B.7.

(C.)

23630

COURS D'ÉTUDE

POUR L'INSTRUCTION

DU PRINCE DE PARME.

COURS D'ÉTUDE

POUR L'INSTRUCTION

DU PRINCE DE PARME,

AUJOURD'HUI

S. A. R. L'INFANT

D. FERDINAND,

DUC DE PARME, PLAISANCE, GUASTALLE,
&c. &c. &c.

Par M. l'Abbé de CONDILLAC, *de l'Académie françoise & de celles de Berlin, de Parme & de Lyon; ancien Précepteur de S. A. R.*

TOME SEPTIEME.

INTRODUC. A L'ÉTUDE DE L'HISTOIRE ANCIENNE.

A PARME,
DE L'IMPRIMERIE ROYALE.

M. DCC. LXXV.

BIBLIOTHEQUE ROYALE

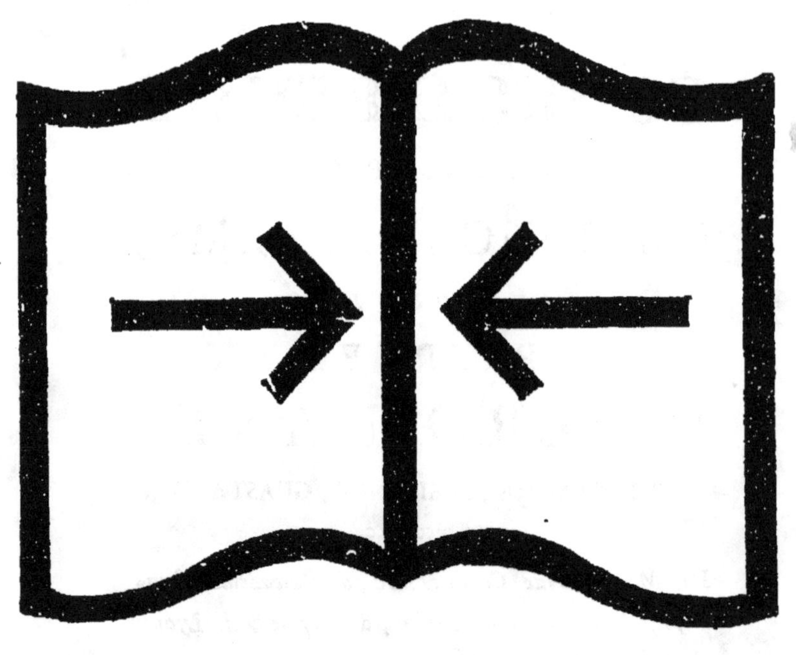

RELIURE SERRÉE
ABSENCE DE MARGES INTÉRIEURES

VALABLE POUR TOUT OU PARTIE DU DOCUMENT REPRODUIT

TABLE DES MATIÈRES.

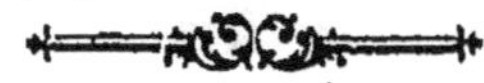

LIVRE CINQUIEME.

CHAPITRE I.

Des anciens peuples de l'Italie.

par le vol & par le chant des oiseaux. Les aruspices. Les expiations. Elles n'ont été nulle part plus en usage qu'en Italie. Pratiques usitées à la fondation des villes. Pourquoi on cachoit le nom du dieu auquel une ville étoit consacrée. Evocation. Différents dieux tutélaires. Magie. Il est utile d'observer ces superstitions. Elles sont antérieures aux Romains. La magie a eu en Italie une autre origine qu'en Asie. Lors de la fondation de Rome, les sociétés civiles en Italie en étoient encore à leurs commencements.

CHAPITRE II.

De la fondation de Rome & de Romulus.

Incertitude de la fondation de Rome. Sentiment qui a prévalu. Commencement de Rome sous Romulus. Romulus ouvre un asyle. Les Romains enlevent les filles des peuples voisins. On se hâte trop d'admirer les Romains. Dans les commencements, les Romains ne pensoient pas à se donner des loix. Comment Rome est victorieuse de plusieurs peuples ennemis. Dépouilles opimes, origine des triomphes. Les Romains & les Sabins, après s'être fait la guerre, ne forment plus qu'un peuple. Fin du regne de Romulus. Il faut connoître les réglements qui remontent au temps de Romulus. Usages qu'il emprunta des Étrusques. Fêtes consacrées à Pales. Division que

Romulus fait du peuple. Deux sortes de comices. Le sénat. Origine des familles patriciennes. Fonctions du sénat. Pouvoir des comices. Les dignités conférées aux sénateurs. Autorité du roi. Marques de la puissance. Fonctions des tribuns. Gouverneur de la ville. Le gouvernement de Rome étoit une monarchie modérée, formée sur les usages reçus par les peuplades errantes. Pourquoi nous sommes portés à croire que ce gouvernement a été l'ouvrage de Romulus. Les loix attribuées à Romulus, n'ont pas été son ouvrage. Le culte, qui s'établit sous son regne, n'a pas été son ouvrage.

CHAPITRE III.

Numa, second roi de Rome.

Pag. 39.

Interregne d'un an. Numa est élu roi de Rome. Comment on consultoit les dieux sur ce choix. Il ne paroît pas que Numa ait été un prince fort éclairé. Il tourne l'esprit du peuple à la superstition. Les peuples d'Italie avoient alors quelque idée de justice. Leur usage avant de prendre les armes. Numa transporte cet usage à Rome. Temple de Janus. Les flamines. Les saliens. Temple de Vesta. Vierges consacrées à cette divinité. La Bonne-Foi mise au nombre des dieux. Le dieu Terme. Numa réforme le calendrier. Les jours qu'on nommoit fasti & nefasti. *Pontifes créés par Numa. Annales. Numa donna des soins à l'agri-*

CHAPITRE IV.

CHAPITRE V.

CHAPITRE VI.

CHAPITRE VII.

Servius Tullius, sixieme roi.

CHAPITRE VIII.

Tarquin dit le Superbe, septieme roi.

CHAPITTE IX.

Considérations sur les temps de la monarchie romaine.

qui gouvernent. Comment les circonstances ont préparé la grandeur de Rome. Nous ne connoissons ni les forces des Romains ni celles de leurs ennemis. Il est étonnant que Rome n'ait eu que sept rois dans l'espace de 244 ans. Le patronage.

LIVRE SIXIEME.

CHAPITRE I.

Jusqu'à la création des tribuns du peuple

Après l'expulsion des Tarquins, on se trouva dans la nécessité de renouveller les loix. Création de deux consuls. Leurs fonctions. Marques de leur dignité. On les tire de l'ordre des patriciens. Solemnités à l'occasion du nouveau gouvernement. Sacrifiateur qu'on nommoit roi. Conspiration en faveur de Tarquin. Les conspirateurs découverts & punis. Exil du consul Tarquinius Collatinus. Brutus est tué dans un combat. Ses funérailles. Soupçons contre le consul Valérius. Il les dissipe. Il fait des loix favorables au peuple. Création des deux questeurs. Conduite du sénat avec le peuple, lors de la guerre de Porsenna. Horatius Cocles. C. Mucius Scévola. Clélie. Conduite généreuse de Porsenna. Récompense qu'on accorde aux Romains qui se sont distingués pendant la guerre.

tribunat est une source de dissentions. Les deux ordres sont jaloux de commander dans Rome. Ils portent ce caractère dans les guerres qu'ils ont avec leurs voisins. Les guerres en deviennent plus destructives. Comment les Romains doivent être toujours plus ambitieux de commander aux autres peuples. Usages & maximes des Romains sous Romulus. Sous Numa ils deviennent superstitieux, sans cesser d'être brigands. Ils se font une réputation de piété & de justice. Ils ne sont qu'hypocrites. Les nations n'ouvrent pas les yeux sur l'injustice des entreprises des Romains. Les dissentions des deux ordres de la république offrent les mêmes scenes, pendant près de deux siecles.

CHAPITRE III.

Jusqu'à la paix que Coriolan accorde aux Romains.

Pag. 117.

Les tribuns n'avoient aucune marque de puissance. Ils ne devoient pas se borner au droit d'opposition. Troubles à l'occasion d'une famine. Loi qui autorise les tribuns à convoquer les assemblées du peuple. Deux puissances législatives dans la république. Conduite que le sénat auroit dû tenir pour recouvrer l'autorité. Coriolan souleve le peuple contre lui. Les tribuns le veulent faire arrêter. Sicinius prononce contre lui une sentence qui n'est pas exécutée. Coriolan est cité devant le peuple du consentement du sénat. Il est condamné à l'exil par le peuple, assemblé pour la premiere fois par tribus. Il assiége Rome, à la tête des Volsques. Il leve le siege.

CHAPITRE IV.

Jusqu'à la publication de la loi de Valéro.

Pag. 131.

Sp. Cassius aspire à la tyrannie. Il échoue. Pour empêcher l'exécution de la loi Agraire, proposée par Cassius, le sénat la propose lui-même. Cassius condamné à mort & exécuté. La loi Agraire paroît oubliée. Dissentions à l'occasion de cette loi, qui est proposée de nouveau. Désobéissance des troupes. Guerres qui font diversion aux dissentions. Les dissentions recommencent & les tribuns citent devant le peuple les consuls des années précédentes. La mort de Génucius intimide les tribuns. Le sénat compte trop sur la terreur que cette mort a répandue. Troubles auxquels la dureté des consuls donne lieu. Le tribun Voléro se propose d'humilier le sénat. Loi qu'il propose à cet effet. Les patriciens s'y opposent. Extension que Voléro donne à la loi. Précaution que prend le sénat. Troubles. La loi est portée. Puissance qu'acquiert le peuple. Puissance qui reste au sénat, & aux consuls. Causes qui portent l'amour de la patrie jusqu'au fanatisme. Causes qui doivent contribuer à l'agrandissement des Romains.

CRAPITRE V.

Jusqu'à la création des décemvirs pour un corps de loix.

Pag. 147.

Pourquoi les plébéiens ne savent pas user de toute leur puissance. Comment les patriciens doivent perdre toute leur autorité. Armée qui se laisse vaincre par haine contre Ap. Claudius. La loi Agraire proposée de nouveau. Ap. Claudius, cité devant le peuple, meurt avant le jugement. Difficultés que souffroit la loi Agraire. Le consul T. Emilius la veut faire passer. Les plébéiens refusent des champs dans le territoire d'Antium. Terentillus propose de nommer des décemvirs pour former un corps de loix. Les collegues de ce tribun consentent à suspendre cette affaire. Le sénat s'y oppose. Les tribuns la portent à l'assemblée du peuple. Troubles. Les troubles continuent pendant que les Sabins sont maîtres du Capitole. L. Quintius rétablit le calme. Il fait passer les Eques sous le joug. Instances des tribuns au sujet de la loi Térentilla. On crée dix tribuns au lieu de cinq. Les tribuns obtiennent le mont Aventin pour le peuple & ils acquierent le droit de convoquer le sénat. Le tribun Icilius tente de soumettre les consuls au tribunal du peuple. Il est obligé de renoncer à cette entreprise. Le peuple ne connoissoit pas tout ce qu'il pouvoit. On envoie des députés en Grece. Création des décemvirs.

CHAPITRE VI.

Du gouvernement des décemvirs.

Pag. 166.

Gouvernement des décemvirs dans la premiere année. Ils font dix tables de loix, qui sont reçues par le peuple. On arrête de créer de nouveaux décemvirs. Ap. Claudius est suspect au sénat. Il se fait continuer, & il a des collegues à sa dévotion. Il étoit facile aux décemvirs de conserver l'autorité. Plan qu'ils se font. Ce plan n'étoit pas raisonnable. Leur tyrannie. Ils paroissent avoir voulu entretenir la division entre les deux ordres. Deux nouvelles tables de loix. Ils se continuent dans le gouvernement. Guerre qui les jette dans un grand embarras. Ils convoquent le sénat, & lui arrachent un décret, qui ordonne la levée des troupes. Les troupes leur désobéissent. Attentat de Claudius sur Virginie. Soulevement que cause la mort de Virginie. Les armées abandonnent leurs généraux & se retirent sur le mont Aventin. Elles passent au mont Sacré pour forcer le sénat à prendre une résolution. Le sénat leur accorde ce qu'elles demandent. On élit des tribuns & des consuls. Loix favorables au peuple. Les tribuns se vengent des décemvirs. Le calme se rétablit.

CHAPITRE VII.

Après Servius Tullius les patriciens & les plébéiens ont été confondus dans les six classes. Comment les patriciens cesseront de faire un ordre à part. Deux nouveaux ordres dans la république. Comment les plébéiens d'abord exclus du sénat, y ont été admis. Comment la noblesse passera des familles patriciennes aux familles plébéiennes. Ordre des chevaliers. L'inégalité des fortunes étoit le principe des changements, que les circonstances amenoient dans le gouvernement. Un corps de loix doit être mieux fait par un seul législateur, que par plusieurs. Les décemvirs n'ont pas déterminé où résidoit la puissance législative. Avant Servius Tullius cette puissance étoit dans le peuple entier. Après ce roi, elle se partage entre les comices par centuries & les comices par tribus. Ces deux assemblées sont également fondées à se l'arroger. Quelle part le sénat avoit à la législation.

CHAPITRE VIII.

Le peuple s'arroge le droit de décerner le triomphe. Le tribun Duillius fait échouer le projet de ses

ses collegues, qui vouloient être continués dans le tribunat. Deux patriciens parmi les tribuns. Loi Trébonia. T. Quintius réunit contre l'ennemi les deux ordres divisés. Les plébéiens demandent qu'ils puissent s'établir par des mariages avec les patriciens, & que le consulat leur soit ouvert. Les mariages se contractoient de trois manieres. La religion élevoit une barriere entre les deux ordres. Le sénat consent à la loi pour les mariages. Création des tribuns militaires. Pourquoi le sénat perd peu-à-peu son autorité. Aucun plébéien n'obtient le tribunat militaire. Consuls rétablis. Création des deux censeurs. Autorité des censeurs. Utilité de la censure. Le sénat ne connut pas d'abord toute l'autorité qu'il conféroit aux censeurs.

CHAPITRE IX.

Jusqu'à l'établissement d'une solde pour les troupes.

Pag. 103.

Troubles à l'occasion d'une disette. Mamercus Émilius nommé dictateur. Secondes dépouilles opimes. Émilius réduit la censure à dix-huit mois. Conduite des censeurs à son égard. Les tribuns saisissent cette occasion pour déclamer contre le sénat. Ils font élire des tribuns militaires. Le sénat soumet les consuls à la puissance tribunicienne. Ce que les historiens disent des pertes & des avantages de la république, pendant la guerre, est

---

CHAPITRE X.

Juſqu'à la priſe de Véïes.

à continuer le siege. Nouvelles pertes. Nouvelle déclamation des tribuns. Ils s'opposent à la levée de l'impôt pour la solde. Ils cessent de s'y opposer, parce qu'un plébéien a été élu tribun militaire. Cinq plébéiens obtiennent cette magistrature. Lectisternium à l'occasion d'une calamité. Raison que le sénat donne de la calamité. Prodiges. Épouvante qui passe du camp à Rome. Prise de Véïes.

CHAPITRE XI.

Considérations sur la république romaine lors de la prise de Véïes.

Pag. 232.

Les Romains n'avoient point de loix fondamentales. Les deux ordres de la république sont comme deux especes différentes. Tout étoit aux patriciens. Quand les plébéiens ont commencé à faire un ordre. Il y a dans la république deux puissances rivales. Les Romains ne sont pas libres. Les premiers plébéiens qui ont obtenu le tribunat militaire, sont époque. Les plébéiens doivent prétendre au consulat. Comment ils y parviendront. Pourquoi un plébéien pouvoit difficilement avoir la pluralité pour lui dans les comices par centuries. Conjecture sur les changements faits dans la maniere de procéder aux élections. La prise de Véïes est le présage de la grandeur des Romains.

CHAPITRE XII.

Jusqu'au sac de Rome par les Gaulois.

Mécontentement du peuple. On propose de faire de Véies une seconde Rome. Cette proposition est rejetée. Concorde rétablie entre les deux ordres. Camille accusé, s'exile. Clusium assiégé par les Gaulois. Brennus marche à Rome. Plusieurs dénombrements du peuple romain. Les Romains sont défaits. Rome reste sans défense. Il ne s'y trouve que mille soldats qui s'enferment dans le Capitole. Massacre des vieux sénateurs. Rome est ruinée. Camille bat les Gaulois. Il est nommé dictateur. Le Capitole est sur le point d'être pris. Les Romains capitulent. Rome est délivrée.

CHAPITRE XIII.

Jusqu'à l'abolissement du tribunat militaire: époque où le consulat devient commun aux deux ordres de la république.

Rome est rebâtie. Incertitude des premiers siecles de l'histoire romaine. Camille triomphe des ennemis. Manlius se met à la tête du peuple. On crée un dictateur. Le dictateur envoie Manlius en prison. Mécontentement du peuple. Le sénat rend la liberté à Manlius. Manlius tente de soulever le peuple. On l'accuse d'aspirer à la tyrannie. Il est condamné à mort. Remords du peuple. Les tribuns déclament contre le sénat. Les guerres suspendent les dissentions. Misere & découragement des plébéiens. Fabius, Licinius & Sextius se concertent pour ouvrir le consulat aux plébéiens. Loix proposées à cet effet par Sextius. Troubles. Une guerre les suspend. Conduite de Sextius. Nouvelle loi qu'il propose. Sextius & Licinius veulent faire passer leurs loix malgré les oppositions de leurs collegues. Pourquoi ces deux tribuns suspendent leur entreprise. Ils font passer une de leurs loix. Irruption des Gaulois. Concorde rétablie entre les deux ordres. Édilité curule. La préture. Loi Licinia.

CHAPITRE XIV.

Jusqu'à la création de quatre nouveaux prêtres & de cinq nouveaux augures : époque où les plébéiens sont parvenus à tous les honneurs.

Pag. 270.

Plaintes & prétentions des tribuns. Superstitions auxquelles la peste donne occasion. M. Curtius. Les Romains ne savent encore que combattre & vaincre. Guerre avec les Herniques ; avec les Gaulois. Loix contre les brigues & contre les usures. Un plébéien dictateur pendant la guerre contre les Étrusques. Les plébéiens avoient déja obtenu l'édilité curule. Le sénat tente de les exclure du consulat. Les tribuns défendent les droits du peuple. On assoupit les querelles au sujet des dettes. Un plébéien élevé à la censure. Afin de se rendre maître des comices, le sénat nomme un dictateur pour y présider. Les Gaulois, qui sont encore défaits, cessent leurs hostilités. Alliance avec les Carthaginois. Origine de la guerre avec les Samnites. Les Campaniens demandent des secours à la république. Les Romains déclarent la guerre aux Samnites. Pertes de la part des Samnites. Ils font la paix. Les Latins veulent forcer les Romains à partager l'empire avec eux. Vision de T. Manlius & de P. Décius Mus. Manlius fait mourir son fils. Décius se dévoue, & les Latins sont défaits. Paix conclue avec les Latins. Loix portées par un dictateur plébéien. Femmes punies comme empoisonneuses. Hostilités des Palépolitains. Trois manieres de conquérir. Premier proconsul. La guerre avec les Samnites recommence. Guerre dans la grande Grece, où la ville de Tarente avoit appellé le roi d'Épire. Inquiétude des Tarentins à la vue des progrès des Romains. Loi qui défend aux créanciers de mettre les débiteurs dans les fers. Guerre avec les Samnites, les Lucaniens & les Vestins. Le dictateur Papirius veut punir de mort Fabius, son général de la cavalerie, parce qu'il a combattu contre ses ordres. Le peuple demande & obtient la

---

CHAPITRE XV.

Jusqu'à la conquête de l'Italie.

CHAPITRE XVI.

CHAPITRE XVII.

LIVRE SEPTIEME.

CHAPITRE I.

Des Carthaginois jusqu'à leur alliance avec Xerxès.

Pag. 332.

Didon conduit en Afrique une colonie d'hommes industrieux. Carthage peut avoir été fondée vers le temps, où Lycurgue donna ses loix. Didon paroît s'être établie sans obstacle. Les Phéniciens dont les Carthaginois étoient une colonie. Nous ne savons pas l'histoire des premiers temps de Carthage. Carthage a fait des progrès rapides. Nous en connoissons mal le gouvernement. Avec quelle facilité les Carthaginois ont fait des établissements pour le commerce. Tyr & Carthage faisoient, sans se nuire, tout le commerce de l'orient avec l'occident. Enrichis par le commerce, les Carthaginois font la guerre à leurs voisins. Ils s'agrandissent lentement par la voie des armes. Ils n'avoient que des troupes mercenaires, & ils pouvoient lever de grandes armées. C'en étoit assez pour avoir des succès. Ils jugeoient de leur puissance par leurs richesses. Ils etoient établis en Sicile depuis long-temps, lorsqu'ils firent un traité avec Xerxès.

CHAPITRE II.

De Carthage & de la Sicile jusqu'à la fin de la guerre que les Athéniens ont portée dans cette île.

Temps inconnus & obscurs de l'histoire de Sicile. Gouvernement des plus anciens peuples de cette île. Il étoit facile aux étrangers d'y faire des établissements. Colonies grecques en Sicile. L'histoire de Syracuse commence à Gélon, qui est d'abord général du tyran de Géla; puis tyran de Géla, & enfin de Syracuse. Secours qu'il offre aux Grecs contre les Perses. Cadmus chargé par Gélon de présents pour Xerxès. Les Carthaginois portent la guerre en Sicile. Ils sont entierement défaits. Ils obtiennent la paix. Les Syracusains confirment la souveraineté à Gélon. Ils lui élevent une statue. Soins de Gélon pour le gouvernement. Sa mort. Guerres des Carthaginois. Regnes d'Hiéron & de Thrasybule, freres de Gélon. Confédération des villes grecques de Sicile pour la liberté commune. Pétalisme. Deucétius ennemi des Syracusains. Les Syracusains veulent subjuguer la Sicile. Les Athéniens appellés par les Léontins, envoient une flotte sur les côtes de Sicile. Ils portent la guerre en Sicile. Les généraux ne s'accordent pas sur le plan qu'il veulent se faire. Syracuse assiégée, & réduite à l'extrémité. Secours qui lui arrivent. Nicias, général des Athéniens, demande des ſecours. L'armée des Athéniens eſt exterminée.

CHAPITRE III.

De la Sicile & de Carthage juſqu'à la mort de Denis l'Ancien.

Pag. 361.

Guerre des Carthaginois en Sicile. Denis, citoyen de Syracuſe, aſpire à la tyrannie. Denis s'aſſure la couronne. Fin de la guerre. Les Syracuſains ſe ſoulevent contre Denis. Ils ſe ſoumettent. Denis ſe rend maître de pluſieurs villes. Ses préparatifs de guerre contre Carthage. Sa conduite pour intéreſſer les peuples à ſes ſuccès. Mot de Dion à Denis. Trahiſon de Denis envers les Carthaginois. Il arme ouvertement. Il eſt aſſiégé dans Syracuſe. Cette ville eſt délivrée. Soulévement des Africains contre Carthage. Denis fait la guerre aux habitants de Rhege. Denis veut remporter le prix aux jeux Olympiques. Il ſe piquoit d'être poëte. Pirateries de Denis. Peuples qui ſe révoltent contre Carthage. Denis remporte le prix aux fêtes de Bacchus, & meurt: Bruits peu vraiſemblables au ſujet de ce prince.

CHAPITRE IV.

Caractère de Denis le Jeune qui succede à Denis l'Ancien. Il exile Dion. Il attire les gens de lettres. Dion est invité à armer contre Denis. Puissance de Syracuse. Dion force Denis à quitter la couronne. Troubles à Syracuse après la retraite de Denis. Mort de Dion. Denis recouvre le trône. Corinthe envoie Timoléon au secours des Syracusains. Timoléon debarque en Sicile. Il défait Icétas. Denis lui livre la citadelle. Il est envoyé à Corinthe. Magon, général des Carthaginois, abandonne la Sicile. Icétas est défait une seconde fois, & Timoléon rétablit la démocratie. Les Carthaginois vaincus demandent la paix. Timoléon chasse de Sicile tous les tyrans. Il travaille à rétablir la population. Timoléon passe le reste de ses jours à Syracuse. Considération dont il jouit jusqu'à sa mort.

CHAPITRE V.

Temps où les Syracusains paroissoient faits pour obéir à un monarque. Comment la démocratie s'é-

---

CHAPITRE VI.

CHAPITRE VII.

FIN de la Table.

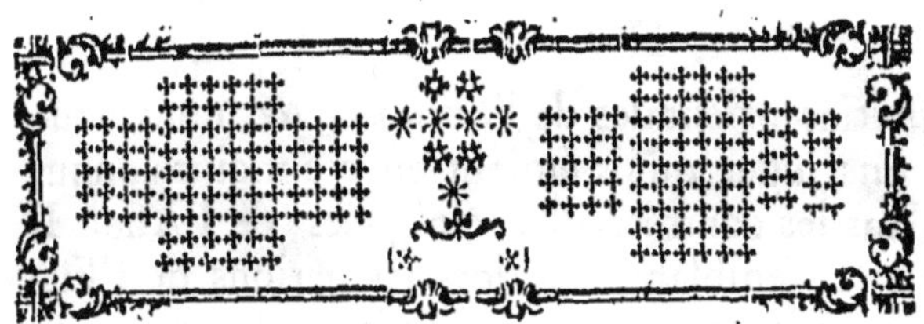

LIVRE CINQUIEME.

CHAPITRE PREMIER.

Des anciens peuples de l'Italie.

L'ITALIE est une presqu'île, qui tient au continent par la chaîne des Alpes. Elle étoit peuplée, avant que la navigation fût connue, & par conséquent, les premiers habitants y sont arrivés par terre.

Conjectures sur les premieres peuplades arrivées en Italie.

Les Alpes offroient trois passages; l'un au nord, l'autre au midi & le troisieme par les gorges du Tirol & du Trentin. Les Illyriens étoient voisins du premier; les Ibériens ou Espagnols, du second; & les Celtes, du troisieme. C'est donc par ces nations que l'Italie aura d'abord été peuplée.

La tradition nous fait voir qu'au siecle des Titans, les arts commençoient à peine dans les parties orientales de l'Europe ; & nous pouvons juger qu'ils étoient encore moins connus dans les contrées plus éloignées de l'Asie. Il est vraisemblable qu'alors les nations de l'Europe n'étoient, au moins pour la plupart, que des peuplades errantes qui ne connoissoient pas l'agriculture, ou qui la connoissoient peu. Celles qui pouvoient en avoir quelque connoissance, semblables aux Titans, la cultivoient ou la négligeoient suivant les circonstances ; & continuant d'errer, elles ne se fixoient, qu'autant qu'elles y étoient forcées. Tels ont été les peuples qu'on a depuis nommés Illyriens, Celtes, Ibériens.

Les contrées qu'habitoient les Illyriens, les Celtes & les Ibériens, ont, sans doute, été habitées par d'autres peuples que nous ne connoissons pas. Tous ces peuples errants, tombant continuellement les uns sur les autres, se chassoient, se mêloient & se confondoient. Les Grecs, par exemple, tantôt mêlés avec les Illyriens, tantôt les poussant devant eux, auront pénétré en Italie par les mêmes passages. On conçoit même que, dans ces temps où les peuplades avoient tant de peine à se fixer, il a pu arriver en Italie des peuples, qui venoient de régions fort éloignées.

Quelques unes de ces peuplades étoient grec-

La tradition, qui a conservé le souvenir de quelques-unes de ces anciennes transmigrations, prouve que les peuples qui habitoient le

Latium & quelques cantons de la Toscane, se croyoient originaires de la Grece ; & cette opinion n'étoit pas sans fondement, car ils avoient dans leurs usages & dans leur langue, beaucoup de choses communes avec les Grecs. Il faut croire cependant que d'autres peuples s'étoient mêlés parmi eux: mais parce que les Grecs prévalurent, ils parurent, tous avoir la même origine.

ques d'origine.

Les premieres peuplades passerent en Italie, parce qu'elles vouloient changer de lieu, ou parce qu'elles étoient chassées des contrées qu'elles habitoient. Elles n'avoient pas projeté de se transporter dans un pays, quelles ne connoissoient pas. Elles cherchoient uniquement leur subsistance, allant au hasard, de proche en proche ; & cela seul les devoit conduire en Italie, comme ailleurs.

Commencements des sociétés civiles en Italie.

Poussées par d'autres peuplades, qui marchoient sur leurs traces, & ne pouvant revenir sur leurs pas, elles se répandirent dans la partie méridionale. De la sorte, toute l'Italie se peupla peu-à-peu, & la population vint au point qu'il fallut songer aux moyens de se transporter dans les îles voisines. On passa en Sicile, en Corse & en Sardaigne.

Les peuplades continuérent d'errer en Italie, tant qu'elles purent subsister des fruits que le sol produisoit naturellement. Mais à mesure qu'elles se multiplioient, elles subsistoient plus difficilement. Alors forcées à cultiver la terre, elles se fixerent, & ce fut le commencement des sociétés civiles dans cette partie de l'Europe.

Je dis que les peuplades ne cultiverent la terre, que parce qu'elles y furent forcées. C'est qu'il n'est pas vraisemblable que les hommes cherchent l'art de faire naître des fruits, lorsque le pays qu'ils habitent en produit abondamment, sans travail de leur part. En Asie, où l'agriculture étoit connue de tout temps, nous avons vu des peuplades errer pendant des siecles,

Je ne prétends pas qu'en Italie on ait été dans la nécessité de faire jusqu'aux premieres découvertes de l'agriculture. Il est vraisemblable que parmi les peuplades qui s'y transporterent, quelques-unes, quoiqu'errantes comme les Titans, en avoient aussi, comme eux, quelques connoissances, C'en fut assez pour commencer. Dans la suite, le besoin multiplia les observations, & l'agriculture se perfectionna.

Nous remarquerons en Italie ce que nous avons déja vu dans la Grece: car les événements ne peuvent manquer de se répéter, lorsque les circonstances & les besoins sont les mêmes. Les sociétés civiles furent d'abord peu considérables, & leurs possessions ne s'étendirent pas loin. Les peuplades choisissoient chacune un lieu, bâtissoient quelques cabanes,

& jetoient ainsi les premiers fondements des villes.

C'étoient de petites monarchies, ou de petites cités sous un chef.

Lorsqu'elles erroient, elles formoient autant de troupes qui avoient chacune leur chef: lorsqu'elles se furent fixées, elles formerent autant de sociétés civiles, qui eurent encore chacune leur chef; & le gouvernement fut monarchique.

Occupées des soins que demandoit leur établissement, ces petites monarchies ne connoissoient pas l'ambition des conquêtes. Elles étoient même assez heureuses pour ne la pouvoir pas connoître encore: elles avoient d'autres besoins.

Une nation qui auroit pu être puissante, parce qu'elle étoit nombreuse, bien loin de penser à s'agrandir, se divisoit au contraire sous autant de chefs, qu'elle habitoit de cantons différents,

Les villes vouloient avoir chacune leur roi. Plusieurs pouvoient se regarder comme une seule nation, parce qu'elles avoient la même origine: mais elles n'imaginoient pas de former une seule monarchie.

Tel est le gouvernement qui avoit prévalu chez les Étrusques & chez les Latins, les seuls peuples que l'histoire fasse connoître avant la fondation de Rome. Cependant les Étrusques avoient occupé non seulement la Toscane, mais encore toute la côte de la Méditerranée, jusqu'au détroit de Sicile. Or, si un peuple aussi considérable ne formoit que de petites cités, il est à présumer qu'il en étoit de même des autres.

Sans doute les guerres étoient fréquentes: mais elles finissoient promptement. On ne vouloit pas conquérir, on ne vouloit que se venger de quelque insulte; & après avoir brûlé ou moissonné les champs de son ennemi, on revenoit chez soi. Il n'y avoit de grandes révolutions, que lorsqu'il survenoit de nouvelles peuplades, assez puissantes pour forcer les anciennes à refluer les unes sur les autres. Cependant comme elles se bornoient à chercher leur subsistance, le calme reparoissoit aussitôt qu'on leur avoit abandonné assez de terres pour former un établissement.

Elles n'étoient pas constituées pour faire des conquêtes.

Il ne paroît pas qu'avant les Romains, aucun peuple d'Italie ait projeté de subjuguer ses voisins. C'est qu'aucun d'eux ne pouvoit être conquérant, ni même en avoir l'ambition.

Dans les cités qui se formoient séparément, tous les citoyens étoient à la fois laboureurs & soldats; ou, pour parler plus exactement, chacun étoit alternativement l'un & l'autre.

Une cité n'avoit donc pas des troupes toujours armées: elle n'en avoit que par intervalles pour se défendre ou pour se venger.

Or, dès qu'elle ne songeoit pas à avoir toujours sur pied des forces capables de retenir sous sa domination les peuples qu'elle avoit vaincus, elle ne songeoit pas à les vaincre pour les mettre sous sa domination. Victorieuse, elle faisoit à son ennemi tout le mal qu'elle pouvoit lui faire; & lorsqu'on avoit posé les armes, le vaincu étoit indépendant, comme auparavant.

Le premier objet d'une cité aura été de pourvoir à sa subsistance; & le second d'être redoutable à ses voisins, afin de n'avoir pas à les redouter elle-même. Dans cette position, si elle est forcée de prendre souvent les armes contre une autre cité qu'elle ne cesse de craindre, la guerre recommencera à plusieurs reprises, jusqu'à ce qu'une des deux soit exterminée. Alors ce qui restera du peuple vaincu, viendra se confondre dans les mêmes murs avec le peuple vainqueur, ou se répandra dans d'autres cités.

Une pareille révolution, entre des cités à peu-près égales, ne peut arriver que rarement. Car les guerres n'étant que des incursions passageres, les intervalles de paix laissent à chaque ville le temps de réparer ses pertes, & de reprendre les armes avec avantage.

Aucun de ces peuples ne connoît encore l'art qui conduit un conquérant de succès en succès. Ils ne peuvent pas même le connoître, parce qu'après quelques combats, le vainqueur, comme le vaincu, est dans la nécessité de poser les armes. Les victoires sont donc rarement décisives: elles ont au moins peu de suites, & à chaque campagne c'est à recommencer.

Le chef ou roi d'une cité n'entreprendra donc pas de subjuguer ses voisins; premiérement, parce que pour former ce projet, il faut, comme nous l'avons dit ailleurs, qu'il y ait déja eu des conquêtes, qui n'avoient pas été projetées; en second lieu, parce que la constitution du gouvernement lui ôtant tout moyen de conquérir, il n'imaginera pas de former une entreprise, dont il ne voit point d'exemple.

Comme il n'a qu'une autorité limitée, il ne dépend pas de lui de mettre des impôts, pour avoir toujours des troupes à sa solde. Les troupes soudoyées & les impositions sont même des choses qu'on ne connoît pas encore. Il n'a pour soldats que des laboureurs, qui sont bientôt obligés de quitter les armes pour reprendre la charrue. Ils font la guerre pour eux, ils la font à leurs frais, ils n'ont d'autre dessein que de piller l'ennemi, & ils sont impatients de revenir chez eux avec le butin qu'ils ont fait.

Si le chef d'une cité ne peut pas penser à faire des conquêtes, une nation, composée de plusieurs cités, n'y pensera pas davantage. Une pareille nation est, comme la république d'Achaïe, une confédération de plusieurs petits peuples qui n'arment que pour leur défense commune. Tous sont également jaloux de leur indépendance : tous veulent se gouverner par leurs loix ou par leurs usages. Ils n'ont pas d'autre ambition.

Il pourra arriver qu'un peuple, forcé à reprendre les armes chaque année, ait à se défendre successivement contre tous ses voisins, & qu'il termine par des victoires la plus part des guerres, dans lesquelles il s'engagera. Mais pour avoir vaincu, il n'étendra pas sa domination sur des pays, d'où il retire toutes ses forces, aussitôt qu'il rentre dans ses murs ; & la victoire ne lui offre que deux moyens de mettre les ennemis qu'il a défaits, hors d'état de lui nuire. Ou il en transportera dans sa ville une partie, qu'il remplacera par une colonie : ou il les transportera tous, après en avoir détruit les habitations, & il en fera autant de citoyens. Voilà les seuls moyens que lui suggéreront les circonstances où il se trouve.

A la vérité, il s'agrandira de la sorte, mais fort lentement. D'ailleurs par cet agrandissement, il ne se fait pas un empire, tel que celui d'un conquérant. Les peuples qu'il a vaincus, ne sont pas des sujets sur lesquels il étend sa domination, ce sont des citoyens qu'il acquiert ; & lorsqu'il les associe à ses privileges, ils ne sont plus avec lui qu'une seule nation. Telle sera la conduite des Romains, & par là, ils se prépareront, de loin & à leur insu, à de grandes conquêtes.

Les villes étoient dans l'usage de fonder des colonies.

Comme les peuples d'Italie étoient dans l'impuissance de faire des conquêtes, les colonies devenoient l'unique ressource des villes qui ne pouvoient pas nourrir tous leurs habitants. Denis d'Halicarnasse nous apprend ce qui se pratiquoit en pareil cas; & nous pouvons l'en croire, parce que ce sont des superstitions de nature à être conservées par la tradition, & d'ailleurs très conformes aux préjugés des anciens peuples.

Pratiques qu'elles observoient en pareil cas.

On consacroit à un Dieu tous les jeunes gens d'un certain âge : on leur donnoit des armes, & après avoir fait des sacrifices, on les envoyoit se conquérir une nouvelle patrie. Si cette résolution avoit été prise dans des temps de prospérité, on rendoit graces aux dieux d'avoir multiplié la nation, & la colonie étoit censée partir sous de bons auspices. Si c'étoit dans des temps malheureux, on ne négligeoit rien pour appaiser les dieux courroucés, & on se séparoit à regret des citoyens qu'on étoit forcé d'éloigner. Ils partoient néanmoins, persuadés que le Dieu, auquel ils avoient été voués, devenoit leur protecteur, & que leur entreprise ne pouvoit manquer de prospérer. Tantôt quelque nation leur cédoit librement une retraite: d'autres fois ils s'établissoient par la force des armes: souvent, sans doute, ils échouoient, & perdoient la vie ou la liberté. Au reste, quand ils réussissoient, il ne paroît pas que la cité, d'où ils étoient sortis, prétendît avoir quelques droits sur eux, ni sur le pays où ils s'étoient établis.

La religion étoit pour le fond en Italie la même qu'en Grece.

La religion de la plupart des peuples de l'Italie étoit, pour le fond, la même que celle des premiers Grecs. Seulement, suivant Denis d'Halicarnasse, ils ne connoissoient point les fables qui dégradoient les dieux. C'est, sans doute, parce que la transmigration de ceux qui étoient d'origine grecque, avoit été antérieure aux fictions des poëtes.

La superstition des présages en étoit la base.

La superstition des présages paroît avoir été la base de leur religion, & dans cette partie ils ont surpassé les Grecs. Avant eux, les Égyptiens l'avoient réduite en art, & ils avoient imaginé des regles sur des observations, qu'ils prétendoient avoir recueillies. Soit qu'ils eussent eux-mêmes apporté ce préjugé en Italie, ce dont il ne reste aucun vestige, soit que les Grecs n'y fussent arrivés, qu'après que les colonies égyptiennes l'eurent répandu parmi eux; soit que l'Italie ait été aussi propre que l'Égypte à produire par elle-même cette plante sauvage; il est certain qu'avant la fondation de Rome, les Étrusques passoient pour être très habiles dans la science des présages.

Pourquoi cette superstition a eu plus de cours en Italie qu'en

Or, pourquoi cet art frivole a-t-il été plus cultivé en Italie qu'en Grece? C'est que le hasard n'y a pas également donné lieu à la naissance des oracles. De part & d'autre, on con-

Grece.

ſultoit les dieux dans toutes les entrepriſes, ſoit publiques, ſoit particulieres. Or, les Grecs interrogeoient les oracles, parce qu'ils en avoient, & conſéquemment, ils obſervoient moins les préſages. Au contraire, les peuples d'Italie étudioient les préſages, parce qu'ils n'avoient pas d'oracles.

Tout étoit préſage parmi les peuples d'Italie.

Tout étoit préſage, les accidents même les plus ordinaires, un éternuement, une chûte, la rencontre d'un animal, le premier mot qu'on entendoit en ſortant de chez ſoi, un éclair, &c.

Des phénomenes rares paroiſſoient déclarer encore plus ſenſiblement la volonté des dieux. Tels étoient des corps lumineux qui éclairoient le ciel pendant la nuit, des pluies de pierre, des aurores boréales, & d'autres effets naturels qui ne nous étonnent plus, qu'on prenoit pour des prodiges.

Il y en avoit de deux eſpeces.

Il y avoit en géneral deux ſortes de préſages, les uns heureux, les autres malheureux. Dans les cérémonies de religion, dans les actes publics, dans les affaires particulieres, on avoit grand ſoin de ne commencer que par des mots qu'on jugeoit d'un bon augure : un mot qui eût réveillé une idée triſte, auroit été un mauvais pronoſtic. Vous verrez dans Denis d'Halicarnaſſe (*) pourquoi un homme, tourné vers

(*) Liv. 1. c. 2.

l'orient, doit regarder, comme un présage favorable, un éclair qui paroît de sa gauche à sa droite.

Raison de cette superstition.

La naissance d'un préjugé de cette espece ne doit pas étonner. Plus l'homme est ignorant, plus il se hâte de juger de la dépendance des choses sur quelques rapports vagues. Or, il trouve de pareils rapports entre un animal nuisible & un accident qu'il craint, comme entre un animal utile & un événement dont il desire le succès. Si quelqu'un par conséquent échoue dans une entreprise, on se rappellera, par exemple, qu'en sortant de chez lui, il avoit rencontré un loup; & s'il reussit, on se souviendra qu'il avoit rencontré un essaim d'abeilles. Dans l'un & l'autre cas, on ne sera plus surpris de ce qui lui est arrivé.

Comment on demandoit des présages aux dieux.

Les hommes n'attendoient pas toujours que les présages se présentassent d'eux-mêmes. Ils en demandoient, & comme ils n'étoient pas toujours sûrs d'interpréter le langage des dieux, ils prenoient la précaution de leur prescrire les moyens de faire connoître leur volonté. Voilà mon dessein, disoit-on; si vous l'approuvez, faites que la poignée de cailloux, que je vais prendre, soit en nombre pair, faites que je rencontre des animaux de telle espece, &c. C'est ainsi que les sorts & les autres présages ont pu s'établir.

Les présages par le vol & par le chant des oiseaux.

Nous sommes naturellement impatients d'obtenir ce que nous demandons. On n'exigeoit donc pas que les dieux fissent des prodiges. Il est vrai qu'on expliquoit ceux qu'ils envoyoient: mais si on n'avoit compté que sur des prodiges de cette espece, on auroit attendu trop longtemps leur réponse. On ne leur proposoit donc pas d'interrompre le cours de la nature. On vouloit au contraire qu'ils se servissent des choses qui se remarquent le plus communément, & c'étoit assez qu'ils parlassent. Or, pour des hommes qui habitent la campagne, rien n'étoit plus commun que le chant & le vol des oiseaux. Voilà pourquoi les présages de cette sorte ont été si fréquents, que les mots *augure* & *auspice*, qui en étoient les nom propres (*), sont devenus communs à toutes les especes de présages.

Vous concevez qu'à mesure que cette superstition s'est établie, il a fallu de deux choses l'une; ou que les prêtres devinssent augures, ou que les augures devinssent prêtres. Dès-lors, il y a eu un corps interessé à l'entretenir, & il n'est pas étonnant qu'on en ait fait un art.

Les aruspices.

On joignit à cet art celui des aruspices; c'est-à dire, l'art de voir l'avenir dans le sein des vic-

(*) On a dit *augure ab avium garritu*, & *auspice ab avium aspectu*.

times : car il arrivoit rarement que l'on consultât les dieux sans leur faire des sacrifices. Ce sont ces deux arts, qui tinrent lieu d'oracles aux peuples d'Italie.

Les expiations.

Sans doute, on ne vouloit des dieux que des réponses favorables. Mais lorsqu'elles étoient contraires, il eût été cruel de n'avoir plus rien à espérer. Les peuples desirerent donc de pouvoir suspendre, ou même changer l'effet des mauvais présages. Les augures se vanterent d'en avoir le secret ; on les crut, & ils imaginerent des cérémonies pour éloigner les maux, dont on se croyoit menacé. C'est ce qu'on nomma expiations.

Vous savez que chez toutes les nations de l'antiquité, on faisoit usage des expiations, pour se laver des crimes qu'on avoit commis. On étoit persuadé que les dieux poursuivoient les coupables dès cette vie ; & c'étoit-là souvent la raison qu'on donnoit des calamités publiques ou particulieres. Il étoit donc naturel de penser que les mauvais présages étoient l'effet du courroux des dieux, & d'imaginer des cérémonies pour en détourner l'accomplissement.

Elles n'ont été nulle part plus en usage qu'en Italie.

Vous avez vu, Monseigneur, ce que c'étoient que ces expiations chez le peuples dont Mr. Goguet a parlé. Il est peu important de rechercher ce qu'elles ont eu de particulier en Italie. Je remarquerai seulement qu'elles n'ont été nulle part plus fréquentes. On avoit trop multiplié les présages, pour n'être pas continuellement menacé de quelques malheurs. Non seulement chaque particulier commençoit par l'expiation toute démarche de quelque conséquence: mais encore chaque cité pratiquoit cette cérémonie dans des temps marqués pour purifier tous les citoyens. On paroissoit toujours craindre que quelque crime secret n'attirât la colere des dieux.

Pratiques usitées à la fondation des villes.

Il est vraisemblable que les particuliers se faisoient souvent des présages & des expiations à leur gré: dans les affaires publiques, ces sortes de pratiques étoient assujetties à des regles plus uniformes. A la fondation d'une ville, par exemple, ceux qui devoient faire quelque fonction dans les cérémonies usitées en pareil cas, se purifioient en sautant par dessus des feux allumés à ce dessein. On creusoit ensuite une fosse ronde, dans laquelle on jetoit les prémices des fruits, & quelques poignées de terre apportées des lieux, d'où sortoient ceux qui vouloient s'établir ensemble. Tout cela ayant été mêlé, on demandoit aux dieux, si l'entreprise leur étoit agréable, & s'ils approuvoient le jour qu'on choisissoit pour l'exécuter; & lorsqu'on avoit eu leur aveu, on traçoit l'enceinte de la ville avec une terre, qu'on appelloit pure, parce qu'elle étoit blanche.

En

En ſuivant le trait marqué pour l'enceinte, on ouvroit un ſillon profond avec une charrue, attellée d'un taureau blanc & d'une geniſſe blanche. Pour faire connoître que la culture des terres eſt le partage des hommes, le taureau étoit du côté de la campagne; & la geniſſe étoit du côté de la ville, pour montrer que les ſoins du ménage regardent les femmes. Quant à la blancheur, on l'avoit choiſie, parce qu'on la regardoit comme le ſymbole de la pureté.

Le ſoc de la charrue étoit d'airain, ce qui prouve que cette cérémonie étoit plus ancienne que l'uſage du fer. On croyoit même indiquer par-là, l'abondance qu'on vouloit procurer à une ville, & cette façon de penſer étoit conſéquente: car ce métal ayant été employé à l'agriculture avant tout autre, ſon idée s'étoit aſſociée avec celle de fertilité. C'eſt, ſans doute, d'après quelqu'autre préjugé, qu'on avoit l'attention de rejeter, du côté de la ville, la terre que le ſoc avoit tournée du côté de la campagne.

L'enceinte tracée étoit ſainte & inviolable, afin que perſonne n'entreprît de s'y faire un paſſage, & que chaque citoyen la défendît aux dépens de ſes jours. On n'avoit pas continué le ſillon dans les endroits deſtinés à mettre les portes.

Dans les commencements les villes n'étoient défendues que par des tours, placées de distance en distance : dans la suite, on les enferma de murs, élevés sur le sillon qui marquoit l'enceinte.

Pourquoi on cachoit le nom du dieu auquel une ville étoit consacrée.

Après que toutes ces cérémonies & tous ces ouvrages avoient été achevés, on faisoit des sacrifices en plusieurs lieux, & on invoquoit & les dieux du pays, & ceux sous la protection desquels on mettoit la nouvelle ville ; on les nommoit en général *patrii*, *indigetes* : mais on n'avoit garde de communiquer au vulgaire le nom particulier à chacun.

Cette précaution étoit l'effet d'un préjugé commun à toutes les nations du paganisme, & plus particulier encore aux peuples d'Italie. On étoit persuadé que les dieux regardoient comme à eux, une ville qui avoit été mise sous leur protection ; & qu'elle ne pouvoit passer sous une domination étrangere, que lorsqu'ils se retiroient, & qu'ils la livroient eux-mêmes à l'ennemi. C'est pourquoi lorsqu'on assiégeoit une ville, un des premiers soins étoit d'en évoquer les dieux tutelaires. On leur déclaroit qu'on n'avoit pas pris les armes pour les combattre : on les supplioit d'abandonner un peuple, qu'on disoit injuste & perfide : on leur promettoit de plus grands temples, de plus belles fêtes, un culte plus digne d'eux. Mais l'évocation manquoit son effet, si on ne pouvoit pas les appel-

Évocation.

ler par leur nom propre, & c'est par cette raison que chaque peuple faisoit un secret de ces noms.

Comme on évoquoit les dieux, on évoquoit encore les ancêtres, & tous les morts qu'on croyoit devoir appaiser ou consulter; c'est-à-dire, qu'on évoquoit leurs manes, leur ombre, leur simulacre, leur image. On avoit beaucoup de mots pour une chose dont on n'avoit point d'idée; pour une chose qui n'étoit ni le corps, ni l'ame, & que chacun imaginoit à son gré.

Différents dieux tutélaires.

Les dieux tutélaires se nommoient *lares* ou *pénates*. De ce nombre étoient, non seulement, les divinités du premier ordre, mais encore les héros & tous les ancêtres dont on respectoit la mémoire. Chaque maison, comme chaque ville, avoit des protecteurs de cette espece; & on ne doutoit pas que les grands hommes, qui avoient été élevés dans le ciel après leur mort, ne continuassent de s'intéresser à leur patrie, à leur famille, & ne pussent donner les secours dont on avoit besoin. Honorés comme dieux domestiques, ils eurent des autels, & on leur adressa des vœux. Il n'y avoit pas de maison un peu considérable qui n'eût de pareils autels dans son vestibule.

Magie.

De toutes ces superstitions nâquit l'art des prodiges, ou la magie. Il y en eut de deux especes: l'une théurgique, l'autre goétique. La théurgie étoit l'évocation des démons bienfaiſants, dans le deſſein de produire quelque bien: la goétie étoit l'évocation des démons malfaiſants, dans le deſſein de nuire : nous la nommons ſorcellerie. La premiere faiſoit partie de la religion publique, dont la ſeconde n'étoit qu'un abus. Dans l'une & dans l'autre, l'efficacité dépendoit, ſur-tout, de certains rits & de certaines paroles, que les dieux avoient enſeignés aux hommes, & qu'il falloit obſerver ſcrupuleuſement. Tout étoit manqué, ſi on oublioit un mot, ou ſi même on le tranſpoſoit.

Il eſt utile d'obſerver ces ſuperſtitions.

Vous voyez, Monſeigneur, que la théologie payenne eſt la ſource de bien des ſuperſtitions, & que plus le peuple raiſonne, quand il s'égare, plus il s'égare encore. Ses erreurs naiſſent les unes des autres: elles forment un ſyſtême où tout eſt lié, & dès qu'il en adopte une, il eſt entraîné, de conſéquence en conſéquence, à les adopter toutes. Ces préſages, ces expiations & ces évocations ſont des puérilités: mais ce ſont les puérilités de l'eſprit humain, & il les faut obſerver, ſi nous voulons connoître l'homme. D'ailleurs, nous y trouvons les principaux points de la religion des anciens peuples, la raiſon des opinions & des cérémonies que l'hiſtoire va mettre ſous nos yeux, & un des premiers reſſorts des progrès du peuple romain. Nous verrons que dans les religions fauſſes, lorſqu'elles donnent de la confiance & du courage, il ſe fait des eſpeces de miraces: c'est que les succès paroissent l'effet du zele des citoyens pour le culte établi, & que la piété envers les dieux explique le passé, répond de l'avenir, & soutient dans les grandes entreprises.

Les superstitions, dont je viens de parler, subsistoient dès la fondation de Rome: c'est pourquoi j'ai jugé qu'elles se sont établies dans les siecles antérieurs. Je ne réponds pas d'avoir saisi la suite des raisonnements qui les ont fait naître. Mais il est au moins certain que ceux que je suppose, ne different guere de ceux qu'on a faits.

Elles sont antérieures aux Romains.

J'ai cru devoir donner à la magie une autre origine, que lorsque j'ai traité des peuples de l'Asie; parce que les mêmes préjugés ont des causes différentes, suivant la différence des circonstances. Les Italiens n'avoient pas assez cultivé l'astronomie, pour devenir successivement astrologues & magiciens.

La magie a eu en Italie un autre origine qu'en Asie.

L'enfance des premieres sociétés civiles a été longue: je veux dire qu'elles ont été longtemps avant de faire des progrès sensibles. Lors de la fondation de Rome, il y avoit, sans doute, plusieurs siecles que l'Italie étoit peuplée. Cependant les superstitions grossieres des peuples de cette contrée, l'usage, sur-tout, où ils étoient de ne former encore que de petites cités, le peu de prévoyance que nous aurons occasion de remarquer en eux, & leur ignorance à se

Lors de la fondation de Rome, les sociétés civiles en Italie en étoient encore à leurs commencements.

liguer pour leur conservation mutuelle, sont autant de monuments qui attestent, qu'ils en étoient à peu-près au même point où ils s'étoient trouvés en commençant. Après s'être fixés, ils se gouvernoient encore, comme ils s'étoient gouvernés lorsqu'ils erroient; & une nation se divisoit en plusieurs cités, comme auparavant elle s'étoit divisée en plusieurs troupes.

CHAPITRE II.

De la fondation de Rome & de Romulus.

Incertitude de la fondation de Rome.

Il peut y avoir eu plusieurs Romes, plusieurs Romulus. Tous ces noms viennent d'un mot grec, qui signifie force ou valeur. Or, dans un temps où la force du corps étoit la vertu premiere, il est naturel que les surnoms de Romus & de Romulus aient été communs à plusieurs chefs, & que celui de Rome l'ait été à toutes les villes qu'ils ont fondées. Denis d'Halicarnasse pense que Rome, bâtie quelque temps après la guerre de Troye, fut abandonnée & détruite, & ensuite rétablie la premiere année de la septieme Olympiade, av. J. C. 752. Il trouve même une ville de ce nom plus ancienne que ces deux-là : mais il ne décide pas qu'elle ait été au même lieu.

De toutes les différentes histoires de la fondation de Rome, dit Mr. de Pouilly, il n'en est aucune, qui, soit qu'on la considere en elle-même, soit qu'on pese l'autorité de ceux qui la rapportent, ne soit aussi recevable, que celle qui, dans les derniers siecles de la république, s'étoit acquis une croyance presque universelle. Mais les mêmes circonstances, qui auroient dû faire rejeter l'histoire de Romulus, aiderent à lui donner du cours, & les Romains applaudirent à une fable, qui illustroit par des prodiges leur fondateur, & qui lui donnoit pour pere le dieu de la guerre (*).

Sentiment qui a prévalu.

La fondation de Rome est donc incertaine, & ce n'est pas l'esprit de critique, qui a établi l'opinion la plus généralement adoptée. Cependant Varron & Caton ont entrepris d'en fixer l'époque. Le premier la fait tomber sur la fin de la sixieme Olympiade, & le second sur le commencement de la septieme. On suit communément le sentiment de Varron, & parlà, Rome se trouve avoir été fondée 753 avant l'ére chrétienne. Voilà ce qu'on croit, & ce qu'il faut savoir, quand on ne peut pas découvrir ce qui est.

Commencement de Rome sous Romulus.

Av. J.C. 753

Des pâtres, retirés dans des montagnes, font des courses dans les campagnes voisines, & bâtissent sur le mont Palatin quelques cabanes pour renfermer leurs bestiaux & leur butin. Voilà les fondateurs de Rome.

L'année précédente, les Archontes qui

Ils étoient au nombre de trois mille hommes de pied & de trois cents chevaux. C'étoit

(*) Acad. des Inscrip. l. 6. p. 24.

trop peu pour se défendre contre les peuples voisins, dont ils s'étoient faits autant d'ennemis.

étoient perpétuels à Athènes, avoient été réduits à dix ans.

Romulus, leur chef, ouvrit un asyle, & Rome se remplit d'esclaves fugitifs, de criminels, de vagabonds, & devint une retraite de brigands.

Romulus ouvre un asyle.

Jusques-là, cette ville paroissoit devoir finir avec ses premiers habitants. Elle ne renfermoit que des hommes, & les Romains avoient besoin de s'allier par des mariages avec les peuples voisins. Refusés avec mépris, ils projettent d'employer la violence, & ils préparent à cet effet des jeux en l'honneur de Neptune. C'étoient des combats & des courses, précédés de sacrifices. Les Céniniens, les Crustuminiens, les Antemnates & les Sabins de Cures accoururent à ce spectacle. Ils y assistoient avec autant de confiance que d'attention, lorsque les jeunes Romains paroissent en armes, & se saisissent chacun des filles qui leur tombent sous la main. En mémoire de cet événement, on célébra depuis les fêtes nommées *consualia*, & consacrées au dieu qui préside aux desseins secrets. On peut donc mettre cet enlévement au nombre des faits que la tradition a pu conserver.

Les Romains enlevent les filles des peuples voisins.

Denis d'Halicarnasse, qui écrivoit sous Auguste, & qui vouloit flatter les Romains, a entrepris de prouver que, dès les premiers temps,

On se hâte trop d'admirer les Romains.

Rome a produit des hommes d'un mérite rare; que nulle part, les citoyens n'ont été ni plus justes, ni plus courageux, & que Romulus a été lui même un législateur bien supérieur à tous ceux de la Grece.

Nous sommes naturellement portés à recevoir toutes les traditions qui donnent une grande idée des commencements de Rome. Etonnés de la puissance à laquelle les Romains sont parvenus, il semble que nous craignions de ne pas les admirer assez tôt ; & lorsque nous remontons au temps où ils ne songeoient encore qu'à n'être pas exterminés, nous supposons qu'ils méditoient déja de grandes conquêtes.

Mais si, lors de la fondation de Rome, la plupart des Grecs, malgré leur commerce avec les étrangers, étoient encore fort grossiers, & avoient à peine quelque idée de législation, que penser des peuples du Latium qui étoient tout-à-fait abandonnés à eux-mêmes ? Peut-on supposer qu'un profond législateur ait tout-à-coup paru au milieu d'eux ? & quand on le supposeroit, imaginera-t-on qu'à dix-huit ans, c'est l'âge qu'on donne à Romulus, il se soit formé parmi des pâtres ? Il me paroît que les loix dont on lui fait honneur, sont des usages plus anciens que lui.

Dans les commencements, les Romains

L'usage de ne communiquer que rarement les droits de citoyen, étoit un grand vice dans la politique des Grecs : nous en avons vu la cause & les effets. Si les Romains se sont conduits autrement, ce ne fut pas par choix, ils y furent forcés.

ne pensoient pas à se donner des loix.

Il faut remarquer que, dans les commencements, les Romains n'étoient pas encore des citoyens : ce n'étoient que des brigands. Ils devoient donc s'associer tous ceux qui se proposoient de vivre, comme eux, de brigandage. C'est pourquoi Romulus ouvrit un asyle.

Lorsque les villes de la Grece aspiroient à se gouverner par des loix, c'est qu'elles étoient troublées au dedans, & qu'elles avoient peu d'ennemis au dehors.

Rome se trouvoit dans une position toute différente. Entourée de peuples qu'elle avoit offensés, & qui méditoient sa ruine, elle avoit des ennemis au dehors, & elle étoit sans troubles au dedans. Condamnés à vaincre ou à périr, les Romains avoient donc moins à se gouverner qu'à se defendre. Pour prévenir des désordres qu'ils ne connoissoient pas encore, ils ne pensoient pas à choisir parmi des gouvernements qu'ils ne connoissoient pas davantage. Réunis par nécessité sous un chef, ils combattoient sous ses ordres ; & les usages que les circonstances amenoient, leur tenoient lieu de loix. Comme le sentiment de leur foiblesse leur avoit fait ouvrir un asyle aux brigands, ce sentiment, qui continua après leurs premieres victoires, leur fit ouvrir un asyle aux peuples vaincus : & Rome, à chaque guerre, se peupla de nouveaux habitants. On dit que l'enlèvement des Sabines ne procura que six à sept cents femmes. Si cela est vrai, ce fut pour les Romains une nouvelle raison de s'associer les peuples qui subissoient le joug. En tenant cette conduite, ils ne faisoient même que suivre un usage plus ancien qu'eux. Car dans le temps où les peuplades erroient encore, sans doute, celle qui sortoit victorieuse d'un combat, se grossissoit souvent de celle qui avoit été défaite. Puisque les hommes ne se conduisent que par des usages, c'est dans ceux des troupes errantes qu'il faut chercher l'origine de ceux des sociétés civiles qui commencent. N'attribuons donc pas aux Romains des vues politiques qu'ils ne pouvoient pas avoir encore. Jugeons-les d'après les circonstances où ils se trouvoient, & il me semble que nous les jugerons bien.

Comment Rome est victorieuse de plusieurs peuples ennemis.

Vraisemblablement Rome auroit été perdue, si les villes qu'elle avoit soulevées, eussent armé toutes ensemble, & agi de concert. Mais elles se conduisirent avec plus de ressentiment que de prudence. Les Céniniens, les Antemnates & les Crustuminiens furent successivement défaits. Cénine fut détruite. On en transporta les habitants à Rome, ainsi qu'une partie de ceux d'Antemnes & de Crustuménie, deux villes que Romulus conserva, & où il établit deux colonies.

Dépouilles opimes, origine des triomphes.

Après la défaite des Céniniens, Romulus entra dans Rome, portant sur son épaule une espece de trophée. C'étoit une branche de chêne, à laquelle il avoit suspendu les armes d'Acron, roi de Cénine, qu'il avoit tué de sa main. Ces dépouilles qu'on nomma *opimes*, pour en marquer l'excellence, furent déposées dans un temple qu'on bâtit sur le mont Saturnius, depuis le Capitole, & qui fut consacré à Jupiter Férétrien (*).

Les Romains & les Sabins, après s'être fait la guerre, ne forment plus qu'un peuple.

De tous les ennemis que les Romains s'étoient faits, les Sabins paroissent avoir été les plus redoutables : ils armerent les derniers. Rome fut au moment de succomber sous leurs efforts, quoiqu'elle vînt d'augmenter le nombre de ses citoyens, & par conséquent, de ses défenseurs. Les Sabins s'étoient rendus maîtres de la forteresse Tarpéia, & ils avoient engagé sur la place un combat opiniâtre & sanglant, lorsque les Sabines, qui étoient la cause de la guerre, se jeterent entre les deux armées, & se rendirent médiatrices entre leurs peres & leurs époux. La paix se fit. Les deux peuples n'en formerent plus qu'un, & Tatius roi des

(*) De *feretrum* qui se dit en général de toute machine à porter quelque chose.

Sabins, regna dans Rome conjointement avec Romulus. C'est ainsi que Rome acquéroit des citoyens. Cet usage, introduit par la force des circonstances, ne pouvoit manquer de la rendre, de guerre en guerre, supérieure à des ennemis, qui ne devoient s'élever contre elle que les uns après les autres.

Cette guerre fut l'occasion d'un nouveau temple. Les Romains fuyoient, lorsque Romulus s'avisa de s'écrier, *Jupiter ordonne qu'on s'arrête, & qu'on retourne au combat*. Les soldats obéirent, comme si le dieu eût parlé; & on éleva un temple à Jupiter *Stator* dans le lieu même, c'est-à-dire, au pied du mont Palatin.

Les deux rois gouvernerent en bonne intelligence. Ils accorderent des honneurs aux Sabines, médiatrices de la paix; & pour conserver la mémoire de cet événement, ils instituerent des jeux qu'on nomma *matronalia*.

Fin du regne de Romulus.

Cinq ans après, Tatius ayant été tué à Lavinium, Romulus regna seul. Il fit la guerre aux Véiens. Il soumit plusieurs peuples du Latium, & il détruisit quelques unes de leurs villes. Mais ayant disposé de leurs terres de sa seule autorité, il arma contre lui un parti qui le fit

Av. J. C. 716 de Rome 37.

périr. Il disparut la trente-septieme année de son regne, sans qu'on ait pu découvrir les auteurs de sa mort. Pour consoler le peuple, & pour écarter les soupçons qui tomboient sur les sénateurs, on publia qu'on l'avoit vu monter au ciel, & on lui éleva des autels. Il fut adoré sous le nom de *Quirinus*.

Il faut connoître les réglements qui remontent au temps de Romulus.

Il me reste à remarquer les réglements établis par Romulus. Ce n'est pas qu'il soit toujours facile de s'en assurer. Mais il est certain que ceux qu'on lui attribue, ont subsisté, qu'ils sont anciens; & il est important de les connoître, si nous voulons observer, dans le principe, les mœurs & le gouvernement des Romains.

Usages qu'il emprunta des Etrusques.

On pense que Romulus emprunta beaucoup des Étrusques; qu'il les consulta, lorsqu'il voulut jeter les fondements d'une ville; qu'il observa toutes les cérémonies religieuses, dont j'ai parlé; & qu'il n'accepta la royauté, qu'après avoir eu des augures favorables. Tout cela est vraisemblable. Il est naturel qu'il se soit conformé aux usages, qu'il voyoit établis chez les peuples voisins, comme il est naturel que ces usages se soient conservés après lui.

Fêtes consacrées à Palès.

Palés étoit une divinité, que des bergers devoient particuliérement honorer. Les fêtes, consacrées à cette déesse, se nommoient *palilia*. Elles se célébroient chaque année à la campagne. On y faisoit des sacrifices, en action de graces de la fécondité que Palés avoit accordée aux troupeaux: on purifioit le bétail, & les hommes se purifioient eux-mêmes en sautant par dessus des feux de paille. On croit que Romulus institua ces fêtes en mémoire de la fondation de Rome.

Division que Romulus fait du peuple.

Il divisa la ville en trois parties, le peuple en trois tribus, & chaque tribu en dix curies. Une tribu étoit composée de mille hommes, d'où vient le mot *miles*, & d'un corps de cent chevaux, qu'on nomma centurie de cavaliers.

Les tribus furent commandées par des tribuns, & les curies, composées de cent hommes, par des centurions. On établit, pour rendre la justice, des duumvirs, c'est-à-dire, deux juges. On consacra quelques terres au culte des dieux: on en réserva pour le domaine du prince & pour les besoins de l'état. Le reste, partagé en trente portions égales, fut distribué aux trente curies; & chaque romain eut environ deux arpents.

Alors l'enceinte de Rome ne comprenoit que le mont Palatin. Il fallut l'étendre, lorsqu'on eut reçu dans la ville les Sabins & quelques peuples d'Étrurie. Les Romains continuerent d'habiter le mont Palatin: les Sabins s'établirent sur la roche Tarpéienne; & les Étrusques occuperent la vallée située entre ces deux montagnes.

On n'augmenta pas néanmoins le nombre des tribus. Mais on les distingua comme les nations. La premiere fut nommée *ramnenses* de Romulus; la seconde, *titienses*, de Titus Tatius; la troisieme, *luceres* de Lucumon, chef des Étrusques. Rome conserva le nom de son fonda-

fondateur, & on donna à tout le peuple celui de *quirites* de Cures, ville des Sabins.

Deux sortes de comices.

Les assemblées du peuple se nommoient *comices*. Il y en avoit de générales & de particulieres. Dans les premieres, on traitoit des affaires publiques, & chaque curie y avoit un suffrage. Dans les autres, les curies s'occupoient séparément de leurs propres intérêts.

Le sénat. Origine des familles patriciennes.

On créa de plus un sénat. Ce corps, composé d'abord de cent magistrats, le fut de deux cents après la réunion des Sabins. On les nomma *peres conscripts*, vraisemblablement parce qu'ils étoient choisis, pour la plupart, parmi les peres de familles, & parce qu'on les avoit tous inscripts dans une même liste. C'est de ces premiers sénateurs que vinrent les familles patriciennes; ce qui fut cause que la naissance mit bientôt une grande différence entre les conditions.

Denis d'Halicarnasse suppose la distinction de patriciens & de plébéiens, antérieure à la création du senat. Il veut même que le titre de patricien ait d'abord été donné aux citoyens riches. Mais comment pouvoit-il y avoir des riches & des pauvres, puisqu'il remarque lui-même que les terres avoient été partagées également?

Fonctions du sénat. Pouvoir des comices.

Le sénat étoit le conseil de l'état & le dépositaire des loix: mais il ne pouvoit rien arrêter sans la participation du peuple. Les comices établissoient les impôts, recevoient ou rejetoient les loix, décidoient de la guerre & de la paix, & créoient les magistrats.

Les dignités conférées aux sénateurs.

Les dignités civiles, militaires & sacerdotales leur furent données aux sénateurs. Dans la suite elles resterent aux familles patriciennes, & les plébeiens en furent exclus.

Autorité du roi.

Le roi présidoit au sénat, où il n'avoit que son suffrage, comme les autres sénateurs. Il avoit d'ailleurs le droit d'assembler ce corps, celui de convoquer le peuple, & le commandement des armées.

Marques de sa puissance.

Romulus prit des Étrusques les marques de sa dignité; c'est-à-dire, la chaire curule, la prétexte & douze licteurs, qui portoient devant lui des faisceaux de verges surmontés de haches, & qui exécutoient ses arrêts sur le champ. Il forma encore une garde pour sa personne, & il la composa de trois cents cavaliers, qu'il nomma *celeres*.

Fonctions des tribuns. Gouverneur de la ville.

Les tribuns étoient ses lieutenans dans la guerre, & ses ministres dans la paix. Ils avoient, sous ses ordres, le commandement des troupes & le gouvernement civil des tribus. Lorsqu'il entroit en campagne, il les menoit avec lui; & afin que la ville ne demeurât pas sans chef, il remettoit ses pouvoirs à un magistrat, qu'il nomma *prefectus urbis*, gouverneur de la ville. C'étoit ordinairement le premier sénateur. Les fonctions de ce vice-roi cessoient au retour du prince.

D'après cette exposition, on voit que le gouvernement des Romains étoit une monarchie modérée, où la puissance souveraine se partageoit entre le roi, le sénat & le peuple. C'est le gouvernement que nous avons remarqué chez tous les peuples, dont nous avons pu connoître les commencements. Ce n'est pas d'après des vues politiques qu'il se forme; c'est d'après des usages, que les peuplades suivent, lorsqu'elles se fixent, parce quelles les ont suivis, lorsqu'elles erroient.

Le gouvernement de Rome étoit une monarchie modérée, formée sur les usages reçus par les peuplades errantes.

En effet une peuplade errante ne peut pas se gouverner sans un chef. Ce chef n'est pas absolu. Les principaux de la troupe ne lui obéiront pas, s'ils n'ont pas reconnu qu'il est de leur intérêt de lui obéir. Il est donc forcé à se concerter avec eux, & par conséquent, ils deviennent son conseil. Mais ce conseil lui-même ne pourra rien, s'il n'a l'aveu de toute la troupe. C'est ainsi que nous retrouvons, dans les usages d'une peuplade errante, le modele de toutes les parties qui constituent le gouvernement de Rome, & qui sont un roi, un sénat & des comices.

Mais parce qu'aujoud'hui nous distinguons des monarchies, des aristocraties & des démocraties, nous supposons qu'on a toujours fait ces distinctions; & parce que la souveraineté, lorsqu'elle est partagée, paroît une combinaison de ces trois gouvernements, nous nous imaginons qu'on les a combinés dans des siecles, où on ne

Pourquoi nous sommes portés à croire que ce gouvernement a été l'ouvrage de Romulus.

los connoissoit pas encore. En conséquence, nous admirons la sagesse de Romulus, comme s'il eût emprunté avec connoissance de chaque espece de gouvernement, & que la constitution de celui de Rome eût été absolument à son choix. Je crois qu'il n'a fait que ce que les circonstances lui indiquoient elles-mêmes. Les usages, introduits sous lui & avant lui, étoient des loix fondamentales, qui le forçoient à faire de la souveraineté le partage qu'il en a fait.

Les loix attribuées à Romulus, n'ont pas été son ouvrage.

Il en est des loix attribuées à Romulus, comme de la forme que prit le gouvernement : je veux dire qu'elles ne sont pas son ouvrage.

Tout romain, par exemple, étoit juge de sa femme & de ses enfants : il pouvoit leur infliger telle peine qu'il jugeoit à propos : il avoit sur eux droit de vie & de mort.

C'est là, selon Denis d'Halicarnasse, une loi que Romulus a faite. Il l'en loue même, & le met à cet égard au dessus des législateurs de la Grece. Il ne voit pas qu'avant l'établissement des sociétés civiles, les peres de familles ont eu cette autorité sur leurs femmes & sur leurs enfants ; & que par conséquent, cette prétendue loi est un usage plus ancien que Romulus.

Bornés, par les circonstances, à être laboureurs & soldats, les Romains abandonnerent les arts méchaniques aux esclaves, & tous les métiers tomberent dans le mépris. Cette façon de penser devoit naturellement prévaloir. Cependant Denis d'Halicarnaſſe veut qu'elle ſoit l'ouvrage de Romulus, & il applaudit aux vues qu'il lui prête en cette occaſion.

Le culte, qui s'établit ſous ſon regne, n'a pas été ſon ouvrage.

Romulus inſtitua des fêtes: il conſacra des temples: il forma des colleges de prêtres : il conſerva, ſur-tout, les augures, & il en créa trois, afin qu'il y en eût un pour chaque tribu. Il eſt évident que ce ſont moins là des inſtitutions de ſa part, que des ſuperſtitions qu'il partageoit avec ſon ſiecle.

Le peu d'uniformité qu'il y avoit dans le culte, eſt une preuve que Romulus le laiſſa tel qu'il l'avoit trouvé. Or chaque curie avoit un culte à part, des divinités différentes, des fêtes particulieres, auxquelles tous ceux qui la compoſoient, étoient obligés d'aſſiſter. Il paroît que c'eſt par rapport à ces différents cultes, que Romulus avoit fait la diviſion du peuple : car le mot *curie* vient de *ſacrorum cura*, ſoin des choſes ſacrées,

Chaque curie avoit un miniſtre des choſes ſacrées. On le nommoit curion. Son caractère lui donnoit l'inſpection ſur tous les membres de ſa curie. Comme il y avoit trente curies, il y avoit trente curions, qui ſeuls faiſoient les ſacrifices, & préſidoient aux cérémonies religieuſes, dans des lieux différents, deſtinés à cet effet. Tous enſemble, ils étoient les arbitres de la religion, ſous le grand-curion leur chef. On peut même conjecturer qu'ils ne ſe bornoient pas à juger des choses qui concernent le culte. Mais de tous les prêtres, il n'y en avoit point qui eussent plus d'autorité que les augures. Interprêtes des volontés des dieux, ils pouvoient empêcher tout ce qu'ils n'approuvoient pas. Ils auroient pu exclure du trône celui que tout le peuple auroit voulu pour roi. Ils faisoient leurs fonctions dans tous les quartiers de la ville, mais plus ordinairement sur le mont Palatin & sur le Capitole. Tant de pouvoir, accordé aux ministres de la religion, prouve que le culte qui s'établissoit, n'étoit pas l'ouvrage de Romulus.

CHAPITRE III.

Numa, second roi de Rome.

ROMULUS n'ayant point laissé d'enfants, les Romains, qui se trouvoient dans la nécessité d'élire un roi, jugerent la couronne élective, comme ils l'auroient jugée héréditaire, si Romulus eût eu un fils pour successeur.

Interregne d'un an.

Le choix d'un roi fut un sujet de dispute entre les deux principaux peuples, les Romains & les Sabins, l'un & l'autre voulant un roi de sa nation. Comme ils ne pouvoient pas s'accorder, le sénat s'arrogea la souveraineté ; & cet expédient parut d'abord concilier les deux partis; parce qu'il y avoit dans ce corps autant de Sabins que de Romains. Il se divisa en décuries. Chacune devoit gouverner cinquante jours, & chaque sénateur cinq. C'étoit créer tout-à-coup une longue suite de rois : mais la plupart ne regnerent pas. Ce gouvernement, peu raisonnable & dont les ennemis auroient pu profiter, fut aboli au bout d'un an. Le peuple, las de passer continuellement sous de nouveaux maîtres, déclara

Av. J. C. 715 de Rome 38.

Numa est élu roi de Rome.

Peu d'année après, Déjocès regne sur les Medes.

qu'il ne vouloit qu'un souverain, & Numa Pompilius fut élu. Il étoit sabin. Quoique gendre de Tatius, il vivoit retiré près de Cures; il jouissoit d'une grande réputation de justice & de probité. Ne voulant accepter la royauté, qu'après que son élection auroit été confirmée par les dieux, il monta au Capitole, qu'on appelloit alors le mont Tarpéien. Voici cette cérémonie.

Comment on consultoit les dieux sur ce choix.

Numa, assis sur une pierre, a le visage tourné vers le midi. L'augure, debout à sa gauche, regarde du même côté. Il tient, dans la main droite, un bâton recourbé; & promenant ses yeux de toutes parts, il considere si les cieux se découvrent par tout sans obstacle. Il détermine les différentes régions du ciel, depuis l'orient jusqu'au couchant. Que les parties qui s'étendent vers le midi, soient la droite, dit-il: que celles qui s'étendent vers le septentrion, soient la gauche; & il remarque un point qui les sépare. Ensuite passant son bâton dans la main gauche, & imposant la droite sur la tête de Numa, il se tourne vers l'orient, & fait cette priere: ô Jupiter, si tu approuves que Numa, dont je tiens la tête, regne dans Rome, déclare-le par des signes certains, & fais-les paroître dans les régions que je viens de déterminer. Aussitôt il explique quels sont les auspices qu'il desire être envoyés. Il les attend, & lorsqu'ils se sont montrés, il déclare que les dieux approuvent le choix du peuple.

Il ne paroît pas que Numa ait été un prince fort éclairé.

Denis d'Halicarnasse représente Numa comme un prince des plus éclairés. Cependant lorsque l'an de Rome 574, les livres de ce roi furent déterrés, le sénat ordonna de les brûler, parce qu'il en trouva les raisonnements peu solides, & plus contraires que favorables à la religion. Ce jugement est au moins un préjugé contre les lumieres de Numa. Il me semble d'ailleurs que, dans le siecle de ce prince, les plus grossieres superstitions passoient pour des lumieres.

Il tourne l'esprit du peuple à la superstition.

Fort superstitieux & peu guerrier, Numa entreprit de tourner entiérement à la superstition l'esprit du peuple. Dans cette vue, il feignit d'avoir des entretiens nocturnes avec la nymphe Égérie, & donnant ses projets pour des conseils de cette nymphe, il multiplia les dieux, & les temples & les cérémonies religieuses.

Les peuples d'Italie avoient alors quelque idée de justice.

Il y avoit alors, au moins dans plusieurs villes d'Italie, un usage, qui fait voir que les peuples de cette contrée n'avoient point encore imaginé un droit de guerre, ni un droit de conquête; & que paroissant au contraire chercher à s'assurer de la justice de leurs armes, ils ne les prenoient que pour repousser l'injure. C'étoient de petites cités, qui, par la constitution de leur gouvernement, songeoient moins à s'agrandir qu'à se conserver; & dans cette position, elles devoient avoir quelque idée de justice.

Leur usage avant de prendre les armes.

Elles avoient des hérauts que les Romains ont nommes *fetiales*, & qu'elles prenoient pour juges de la justice des guerres. Seuls interprêtes des loix sur cette matiere, & seuls ministres de l'état auprès des puissances voisines, ces hérauts étoient assujettis à des formalités si essentielles, que si quelqu'une avoit été omise, il n'étoit point permis de commettre encore aucune hostilité. Revêtus d'habits consacrés à leur caractère, ils se transportoient d'abord sur les frontieres de l'ennemi. Là, ils prenoient les dieux du ciel & des enfers à témoin de la justice des demandes qu'ils alloient faire, & ils faisoient des imprécations contre eux-mêmes & contre leur cité, au cas qu'il leur arrivât d'en imposer. Au premier des ennemis qu'ils rencontroient, ils faisoient les mêmes protestations & les mêmes serments. Ils les répétoient encore, lorsqu'ils arrivoient à la porte de la ville. Enfin parvenus dans la place publique, ils exposoient le sujet de leur ambassade, & ils renouvelloient, pour la derniere fois, leurs protestations & leurs serments.

Si on demandoit du temps pour délibérer, ils accordoient dix jours: ils donnoient même jusqu'à trois fois un pareil délai. Mais si après ce terme, on refusoit de leur rendre justice, ils prenoient encore les dieux à temoins, & ils se retiroient. De retour chez eux, ils faisoient leur rapport. Si tout ce qui étoit prescrit par les loix, avoit été observé, un féciale, accompagné de trois témoins, retournoit sur les frontieres. Il exposoit de nouveau les raisons que sa cité avoit de prendre les armes : il lançoit sur les terres ennemies un javelot ensanglanté, & la guerre étoit déclarée.

Numa transporte cet usage à Rome. Temple de Janus.

Cet usage n'avoit pu s'établir que parmi des peuples, qui aimoient la paix. Numa le transporta à Rome, ou il créa un college de féciales; & il bâtit, en l'honneur de Janus, un temple qui devoit être ouvert en temps de guerre, & fermé en temps de paix. Nous ne savons pas avec quelles cérémonies on l'ouvroit : mais on peut conjecturer qu'elles étoient propres à retarder au moins les hostilités. Ce roi vouloit ralentir l'ardeur guerriere des Romains. Ses précautions néanmoins deviendront presque inutiles. Rome paroîtra oublier qu'elle a des féciales, & elle sera injuste, parce qu'elle sera conquérante.

Les flamines.

Aux augures & aux curions, qui conserverent le premier rang parmi les prêtres, Numa ajouta trois flamines, ou du moins il en créa un troisieme pour Romulus. C'est ainsi qu'on nommoit les pontifes, qui desservoient les temples de Jupiter, de Mars & de Quirinus.

Les saliens.

Un bouclier tombé du ciel, & regardé comme un gage de la protection des dieux, fut une occasion de fonder un nouveau college de prêtres. On confia ce dépôt à douze jeunes gens. Ils le gardoient sur le mont Palatin, & à des jours marqués, ils le promenoient dans la ville en dansant, ce qui les fit nommer saliens. Afin qu'il fût plus difficile d'enlever ce bouclier précieux, on en fit faire onze autres, tout-à-fait semblables.

Temple de Vesta. Vierges consacrées à cette divinité.

L'usage de garder un feu sacré a été commun à presque toutes les nations, soit parce que les hommes ont regardé le feu comme le symbole de la divinité, soit parce qu'il a été un temps où ils ignoroient les moyens de le renouveller. Cette superstition est du nombre de celles qui ont pu naître également dans plusieurs climats. Numa la trouva établie chez les Albains, & à leur exemple, il bâtit un temple à Vesta.

Il consacra quatre vierges au culte de cette déesse, & le destin de Rome fut attaché à la vertu de ces vestales, & à la conservation du feu sacré. Cependant on avoit pris peu de précaution contre leur foiblesse : car leur maison étoit ouverte, & elles avoient une grande liberté. On crut qu'il suffisoit de les punir sévérement de leurs fautes. On enterroit toute vive celle qui avoit violé son vœu de chasteté. Sa honte rejaillissoit sur toute sa famille ; & le jour de son supplice étoit un jour lugubre pour tous les citoyens. Lorsqu'il s'agissoit de remplacer une vestale, chaque pere ne craignoit rien tant que de voir le choix tomber sur sa fille.

Aussitôt que ces vierges entroient dans le temple, elles étoient soustraites à l'autorité paternelle. Il n'y avoit point dans Rome de personnes si sacrées, même parmi les prêtres. Elles jouissoient des plus grandes prérogatives, jusques-là que les loix se taisoient quelquefois devant elles. Une vestale sauvoit la vie à un criminel qu'on menoit au supplice, lorsque l'ayant trouvé sur son chemin, elle assuroit que le hasard avoit fait cette rencontre. Denis d'Halicarnasse ne doutoit pas que Vesta n'eût fait des miracles, en faveur de ses prêtresses accusées faussement : le peuple, qui n'étoit pas moins crédule, les regardoit avec un profond respect, & leur rendoit une sorte de culte. Numa les dota des deniers publics. La piété des citoyens augmentera leurs richesses. Non seulement on donnera à l'ordre, on leur fera encore des dons à chacune, & il y en aura de fort riches.

Peut-être le temple de Vesta ne conservoit-il d'abord que le feu sacré. Dans la suite, on imagina qu'il y avoit autre chose; & on soupçonna que c'étoit le Palladium, qu'Enée, qui n'étoit jamais venu en Italie, avoit apporté de Troye. Ce qu'il y a de certain, c'est qu'il a été un temps où l'on respectoit beaucoup ce secret;

on n'osoit pas même se permettre des conjectures.

La Bonne-Foi mise au nombre des dieux.

A la naissance des sociétés civiles, on s'occupa, sans doute, des moyens d'assurer les engagements que les citoyens contractoient. Faute d'écriture, on s'engageoit en présence de témoins, on prenoit à témoin la divinité même, & chaque peuple juroit par ses dieux.

Numa, jugeant combien la crainte des dieux garants des serments pouvoit être salutaire, mit la Bonne-Foi parmi les dieux. Il voulut offrir au peuple une divinité, plus intéressée qu'aucune autre à punir les parjures. Ce moyen lui réussit : les Romains ont passé pendant un temps pour être observateurs exacts de leur parole.

Le dieu Terme.

Par une autre institution de ce roi, la religion fut encore employée pour conserver en entier à chaque citoyen, le champ qui lui appartenoit. Il fit une divinité de toutes les bornes qui marquoient les limites, & dès-lors on ne crut pas pouvoir en reculer aucune, sans devenir sacrilege. Le dieu Terme fut adoré sous la forme d'une pierre ou d'une souche. Il eut un temple sur le mont Tarpéien, où on lui faisoit des sacrifices publics. Chacun lui en faisoit encore de particuliers sur les bornes, qui séparoient son champ de ceux de ses voisins. Ces fêtes, qui se nommoient *terminalia*, s'observoient avec de grandes cérémonies. Les hommes sont bien grossiers, quand on les mene par de pareils moyens: mais il est heureux de pouvoir ainsi diminuer les vices d'un peuple féroce. Numa mérite des éloges pour l'usage qu'il a fait des préjugés de son siecle. Il fit servir la superstition à ses desseins, jusques-là qu'il parut ne faire que des réglements religieux. Tout fut rapporté au culte, tout y fut subordonné, & le respect passa des dieux aux loix.

Numa réforme le calendrier.

Du temps de Romulus, l'année, composée de dix mois, n'avoit que trois cents quatre jours qui étoient indifféremment employés au travail & au culte public: on n'avoit pas encore déterminé ceux qui devoient être consacrés aux exercices de la religion.

Il est difficile de comprendre comment dans un pays, où l'agriculture étoit connue vraisemblablement depuis plusieurs siecles, un homme, qu'on donne pour législateur, a pu ne compter que trois cents quatre jours dans l'année. Numa corrigea cette erreur grossiere par une erreur moins grande: il fit l'année de douze mois lunaires.

Les jours qu'on nommoit *fasti* & *nefasti*.

Il distingua les jours qui composoient chaque mois. Dans les uns, il permit de vaquer aux affaires civiles; il défendit de s'en occuper dans les autres. Il nomma les premiers *fasti*, & les derniers *nefasti*; dénomination qui sembloit marquer que les dieux mêmes avoient fait cette différence. Car *fas* & *jus* sont deux synonymes : mais celui-là se dit proprement des loix divines, & celui-ci des loix humaines.

Les jours néfastes étoient donc proprement ceux où il étoit défendu de convoquer les curies & de vaquer à des affaires civiles. D'ailleurs il paroît qu'on pouvoit s'occuper des soins de l'agriculture. Numa pensa qu'il étoit utile qu'on ne pût pas assembler le peuple en tout temps. Dans la suite, le mot *néfaste* se prit en mauvaise part, & se dit des jours marqués par quelque calamité publique, & que par cette raison on jugeoit malheureux.

Pontifes créés par Numa.

Le calendrier dans lequel Numa distingua ces deux especes de jours, fut nommé *fastes*. Il en confia le dépôt à un souverain pontife qu'il créa, & auquel il donna trois collégues. Ce pontife, juge suprême de tous les différents qui pouvoient naître sur la religion, exerçoit son ministère avec la plus grande autorité, n'étant soumis à aucun tribunal, & n'ayant de compte à rendre ni au sénat ni au peuple. Il avoit l'inspection sur tous les prêtres & sur les vestales. Il régloit le culte & les cérémonies religieuses : il jugeoit des prodiges. Il déterminoit seul, quand il falloit observer les fêtes qui n'avoient pas de jour fixe. Enfin, c'étoit à lui à faire connoître à quels dieux on devoit un culte, quels sacrifices il falloit leur offrir, & de quelle le maniere on pouvoit les honorer. Son pouvoir étoit d'autant plus grand, que le souverain pontificat étoit à vie. D'ailleurs en déclarant qu'un jour étoit une fête, il pouvoit tout suspendre, & lier les mains aux magistrats, au peuple, & au roi. Il semble que Numa auroit dû réserver pour lui ce sacerdoce. Tite-Live dit qu'il ne le fit pas.

Annales.

Le souverain pontife écrivoit, dans les fastes, les événements de chaque année, & les fastes devinrent les annales du peuple romain. C'est un livre, dont la plus grande partie a été consumée par les flammes, lors de la prise de Rome par les Gaulois, & il n'en est resté que quelques fragments.

Numa donna des soins à l'agriculture.

Si Numa s'occupa du culte, il ne négligea pas l'agriculture. Nous avons vu que chez tous les peuples civilisés, on y donnoit anciennement beaucoup d'attention. Numa préposa des hommes pour examiner les travaux des laboureurs; & il sortoit souvent de Rome, pour en juger par lui-même.

Pourquoi les Romains jouirent de la paix pendant tout son regne.

Av. J. C. 671. de Rome 81.

Il mourut après un regne de quarante-trois ans, pendant lequel le temple de Janus fut toujours fermé. Comme les Romains, qu'il occupoit de soins religieux, ne firent aucune insulte à leurs voisins, aucun peuple n'entreprit de troubler leur repos. Il paroît qu'alors l'Italie préféroit en général la paix à la guerre. Il n'y a pas dans de petites cités, qui sont forbles, la même inquiétude que dans de grandes monarchies; & cependant une nation ne forme des projets de conquêtes, que parce que l'inquiétude se joint au sentiment de ses forces.

CHAPITRE IV.

Tullus Hostilius, troisieme roi.

Les loix fondamentales des sociétés civiles ne sont d'ordinaire que des usages, introduits par les circonstances. Ainsi, parce que le sénat avoit eu toute l'autorité dans l'interregne précédent, il l'eut encore dans celui-ci, & il nomma un magistrat qui gouverna avec le titre d'entre-roi. Ce plan, une fois établi, se conservera dans le gouvernement républicain, lorsqu'après une magistrature expirée, les nouveaux magistrats n'auront pas encore été élus.

Le sénat a l'autorité pendant l'interregne.

Tullus Hostilius, élu par le peuple, fut confirmé par le sénat. Il étoit petit-fils d'un étranger qui avoit servi avec distinction dans la guerre contre les Sabins. Plus féroce encore que Romulus, il s'occupa peu des saints établissements de Numa. Il crut moins digne de lui d'être aux pieds des autels, que de marcher à la tête de ses troupes; &, pendant tout son regne, le temple de Janus fut ouvert.

Tullus Hostilius rouvre le temple de Janus.

Av. J. C. 672. de Rome 82.

C'étoit le temps de la seconde guerre des Messéniens. Il y avoit douze ans que l'archontat étoit réduit à un an.

Il triompha des Albains, des Fidénates, des Latins, & d'autres peuples. C'est sous son regne que se passa le combat des Horaces, que Corneille a mis sous vos yeux. Bientôt après Mettius Sufetius, général des Albains ayant été convaincu de trahison, Tullus Hostilius détruisit Albe, & en transporta les habitants à Rome.

Il renferme le mont Célius dans l'enceinte de la ville.

A cette occasion, il renferma le mont Célius dans l'enceinte de la ville; & parce que ce dernier quartier étoit son ouvrage, il l'habita, dans la vue d'y attirer les citoyens.

Prodiges.

Un regne, où les superstitions établies dans le précédent avoient été négligées, ne pouvoit pas finir sans quelques prodiges. Il y eut une pluie de pierres dans le pays des Albains, & ils crurent entendre une voix qui leur reprochoit d'avoir abandonné le culte de leurs dieux. Pour appaiser la colere du ciel, les Romains firent des sacrifices publics pendant neuf jours consécutifs; & il fut arrêté qu'à l'avenir, on en feroit de semblables, toutes les fois que de pareils prodiges se renouvelleroient.

Mort de Tullus Hostilius.

Av. J. C. 640 de Rome 114.

L'année suivante naquit Solon.

Peu après, la peste fut pour Rome un fléau plus terrible. Le roi qui en fut atteint, se livra à toutes les superstitions; & il y entrainoit son peuple, lorsque Jupiter le foudroya. On croit cependant qu'il périt dans un incendie, qui consuma son palais. Il a regné trente-trois ans.

CHAPITRE V.

Ancus Marcius, quatrieme roi.

Ancus Marcius donne ses soins à la religion.

Il y eut encore un interregne qui fut terminé par l'élection d'Ancus Marcius, sabin d'origine, & petit-fils de Numa par sa mere. Ce roi se proposa d'abord de donner tous ses soins à la religion, soit qu'il voulût prendre son ayeul pour modele, soit qu'il fût persuadé que les calamités du regne précédent, étoient l'effet de l'oubli dans lequel le culte étoit tombé.

Il fait des conquêtes. Ville & port d'Ostie.

Bientôt les Latins le contraignirent de prendre les armes, & il ne les quitta plus. Ces peuples prétendoient que la mort de Tullus les faisoit rentrer dans tous leurs droits, & que n'ayant contracté qu'avec ce prince, ils n'étoient tenus à rien envers son successeur. Ancus leur ayant déclaré la guerre avec toutes les céremonies prescrites, remporta des victoires, prit des villes, transporta de nouveaux habitants à Rome, agrandit cette ville, à laquelle il ajouta le mont Aventin, poussa ses conquêtes jusqu'à l'embouchure du Tibre, où il bâtit Ostie, & il eut un port de mer.

Le Janicule fortifié.

Rome étoit sur la rive gauche du Tibre, qui la séparoit de l'Étrurie : car alors l'Étrurie s'étendoit jusqu'à ce fleuve, & comprenoit le Janicule. Ancus fortifia cette montagne, & il y mit une garnison qui protégea la ville contre les courses des Étrusques. Pour communiquer avec cette citadelle, il jeta sur le Tibre un pont de bois, où il n'entra point de fer, & auquel, pendant plusieurs siecles, la superstition ne permit pas d'en employer. Les pontifes furent chargés d'entretenir ce pont.

Lucius Tarquinius succede à Ancus.

Av. J. C. 615 de Rome 138.

Il y avoit quelques années que Dracon avoit donné des loix aux Athéniens.

Pendant le regne d'Ancus, Lucius Tarquinius vint à Rome. Il étoit fils d'un corinthien, qui s'étoit établi à Tarquinie, & qui lui avoit laissé de grands biens. Adroit & généreux, il s'ouvrit le chemin au trône, ayant gagné la confiance du roi & l'amour du peuple. Après la mort d'Ancus, qui a regné vingt-quatre ans, Tarquin obtint la couronne, au préjudice des enfants de ce roi, qui avoit eu la simplicité de le choisir pour en être le tuteur.

CHAPITRE VI.

Tarquin l'Ancien, cinquieme roi.

Dans le dessein de s'attacher le peuple & de se faire un parti dans le sénat, Tarquin créa cent nouveaux sénateurs, qu'il choisit parmi les familles plébéiennes les plus distinguées. On les nomma *patres minorum gentium*, pour les distinguer des anciens sénateurs, qu'on nomma *patres majorum gentium*. Le sénat, qui fut composé de trois cents membres par cette nouvelle création, demeura fixé à ce nombre pendant plusieurs siecles; & avec le temps, on cessa de distinguer deux ordres de sénateurs.

Tarquin crée cent nouveaux sénateurs.

Comme les sacrifices, auxquels les vestales assistoient tour-à-tour, étoient devenus fréquents, Tarquin ajouta deux vierges aux quatre que Numa avoit consacrées à Vesta. Dans la suite, le nombre de ces prêtresses ne sera ni augmenté ni diminué.

Il crée deux nouvelles vestales.

Rome avoit fait des progrès qui auroient donné de l'inquiétude aux peuples voisins, s'ils avoient pu prévoir le danger qui les menaçoit. Mais l'expérience du passé ne les éclairoit pas

Les peuples voisins de Rome ne prévoyent pas qu'elle menaçoit leur liberté.

sur l'avenir. Comme l'Italie n'avoit point encore eu de nations conquérantes, ils ne prévoyoient pas que les Romains deviendroient conquérants, & vraisemblablement les Romains ne le prévoyoient pas eux-mêmes. Les cités de cette contrée, accoutumées à se gouverner séparément, & trop foibles chacune pour entreprendre de dominer les unes sur les autres, prenoient les armes plutôt pour piller que pour conquérir, & jugeoient qu'il en étoit de même des Romains. En effet, les guerres ne pouvoient pas avoir d'autre objet dans un siecle, où l'on n'avoit pas toujours des troupes sur pied, & où l'on n'armoit que pour faire des courses dans les champs de ses voisins. Si des villes avoient été détruites, si les habitants en avoient été transportés à Rome, c'étoit une preuve que Rome n'étant pas assez puissante par elle-même pour retenir sous sa domination les peuples vaincus, n'avoit fait la guerre que dans le dessein de s'enrichir des dépouilles de ses ennemis, & d'augmenter le nombre de ses citoyens: il sembloit qu'elle ne sût encore que vaincre & détruire. Les peuples voisins ne prévoyoient donc pas qu'elle menaçoit leur liberté: ils jugeoient seulement qu'elle pouvoit ou leur faire beaucoup de mal ou les transporter dans ses murs.

Tarquin triomphe de ces peuples.

Conduits uniquement par le desir de se venger, ils regarderent la mort d'Ancus Marcius comme une conjoncture favorable à leur dessein. Ainsi, sans égard pour les traités qu'ils avoient faits avec ce prince, & que la nécessité leur avoit arrachés, ils reprirent les armes. Les Latins, les Sabins & les Étrusques, qui étoient les principaux de ces peuples, firent même une ligue contre Rome. Mais au lieu d'agir de concert & ensemble, ils attaquerent les uns après les autres; & ayant été séparément défaits, ils furent tous forcés à demander la paix. Ces guerres durerent pendant tout le regne de Tarquin. Ce roi victorieux rentra dans Rome sur un char doré, le sceptre à la main & la couronne en tête : entrée qu'on regarda comme le premier triomphe, parce qu'aucune ne s'étoit faite encore avec autant de pompe.

L'augure Accius Névius s'oppose à une création de nouvelles centuries.

Il arriva sous ce roi un événement, auquel on a mêlé du merveilleux, & qui montre quel étoit le pouvoir des augures. Tarquin ayant voulu ajouter trois nouvelles centuries de cavaliers aux trois anciennes, créées par Romulus, l'augure Accius Névius s'y opposa, sous prétexte que le nombre des centuries avoit été fixé par les dieux, & qu'il n'étoit pas permis d'y rien changer. Offensé de cette résistance, le roi lui ordonna d'aller consulter les auspices pour savoir si ce qu'il pensoit étoit possible. L'augure partit, revint, & l'assura qu'il pouvoit ce qu'il pensoit. Alors, comme pour faire voir que Névius n'étoit qu'un imposteur : je pensois, dit

Tarquin, si je pourrois couper ce caillou avec ce rasoir. Frappe, dit hardiment l'augure; & le caillou fut coupé en deux. Ou ce fut là une chose concertée avec Névius, ou c'est un conte imaginé depuis pour accréditer la divination. Pourquoi Tarquin n'auroit-il pas pu faire de nouvelles centuries, comme il avoit fait de nouveaux sénateurs? Quoi qu'il en soit, il éluda les difficultés de l'augure, car il doubla le nombre des cavaliers. Quelque temps après, Névius disparut, & on soupçonna le roi de l'avoir fait mourir.

Ouvrages de Tarquin.

La magnificence commença pendant ce regne. Mais elle ne se montroit encore que dans les cérémonies d'appareil & dans les édifices publics, Tarquin fit construire en pierres de taille les murs de Rome, jusqu'alors grossiérement bâtis. Il environna de portiques la place publiques, où se tenoient les comices. Il bâtit le cirque, hippodrome destiné aux jeux, & assez grand pour contenir au moins cent cinquante mille spectateurs. Dans la suite, ce lieu fut orné de temples, de statues, d'obélisques, & sa magnificence fut comme les progrès du luxe. Enfin, Tarquin creusa des cloaques, pour faire écouler dans le Tibre, toutes les immondices. C'étoient des canaux souterrains, larges de seize pieds, profonds de treize, & recouverts de voûtes d'une solidité, à toute épreuve. Il est difficile de comprendre, comment un regne, continuellement troublé par des guerres, a pu suffire à de pareils ouvrages. Peut-être a-t-on attribué à Tarquin d'avoir achevé ce qu'il avoit seulement commencé. Peut-être aussi ne savons-nous pas ce que peut un peuple, qui ne connoissant pas encore les superfluités, dirige tous ses travaux à des choses utiles. Les cloaques seuls auroient de quoi nous étonner, quand on supposeroit qu'ils n'ont été faits que dans les beaux temps de la république.

Le Capitole.

Dans une bataille, Tarquin avoit promis à Jupiter, à Junon, à Minerve, de leur élever un temple, si, par leur secours, il remportoit la victoire. Ayant vaincu, il se proposa de bâtir cet édifice sur le mont Tarpéien, auparavant nommé Saturnien. Cependant les dieux, qui occupoient cette montagne, ne laissoient pas assez de place pour un nouveau temple; & on n'osoit pas les transporter ailleurs sans leur aveu. On les consulta l'un après l'autre. Tous consentirent à être portés autre part; & il n'y eut, dit-on, que le dieu Terme qui se refusa aux instances qu'on lui fit à plusieurs reprises.

On auroit pu conclure de-là que les bornes de la monarchie resteroient fixées où elles étoient alors, & que les Romains ne les reculeroient pas. On aima mieux penser qu'ils les reculeroient, & qu'aucune puissance ne pourroit jamais leur enlever les terres qu'ils auroient une fois conquises, C'est pour établir un pareil préjugé, qu'on a imaginé cette fable. Postérieure au regne de Tarquin, elle paroît n'avoir commencé que, lorsque les Romains avoient déja eu de grands succès, & qu'elle sembloit leur assurer leurs conquêtes.

Quelques historiens ont attribué à la jeunesse & à Mars, la même opiniâtreté qu'au dieu Terme ; voulant persuader que l'empire seroit toujours jeune & toujours victorieux. Ils y ont reussi. Nous verrons un temps où les Romains se croiront les maîtres de toute la terre, & seront convaincus que leur empire ne doit pas finir.

Tarquin ne fit que préparer le lieu où le temple de Jupiter devoit être bâti, ou tout au plus il en jeta les fondements. Lorsqu'on creusoit ces fondements, on trouva, dit-on, bien avant dans la terre, une tête d'homme, aussi fraîche que si elle venoit d'être coupée ; & un augure étrusque, consulté sur ce prodige, prédit que les dieux destinoient Rome à être la capitale de l'Italie. On prétend que c'est de-là, que le mont Tarpéien a été nommé *Capitole*. On voit par toutes ces fables, qu'à mesure que les Romains s'agrandissoient, la superstition les préparoit à s'agrandir encore. Elle les accoutumoit à se regarder comme un peuple, auquel les dieux donnoient le monde à conquérir.

Ocrisia, veuve de Tullius, citoyen de Corniculum, fut condamnée à l'esclavage, lorsque Tarquin prit cette ville sur les Latins. Elle étoit enceinte. Quelques mois après, elle accoucha d'un fils qu'elle nomma Servius, parce quil étoit né dans la servitude. La reine, auprès de qui elle servoit, & à qui elle fut plaire, fit élever cet enfant, comme si c'eût été le sien propre, & donna la liberté à la mere & au fils. Servius Tullius eut des talents qui lui mériterent l'amour du peuple, l'estime des sénateurs, & la confiance du roi, dont il devint le gendre & le ministre. Tarquin se proposoit de lui laisser la couronne, n'ayant lui-même que deux petits-fils en bas âge.

Tarquin veut laisser la couronne à Servius Tullius.

Les deux fils d'Ancus, qui avoient été sous la tutele du roi, s'étoient flattés de lui succéder : alors déchus de leurs espérances, ils conjurerent la mort de Tarquin ; & ce prince fut assassiné dans son palais après un regne de trente-huit ans.

Il est assassiné.

CHAPITRE VII.

Servius Tullius, sixieme roi.

Comment Servius Tullius s'assure la couronne.

Av. J. C. 578 de Rome 177.

Il y avoit seize ans que Solon avoit donné ses loix.

LORSQUE Tarquin eut été assassiné, Tanaquil, c'étoit le nom de la reine, fit fermer les portes du palais; & de sa fenêtre, elle assura le peuple, que la blessure du roi n'étoit pas mortelle, qu'il se montreroit incessamment, & qu'il avoit choisi son gendre pour gouverner pendant sa maladie.

Alors Servius Tullius sortit, précédé des licteurs. Il porta son jugement sur quelques affaires: sur d'autres, il feignit de consulter le roi. Il fit condamner les fils d'Ancus, qui s'étoient retirés chez les Volsques: & lorsqu'il se vit affermi sur le trône, on déclara que Tarquin venoit d'expirer.

Il n'y avoit eu ni interregne, ni élection, ni auspices. Toutes ces irrégularités sembloient rendre incertain l'état du nouveau roi. Heureusement la guerre occupa les esprits d'autres soins, & il ne falloit plus que des victoires pour réunir les suffrages en faveur de Servius.

il en remporta; alors ayant assemblé les comices, il fut reconnu. En mémoire de ses succès, il éleva plusieurs temples. Les deux principaux furent consacrés à la Bonne-Fortune & à la Fortune virile: plusieurs étoient autant de monuments de la servitude, dans laquelle il étoit né.

Pourquoi il recule le pomérium.

En formant l'enceinte de Rome, on avoit laissé au dedans, entre les murs & les maisons, un espace dans lequel il n'étoit pas permis de bâtir; & au dehors, un autre espace, qu'il étoit défendu de labourer. Cette double bande, qui regnoit tout autour de la ville, est ce qu'on nommoit *le pomérium*. Elle étoit sacrée; & parce que jusqu'alors les rois ne l'avoient transportée plus loin, qu'après des victoires qui avoient augmenté la population, on s'étoit accoutumé à penser que pour avoir le droit de la reculer, il falloit avoir reculé les frontieres mêmes de l'état.

Le nombre des habitants s'étant accru par les conquêtes de Servius, ce roi fut autorisé à porter le pomérium au de-là du mont Quirinal, du mont Viminal & de la colline des Esquilies. Son dessein néanmoins n'étoit pas uniquement d'agrandir la ville, il vouloit changer le gouvernement; & dans cette vue, il cherchoit un prétexte pour supprimer les anciennes tribus, & pour en créer de nouvelles. Les changements qu'il fit, méritent d'être étudiés, parce qu'ils seront une source de dissentions dans la république, & le principe de bien des révolutions.

État du gouvernement, lors de l'avénement de Servius.

Depuis que les Albains & les Sabins s'étoient établis dans Rome, les tribus formoient trois nations, qui avoient également part au gouvernement. Dans les comices, chaque curie avoit un suffrage, & chaque citoyen en avoit un dans sa curie. Par-là, le grand nombre faisoit la loi, & la souveraineté résidoit proprement dans les plébéiens.

Afin même que toutes les curies partageassent également l'autorité, on n'avoit point établi de subordination entre elles. Aucune n'avoit le droit d'opiner la premiere, parce qu'un pareil privilege auroit donné, dans les délibérations, une grande prépondérance à celle qui en auroit joui. Le sort en décidoit seul, & chacune pouvoit avoir cet avantage. La curie à laquelle il étoit échu, étoit nommée *prérogative*, pour faire entendre qu'on lui demandoit son avis, avant de prendre celui d'aucune autre.

Cette forme étoit la plus raisonnable, tant que les fortunes se trouvoient à peu-près égales : car alors tous les citoyens ayant le même intérêt au bien public, il étoit naturel qu'ils participassent tous à la souveraineté. Mais cette raison ne subsistoit plus, depuis que la répartition inégale des richesses laissoit dans la

pauvre-

pauvreté une grande partie des citoyens. A la merci d'une multitude, qui, n'ayant rien à perdre dans une révolution, pouvoit au contraire se flatter de gagner, Rome se voyoit exposée à bien de abus & à bien des désordres.

D'ailleurs dans cette ville, ainsi que dans toutes les sociétés naissantes, chaque citoyen étoit soldat, servoit à ses dépens, & devoit contribuer également aux charges. Cependant il n'étoit ni juste, ni possible que le pauvre contribuât comme le riche.

De cet inconvénient, il en naissoit un autre. C'est que la plupart des soldats n'ayant rien, ils ne pouvoient faire la guerre que dans la vue du pillage. Par conséquent, ou ils desiroient de se retirer, aussitôt qu'ils avoient fait du butin; ou ils ne pouvoient plus tenir la campagne, parce que le butin leur avoit manqué. Or, ce vice dans le gouvernement étoit un obstacle aux progrès des Romains.

Changements qu'il fait dans le gouvernement.

Servius entreprit d'ôter aux pauvres toute part dans le gouvernement, sans qu'ils eussent lieu de se plaindre, & de persuader aux riches de porter eux seuls toutes les charges de l'état. Il remédia par ce moyen aux inconvénients dont je viens de parler.

Après avoir représenté combien il étoit nécessaire de régler les contributions sur les facultés, il ordonna, que chacun déclareroit avec serment son nom, son âge, sa demeure, le nombre des ses enfants, leur âge ; la quantité, la qualité & la valeur de tous ses biens, à peine de confiscation, d'être fouetté ignominieusement, & vendu comme esclave.

Par les déclarations qui furent faites, le roi connut toutes les forces de l'état. On prétend que ce premier dénombrement, qu'on nomma *cens*, portoit le nombre des citoyens à quatre-vingt mille. Fabius Pictor, au rapport de Tite-Live, dit même qu'on n'avoit compris, dans ce dénombrement, que les hommes en état de porter les armes.

Quoi qu'il en soit, lorsque Servius eut achevé le dénombrement, l'agrandissement de Rome lui servit de prétexte pour faire une nouvelle division du peuple. Alors, sans distinction de rang, de naissance ou de nations, il partagea les habitants de la ville en quatre tribus, qui ne furent proprement qu'une division locale, & qui, prenant leur dénomination des quatre principaux quartiers, se nommerent la Palatine, la Suburrane, la Colline & l'Esquilline.

Ces tribus ne comprenoient que les habitants de la ville. Servius en fit d'autres qu'on nomma rustiques, & qui étoient une division du territoire de Rome. On ne sait pas exactement quel en fut le nombre. Les uns le portent à dix-sept, les autres à vingt-six. Il s'en formera de nouvelles à mesure que les Romains reculeront leurs frontieres ; & nous aurons souvent occasion de parler des tribus rustiques. Il suffit de remarquer pour le présent que dans les commencements on se croyoit plus honoré d'être dans celles de la ville : mais cette façon de penser ne se conservera pas.

Après avoir fait ces divisions locales, Servius fit écrire, dans un rôle, les noms de tous les citoyens, leur âge, leurs facultés, leurs professions, leur tribu, leur curie, le nombre de leurs enfants & celui de leurs esclaves. Ensuite il distribua le peuple en six classes, & il divisa chaque classe en centuries, composées chacune d'un nombre inégal de citoyens.

Il mit dans la premiere classe quatre-vingt dix-huit centuries. Elle comprenoit les citoyens le plus riches, c'est-à-dire, ceux qui avoient au moins cent mines ou dix mille drachmes (*). On conjecture que ces centuries n'étoient pas composées de cent hommes effectifs.

Il falloit avoir au moins soixante - quinze mines dans la seconde classe, qui étoit de vingt-deux centuries ; cinquante dans la troi-

(*) Quatre à cinq mille livres de notre monnoie.

sieme, qui étoit de vingt; vingt-cinq dans la quatrieme, qui, comme la seconde, étoit de vingt deux; & douze & demi dans la cinquieme qui étoit de trente.

Enfin, la sixieme classe ne formoit qu'une seule centurie, dans laquelle Servius laissa tous les citoyens pauvres. Par cette disposition, tout le peuple se trouva divisé en cent quatre-vingt-treize centuries.

La sixieme classe fut déclarée exempte de la milice & de toute espece d'impôts. Ceux qui la composoient furent nommés *capite censi*, parce qu'ils faisoient seulement nombre; ou *proletarii*, parce qu'ils ne servoient l'etat qu'en donnant le jour à des enfants.

Les cinq autres porterent donc toutes les charges: mais la répartition s'en fit, à raison du nombre des centuries. Ainsi la premiere, qui en renfermoit quatre-vingt dix-huit, contribua plus elle seule que toutes les autres ensemble.

Chacune de ces cinq classes fournissoit autant de centuries militaires, qu'elle en composoit de civiles. Une moitié de chaque centurie, formée de soldats au dessus de quarante-cinq ans, étoit réservée pour la garde de la ville: l'autre moitié, formée de soldats au dessus de dix-sept ans, étoit destinée pour porter la guerre au dehors.

Les centuries militaires d'une classe ne se confondoient point avec celles d'une autre : elles formoient au contraire des corps différents. Celles de la premiere avoient le premier rang, celles de la seconde le second, ainsi des autres. Elles étoient même encore distinguées chacune par des armes particulieres.

La multitude pauvre ne put qu'applaudir à un établissement, qui lui étoit avantageux : mais il falloit dédommager les riches sur qui tout le faix retomboit en temps de paix, comme en temps de guerre. A cet effet, Servius arrêta qu'à l'avenir le peuple s'assembleroit par centuries, que ce seroit par centuries qu'on recueilleroit les suffrages, & que les quatre-vingt dix-huit de la premiere classe opineroient les premieres. Voilà les assemblées, où depuis ce réglement on élisoit les magistrats, on faisoit les loix, on traitoit de la guerre, où, en un mot, la souveraineté résidoit toute entiere. Elles se tenoient hors de la ville & dans le champ de Mars. Le peuple s'y rendoit avec ses enseignes, sous la conduite de ses officiers, &, aux armes près, dans un ordre tout-à-fait militaire. Le roi pouvoit seul les convoquer ; & elles devoient être précédées par les aruspices ; ce qui donnoit aux patriciens d'autant plus d'autorité, qu'ils étoient en possession du sacerdoce. Quant aux comices par curies, on ne les conserva que pour l'élection des flamines, du grand-curion & de quelques magistrats subalternes.

Parce que toutes les centuries se trouvoient aux comices, toutes paroissoient avoir la même part aux délibérations. Cependant le droit de suffrage devenoit inutile aux citoyens pauvres, & les riches faisoient seuls tous les décrets publics. En effet, comme toute la nation n'étoit composée que de cent quatre-vingt-treize centuries, si les quatre-vingt-dix-huit de la premiere classe étoient d'accord, on ne passoit pas à la seconde; ou si on consultoit celle-ci, parce qu'il y avoit eu partage dans la premiere, il arrivoit rarement qu'on fût obligé d'aller à la troisieme. En un mot, il suffisoit que quatre-vingt-dix-sept centuries fussent du même avis. C'est ainsi que dans ces assemblées, le plus grand nombre des citoyens se trouverent, par le fait, privés de leurs suffrages: au lieu qu'auparavant dans les comices par curies, celui du moindre plébéien étoit compté comme celui d'un patricien ou du roi même.

Cependant cet arrangement fut au gré de tout le monde. Si les premieres classes portoient toutes les charges, elles avoient aussi toute l'autorité; & la derniere s'applaudissoit d'être exempte de tout service & de toute imposition. Elle ne remarquoit pas combien elle avoit peu d'influence : elle voyoit seulement qu'elle étoit appellée au champ de Mars, comme toutes les autres. Mais si les pauvres ouvrent une fois les yeux, la jalousie élevera de grandes querelles entre les plébéiens & les patriciens.

Lustre.

Le cens fut terminé par une cérémonie qu'on nomma *lustre*, c'est-à-dire, expiation. Tout le peuple se rendit en armes & par centuries dans le champ de Mars. Le roi, qui en fit la revue, le purifia par le sacrifice *suovetaurilia*, qui se faisoit en l'honneur de Mars. On immoloit un taureau, un bélier & un porc, après leur avoir fait faire trois fois le tour de l'enceinte, dans laquelle le peuple étoit renfermé.

Le temps devoit amener des changements dans la fortune des particuliers. Il devenoit donc nécessaire de faire de nouvelles répartitions, & par conséquent, de nouveaux dénombrements. C'est pourquoi on arrêta que le cens auroit un retour périodique de cinq ans en cinq ans; & comme il étoit toujours terminé par une expiation, il arriva qu'une révolution de cinq ans fut nommée lustre (*).

Alliance de tous les peuples du La-

La religion a été le premier lien des peuples de la Grece. Leur concours aux temples

(*) M. Boindin a fait sur les tribus romaines plusieurs dissertations, qu'on trouvera dans les Mémoires de l'Acad. des Inscrip. t. I & IV.

tium avec les Romains.

qu'ils avoient élevés à frais communs, les accoutumoit à se regarder comme une seule nation. Les sacrifices, qu'ils faisoient ensemble aux dieux, mettoient le sceau à leur alliance; & au milieu des fêtes, ils paroissoient quelquefois oublier leurs querelles. Sur ce modele, Servius entreprit de faire un seul peuple de tous les peuples du Latium; & pour les accoutumer à regarder Rome comme leur métropole, il leur persuada de bâtir à frais communs un temple à Diane sur le mont Aventin, & de s'y rendre tous les ans pour y faire des sacrifices. De la sorte les Romains contracterent avec les Latins une alliance, qui contribuera à leur agrandissement.

Mort de Servius.

Av. J. C. 534 de Rome 220.

Cyrus venoit d'achever la conquête de l'Asie.

Les changements que Servius avoit faits, ne sont pas les seuls qu'il s'étoit proposés. Il vouloit abolir la monarchie, & il avoit dressé le plan d'un gouvernement républicain, lorsque la couronne & la vie lui furent enlevées par Tarquin son gendre. Il a regné quarante-quatre ans.

CHAPITRE VIII.

Tarquin, dit le superbe, septieme roi.

TARQUIN étoit petit-fils de Tarquin, cinquieme roi de Rome. Il est difficile de le juger, parce que les historiens se sont étudiés à peindre des couleurs les plus noires son usurpation & son regne, & qu'ils paroissent avoir voulu dire de lui tout ce qu'ils avoient lu dans l'histoire des autres tyrans. Il ne fut point élu: il ne prit point les auspices. Placé sur le trône par un crime, il résolut de s'y maintenir par la violence. C'est pourquoi on lui a donné le surnom *de Superbe*. L'orgueil, la cruauté & la tyrannie étoient les accessoires de ce mot.

Pourquoi Tarquin a été surnommé le *Superbe*.

Pour assurer son autorité, il avoit une garde composée de soldats étrangers ou de soldats romains qui lui étoient dévoués; & il avoit pour lui contre Rome les alliés, qu'il s'attachoit par la douceur avec laquelle il les gouvernoit. La plupart des peuples du Latium devinrent en quelque sorte ses sujets. Pour ci-

Comment il assure son autorité.

menter l'alliance qu'ils contracterent avec lui, ils bâtirent sur le mont d'Albe un temple à Jupiter *Latialis*, & ils réglerent qu'on y feroit tous les ans des sacrifices au nom de toutes les villes alliées. C'est à cet établissement que commencent les fêtes, que les Romains ont nommées *féries latines*.

Tarquin eut donc des armées. Général habile, il fit la guerre avec succès aux Volsques & aux Sabins. Tantôt, pour interesser les soldats à ses entreprises, il leur abandonnoit le pillage des villes : d'autres fois, lorsqu'il lui importoit de gagner les peuples vaincus, il usoit de la victoire avec modération. Vainqueur, il revenoit à Rome, où il appesantissoit le joug.

Sa tyrannie.

Dans les premieres années de son regne, il se concilia le peuple, parce qu'il étoit humain & familier avec ceux qu'il ne craignoit pas : mais haut & cruel avec ceux qu'il pouvoit redouter, il fut toujours odieux aux principaux citoyens. Il cherchoit des prétextes pour leur faire faire leur procès ; & sur les délations de quelques scélérats qu'il avoit subornés, il les bannissoit, il les faisoit mourir, & il s'enrichissoit de leurs dépouilles. Souvent même il se servoit d'assassins, pour se défaire des citoyens qui lui étoient suspects. Ainsi périrent le pere & le frere de Lucius Junius, qui n'échappa lui-même à la cruauté du tyran, que parce qu'il contrefit le stupide & l'insensé ; ce qui lui fit donner le surnom de Brutus.

Travaux dont il surcharge le peuple.

Les plébéiens, qui virent d'abord avec joie l'humiliation des premieres familles, gémirent à leur tour sous les travaux dont il les surchargea, jusques-là que plusieurs se donnerent la mort de désespoir. Il creusa de nouveaux cloaques : il entoura de portiques l'amphithéâtre que son ayeul avoit élevé : il bâtit plusieurs édifices : il s'occupa sur-tout du Capitole, dont il avança beaucoup la construction.

Il ne faut souvent qu'un événement imprévu pour perdre un despote.

Le chef d'une petite monarchie est bien aveugle, s'il croit pouvoir s'arroger impunément une autorité absolue & tyrannique. En vain, il veut se rassurer par la frayeur qu'il imprime; tous les moments sont effrayants pour lui-même. Dans le temps où tout est comme immobile devant lui, & où l'on est forcé à étouffer jusqu'à ses gémissements, un événement imprévu peut tout-à-coup soulever des citoyens, qui n'ont qu'à oser se regarder pour concerter la ruine du tyran. Nous avons vu comment Hippias perdit la couronne.

Événement qui fut cause de l'expulsion de Tarquin.

Lucrece ayant été outragée par Sextus, fils de Tarquin, assembla son pere, son mari, ses parents, les amis de sa famille, elle leur demanda vengeance de l'injure qui lui avoit été faite; & ne pouvant survivre à son affront, elle s'enfonça, en leur présence, un poignard dans le sein.

Ce fut à cette occasion que Junius-Brutus, au grand étonnement de ceux qui se trouverent à cette scene, montra une présence d'esprit, qu'on n'attendoit pas de lui. Il arrache du sein de Lucrece le poignard tout sanglant: il jure par les dieux de venger cette dame romaine. Tarquinius Collatinus, mari de Lucrece, Lucrétius son pere, & Valérius se saisissent successivement du même poignard, & répetent les mêmes serments.

Av. J. C. 509 de Rome 229.

Hippias est chassé d'Athènes la même année.

Tarquin, qui faisoit alors la guerre aux Rutules, revint avec précipitation: mais il trouva les portes fermées. Un décret du peuple l'avoit banni lui & les siens: on avoit proscrit la royauté, & dévoué aux dieux infernaux quiconque entreprendroit de la rétablir. Tarquin a regné vingt-quatre ans.

Les livres sibyllins.

C'est sous ce regne que les livres sibyllins furent apportés à Rome. Une femme inconnue vint, dit-on, trouver le roi, & offrit de lui vendre neuf volumes des oracles des Sibylles. Tarquin refusant d'en donner l'argent qu'elle demandoit, elle en brûla trois, & revint quelque temps après offrir les six autres au même prix qu'elle avoit voulu vendre les neuf. On la traita d'insensée, & sa proposition fut rejetée avec mépris. Elle en brûla encore trois, & paroissant de nouveau devant le roi, elle l'avertit qu'elle alloit jeter au feu les trois derniers, si on ne lui donnoit la somme qu'elle avoit d'abord demandée. Surpris de la fermeté de cette femme, Tarquin consulta les augures, qui répondirent qu'il ne pouvoit acheter trop cher ce qui restoit de ces livres, & il en donna le prix qu'on lui demandoit. On a depuis prétendu que ces livres renfermoient la destinée du peuple romain, & on les conservoit avec beaucoup de mystère.

CHAPITRE IX.

Considérations sur les temps de la monarchie romaine.

En jugeant d'après les événements, nous nous trompons sur les vues, que nous attribuons à ceux qui gouvernent.

QUAND nous étudions l'histoire ancienne; nous oublions en quelque sorte que nous sommes venus après les événements. Nous les parcourons d'abord avec avidité; & parce qu'en suite nous voulons observer l'enchaînement des choses, nous nous transportons dans les premiers siecles, d'où il nous est facile de prévoir ce qu'on ne prévoyoit pas encore. Alors il nous paroît naturel que ce qui a été la suite d'un usage ou d'une loi, en ait aussi été l'objet, & nous disons: cette révolution est l'effet de cet établissement; donc cet établissement a été fait dans la vue de la produire.

Cette maniere de juger est vraie quelquefois: mais si on en vouloit faire une regle générale, on accorderoit trop à la prudence humaine. Il est rare que l'homme dispose de l'avenir, il est même rare qu'il y pense. Ce sont proprement les circonstances qui gouvernent le monde. Elles donnent l'impulsion: elles élevent: elles précipitent, & elles entraînent jusqu'à ceux qui pensent gouverner.

Comment les circonstances ont préparé la grandeur de Rome.

Sur la fin de la monarchie, le territoire de Rome étoit fort borné: il n'avoit que quarante milles en longueur, & trente en largeur. Le gouvernement changea, mais les progrès furent encore très lents. C'est que les circonstances ne permettoient pas un agrandissement rapide. Il falloit du temps pour assujettir des peuples belliqueux: il en falloit d'autant plus, qu'on ne connoissoit alors ni les moyens de conquérir, ni les moyens de conserver des conquêtes. Les Romains ne savoient que vaincre. Voilà pourquoi ils s'affermirent dans leurs premieres possessions. S'il leur avoit été facile de s'étendre, ils auroient été d'autant plus foibles, qu'ils auroient eu plus de provinces à garder. Au contraire, renfermés, quoique malgré eux, dans des bornes étroites, ils étoient puissants; parce qu'ils se trouvoient toujours des forces supérieures ou proportionnées à leurs entreprises. Comme les premieres victoires avoient donné des citoyens, les dernieres en donnoient encore, & cet usage seul préparoit la grandeur de Rome.

Cette lenteur avec laquelle les Romains s'agrandissent, Denis d'Halicarnasse la regarde comme un effet de leur politique. Il semble, selon lui, qu'ayant prévu jusqu'où ils étendroient leur domination, ils ont voulu conquérir lentement, parce qu'ils ont toujours pensé à s'affermir, & à faire servir les conquêtes qu'ils avoient faites, aux conquêtes qu'ils vouloient faire. En conséquence, il les loue de n'avoir rien précipité.

Dès qu'ils n'avoient pas succombé sous les efforts de leurs premiers ennemis, ils devoient s'étendre & envahir insensiblement l'Italie, pour se répandre ensuite avec violence de toutes parts. Mais l'ambition ne les arma, que parce que la nécessité les avoit armés; & en ne songeant qu'à se défendre, ils se préparerent à devenir conquérants. Ce qui doit étonner davantage, c'est la longue paix du regne de Numa.

Nous ne connoissons ni les forces des Romains ni celles de leurs ennemis.

Il étoit donc naturel qu'ils fussent toujours en guerre: mais nous ne savons pas quelles étoient leurs forces, ni celles de leurs ennemis. Il paroît seulement qu'à cet égard les historiens ont beaucoup exagéré. En effet quoique les Romains, les Latins, les Sabins, &c. livrent souvent des batailles sanglantes, ils se retrouvent à chaque campagne avec des armées toujours plus nombreuses. Quelle étoit donc la popula-

population de Rome & de ces petites villes, dont le territoire étoit si borné, & dont les citoyens paroissoient moins occupés à cultiver leurs champs, qu'à ruiner ceux de leurs voisins? Avec quoi subsistoient des peuples aussi nombreux dans un pays sans commerce? Il se pourroit qu'il n'y eût jamais eu autant de Romains, de Latins, de Sabins, &c. qu'il en a péri dans les batailles de Denis d'Halicarnasse & de Tite-Live. Ces historiens auroient dû considérer qu'il y a nécessairement une proportion entre le nombre des soldats & celui des citoyens, & entre le nombre des citoyens & l'étendue du territoire. Je pourrois encore remarquer que la campagne de Rome n'a jamais été bien fertile.

Il est étonnant que Rome n'ait eu que sept rois dans l'espace de 244 ans.

La monarchie chez les Romains a duré 244 ans, & on nous dit que cet intervalle a été rempli par sept rois. Cela seroit étonnant dans une monarchie héréditaire, où le petit-fils, encore dans l'enfance, succede quelquefois à un grand-pere qui a vieilli sur le trône. Que sera-ce donc à Rome, où l'on ne pouvoit obtenir la couronne qu'à un certain âge, où plusieurs rois ont même péri de mort violente, & où le dernier a survécu treize ans à son expulsion?

Le patronage.

Il y avoit à Rome un usage, qui attachoit les familles les unes aux autres par des bienfaits réciproques. Un plébéien trouvoit dans un patricien qu'il choisissoit pour patron, un protecteur qui l'assistoit de ses conseils, de son crédit, & qui le défendoit contre toute injustice: & ce patricien trouvoit dans les plébéiens qu'il protégeoit sous le nom de clients, tous les secours dont il pouvoit avoir besoin. S'il n'étoit pas riche, ils contribuoient à la dot de ses filles; ils payoient sa rançon, s'il étoit fait prisonnier; & ils lui donnoient leurs suffrages, lorsqu'il briguoit une magistrature. Le patron & le client ne pouvoient pas être appellés en justice pour témoigner l'un contre l'autre. L'engagement qui les lioit, étoit réputé si saint que celui qui l'eût violé, eût été infâme ou sacrilege.

Il me semble que cet usage est du nombre de ceux qui s'introduisent peu-à-peu, dont il n'est pas possible de remarquer les commencements, & que par cette raison, on est tenté de faire remonter à l'origine du peuple chez qui on les trouve. Voilà, sans doute, pourquoi Denis d'Halicarnasse a mis le patronage parmi les institutions de Romulus. Mais peut-on présumer que les plébéiens aient recherché la protection des patriciens, lorsque les fortunes étoient égales, & que d'ailleurs ils avoient eux-mêmes la plus grande influence dans les comices? Le patronage n'a pu s'établir que dans un temps, où les plébéiens, tombés dans la misere & dans l'avilissement, avoient befoin de trouver dans les patriciens qui montroient de l'humanité, des protecteurs contre les patriciens qui les tyrannisoient. Il a pu commencer sur la fin de la monarchie.

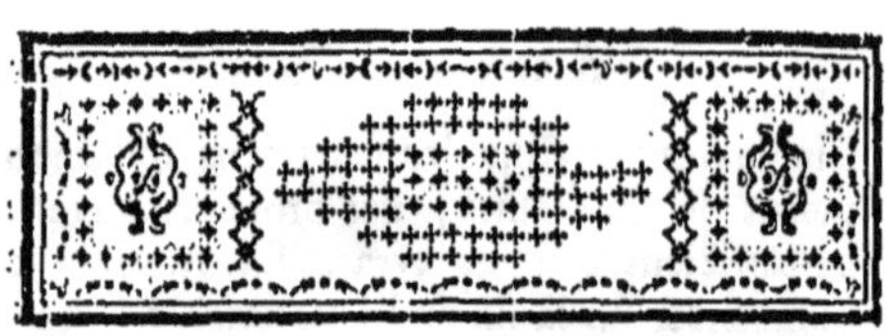

LIVRE SIXIEME.

CHAPITRE PREMIER.

Jusqu'à la création des tribuns du peuple.

Après l'expulsion des Tarquins, on se trouva dans la nécessité de renouveller les loix.

TARQUIN n'avoit respecté aucun des réglements de ses prédecesseurs. Il n'assembla jamais le sénat : il ne convoqua jamais le peuple : & le non-usage paroissoit avoir aboli toutes les loix. On accuse même ce roi d'en avoir brisé les tables, afin d'en effacer jusqu'aux vestiges. On ne sait pas, si, après son expulsion, on se hâta de les recueillir : il paroît plutôt qu'on ne les renouvella, qu'à mesure qu'on en sentit la nécessité. Les circonstances exigerent même qu'on en fît de nouvelles. Quelquefois elles tendoient à concilier les intérêts des patriciens avec ceux des plébéiens : plus souvent, favorables à l'un des deux ordres, elles étoient contraires à l'autre.

On se souvint des interregnes, quoiqu'il n'y en eût point eu depuis la mort d'Ancus Marcius, & cet usage fut rétabli le premier. Lucrétius, à qui le sénat confia la puissance dans ces intervalles, nomma deux magistrats pour gouverner la république. Le choix qu'il fit de Brutus & de Tarquinius Collatinus, fut confirmé dans une assemblée du peuple par centuries.

Création de deux consuls.

Av. J. C. 509 de Rome 245

Conformément au plan de Servius Tullius, ces deux magistrats furent les chefs du sénat & du peuple. Tout leur étoit subordonné. Ils avoient l'administration de la justice, & celle des deniers publics. Eux seuls pouvoient convoquer le sénat, & assembler le peuple. Ils levoient les troupes : ils nommoient les officiers : ils commandoient les armées, & ils traitoient avec les étrangers.

Leurs fonctions.

On leur donna le nom de consuls, pour marquer qu'on les avoit créés, moins pour jouir de la souveraineté, que pour éclairer de leurs conseils. Mais dans le vrai, on ne proscrivoit en quelque sorte que le nom de roi ; car le consulat ne différa de la royauté, que parce que l'exercice en fut borné à une année : d'ailleurs même autorité & même extérieur de la puissance, à la couronne & au

Marques de leur dignité.

sceptre près. Les consuls avoient l'un & l'autre la robe de pourpre, la chaire curule, & chacun douze licteurs. Cependant parce qu'on craignit que le peuple ne s'effrayât à la vue de vingt-quatre licteurs armés de haches, il fut arrêté que les haches ne seroient portées que devant l'un des deux consuls, que les douze licteurs qui précédoient l'autre ne porteroient que des faisceaux de verges, & qu'ils auroient tour-à-tour chacun pendant un mois, les haches qui marquoient le pouvoir de vie & de mort.

On les tire de l'ordre des patriciens.

On prit les premiers consuls dans l'ordre des patriciens, qui par-là, se trouverent saisis de la souveraineté. Assez puissants pour conserver cette prérogative, ils la conserveront long-temps, & l'usage établira un gouvernement aristocratique. Cependant les plébéiens, qui se croyoient libres, se livroient à une joie immodérée : ils ne prévoyoient pas qu'ils gémiroient bientôt sous une multitude de tyrans.

Solemnités à l'occasion du nouveau gouvernement.

Pour établir avec plus de solemnité la forme, qu'on venoit de faire prendre au gouvernement, on fit des sacrifices, on purifia la ville, on proscrivit de nouveau la royauté, & on renouvella tous les serments qu'on avoit déja faits.

Sacrificateur qu'on nommoit roi.

Parce que jusqu'alors l'usage avoit réservé aux rois le droit de présider à quelques sacrifices publics, on conserva le nom de roi au sacrificateur qu'on nomma pour remplir les mêmes fonctions. Mais afin qu'à l'abri de ce titre, il ne pût pas former des prétentions au trône, on le soumit au grand pontife, on l'exclut de toutes les magistratures, on lui défendit de haranguer le peuple, & on lui ordonna de se retirer des comices, aussitôt après avoir fait les sacrifices.

Conspiration en faveur de Tarquin.

Tarquin étoit alors en Étrurie. Deux villes puissantes, Véïes & Tarquinie, avoient épousé sa querelle. Elles envoyerent des ambassadeurs à Rome, demandant que les Romains permissent au roi d'aller leur rendre compte de sa conduite, ou qu'au moins ils lui restituassent les biens qu'ils avoient à lui. La premiere proposition fut rejetée, & la seconde causa des longs débats. Cependant l'objet de Tarquin n'étoit pas le recouvrement de ses biens. Il avoit des partisans à Rome. Il savoit qu'en général les jeunes gens regrettoient la monarchie, & que le nouveau gouvernement étoit odieux à tous ceux, qui, sous un roi, croyoient pouvoir se flatter d'avoir part à la faveur. Il jugea donc qu'il seroit possible de former une conspiration pour le rétablir sur le trône. C'est à quoi les ambassadeurs travaillerent, & ils firent entrer dans leurs vues une grande partie de la jeunesse romaine, entre autres les fils de Brutus & les neveux de Collatinus.

Les conspirateurs découverts & punis.

La conspiration fut découverte, & on vit alors un spectacle horrible, mais bien capable de faire naître, dans des ames féroces, le fanatisme de la liberté. Brutus, qui ne vit dans ses fils que des coupables, les jugea lui-même, les condamna, & leur fit abattre la tête en sa présence.

Exil du consul Tarquinius Collatinus.

Après un exemple pareil, tout devoit céder à la considération du bien public. Envain Tarquinius Collatinus tenta de sauver ses neveux. Il fut déposé du consulat & banni, pour avoir voulu s'opposer à leur condamnation. Son nom seul suffisoit pour le rendre suspect. Publius Valérius lui succéda. Quant aux biens de Tarquin, on les abandonna au peuple, qu'on vouloit rendre irréconciliable avec ce tyran.

Brutus est tué dans un combat. Ses funérailles.

Tarquin n'espérant plus de former un parti dans Rome, mit toute sa ressource dans les peuples qui, de tout temps ennemis des Romains, n'avoient jamais quitté les armes qu'à regret, & n'attendoient qu'un prétexte pour les reprendre. Il parut à la tête de ceux de Véïes & de Tarquinie : les deux consuls marcherent contre lui, & on en vint bientôt aux mains. Dès le commencement de l'action, Brutus fut tué par Aruns, fils aîné de Tarquin, dans le moment qu'il lui portoit lui-même un coup mortel. On combattit de part & d'autre avec courage : on se sépara avec une perte égale. Mais parce que les Romains resterent maîtres du champ de bataille, ils s'attribuerent la victoire, & ils décernerent le triomphe à Valérius. Ce consul entra dans Rome sur un char à quatre chevaux, & cet honneur qu'on lui accorda, passa en usage. Quant à Brutus, ses funérailles furent une espece de triomphe. Les chevaliers les plus distingués l'apporterent à Rome : le sénat sortit hors des portes pour le recevoir : on l'exposa dans la place publique : Valérius en fit l'oraison funebre, & les dames romaines en porterent le deuil pendant dix mois.

Soupçons contre le consul Valérius. Il les dissipe.

Quoique Valérius eût contribué à l'expulsion des rois, il fut soupçonné d'aspirer à la tyrannie, parce qu'il faisoit bâtir, sur le haut du mont Palatin, une maison qui paroissoit faite pour commander la ville, & parce qu'il ne convoquoit pas les comices pour l'élection d'un second consul. Il se hâta de faire raser sa maison. Voyant alors qu'il avoit dissipé les soupçons, il voulut, avant de se donner un collegue, avoir la gloire d'assurer lui-même la liberté des citoyens.

Il fait des loix favorables au peuple. Création des deux questeurs.

Toutes les fois qu'il paroissoit aux assemblées, il faisoit baisser ses faisceaux, comme pour reconnoître la souveraineté du peuple romain. Il supprima même les haches, & il ordonna que désormais on ne les porteroit devant les consuls, que lorsqu'ils seroient hors des murs. Il fit une loi qui permettoit de tuer tout citoyen, qui aspireroit à la tyrannie. Il refusa de se charger des deniers levés pour les frais de la guerre; & le peuple, par son conseil, confia ce dépôt à deux sénateurs. Il défendit à tout citoyen d'entrer en magistrature, sans le consentement du peuple. Mais de toutes les loix qu'il fit, celle qui assura le mieux la liberté, & qu'on reçut avec le plus d'applaudissement, fut celle-ci: *tout citoyen, qui aura été condamné par un magistrat, ou à perdre la vie, ou à être battu de verges, ou à payer une amende, aura droit d'en appeller au jugement du peuple, & le magistrat ne pourra passer outre, avant que le peuple ait donné son avis.* Cette loi portoit atteinte à la puissance consulaire, & par conséquent à l'aristocratie. Elle est l'époque, où la démocratie commence, quoique foiblement; & c'est sur ce fondement que le peuple élevera peu-à-peu sa puissance. Valérius, après avoir fait ces réglements qui lui mériterent le surnom de *Publicola*, convoqua les comices; & on lui donna pour collegue, Lucrétius, pere de Lucrece.

Conduite du sénat avec le peuple, lors de la guerre de Porsenna.

La guerre continuoit. Porsenna, roi de Clusium, capitale d'un des peuples les plus puissants de l'Étrurie, avoit pris les armes pour Tarquin, & vouloit forcer les Romains à lui tendre la couronne. Dans cette conjoncture, le sénat, qui sentit la nécessité de ménager les plébéiens, ne parut occupé qu'à leur procurer des soulagements. Il fit distribuer du bléd à vil prix, & les sénateurs se chargerent des principaux frais de la guerre, déclarant que le peuple payoit assez à la république, lorsqu'il élevoit des enfants qui pourroient un jour la défendre. Ces sentiments généreux ne devoient durer, qu'autant que dureroit la crainte des Tarquins.

Av. J. C. 507 de Rome 247.

Porsenna prit d'assaut la Janicule, marcha contre les Romains, qui avoient le fleuve derriere eux; & les ayant mis en déroute, il les eût poursuivis jusques dans Rome, si Horatius Coclès ne se fût présenté à la tête du pont, & ne les eût arrêtés. Seul, dit-on, il soutint leurs efforts, & lorsqu'on eut coupé le pont derriere lui, il passa le fleuve à la nage.

Horatius Coclès.

Porsenna affamoit Rome, dont il avoit fait le blocus. C. Mucius médite de sauver sa patrie par un assassinat. Il pénétre dans le camp des ennemis, & il frappe: mais il ôte la vie au ministre qu'il prend pour le roi. Arrêté sur le champ, & menacé des plus cruels supplices, il porte la main dans un brasier ardent pour montrer que rien ne peut l'effrayer: & par son intrépidité il étonne Porsenna qui lui donne la vie & la liberté. Alors, comme pour recon-

C. Mucius Scévola.

noître ce bienfait, il déclare au roi que trois cents jeunes romains ont conspiré contre lui, & qu'ils viendront tous les uns après les autres pour l'assassiner. Porsenna, que cette prétendue conspiration effraie, envoie des ambassadeurs à Rome, & fait la paix. On prétend que depuis cet événement Mucius fut surnommé Scévola. Il se pourroit que ce nom, qui se dit d'un homme privé de l'usage de la main droite, eût toujours été le surnom de Mucius, & qu'il eût, dans la suite, donné lieu aux circonstances de cette narration.

Clélie. Conduite généreuse de Porsenna.

Les Romains avoient livré pour ôtages dix jeunes patriciens & autant de filles de même condition. Clélie persuade à ses compagnes de s'échapper. Elles s'enfuirent avec elle, passerent le Tibre à la nage, & rentrerent dans Rome comme en triomphe. On les renvoya. Mais si les Romains se piquent d'être fideles à leurs engagements, Porsenna est généreux. Il loue l'audace de Clélie, il la rend à sa famille, il lui permet d'emmener avec elle, la moitié des ôtages; il renvoie tous les prisonniers sans exiger de rançon, & en se retirant, il fait présent aux Romains de tous ses bagages qu'il laisse dans son camp. Il y a vraisemblablement de l'exagération dans l'idée, que les historiens ont voulu donner de la générosité du roi de Clusium.

Récompense qu'on accorde

Le danger où s'étoient vus les Romains, avoit été grand, & leur reconnoissance fût vive.

On éleva une ſtatue équeſtre à Clélie, l'unique de ſon ſexe à qui Rome ait fait cet honneur. Le ſénat donna des champs à Horatius & à Mucius. Le premier fut conduit dans la ville, une couronne ſur la tête, au milieu des acclamations des citoyens, qui lui donnerent chacun la valeur de ce qu'ils dépenſoient en un jour. On lui érigea auſſi une ſtatue.

aux Romains qui ſe ſont diſtingués pendant la guerre.

Pour avoir été abandonné de Porſenna, Tarquin ne fut pas ſans reſſource: les Sabins armerent pour lui. Pendant cette guerre qui dura pluſieurs années, un ſabin, nommé Ap. Claudius, qui s'étoit oppoſé au parti qu'avoient pris ſes compatriotes, vint à Rome où il amena cinq mille hommes en âge de porter les armes. Il fut fait patricien: on l'admit dans le ſénat, & on accorda les droits de cité à tous ceux qui l'avoient ſuivi. Il eſt le chef d'une famille, qui jouera un rôle dans la république.

Guerre des Sabins. Ap. Claudius.

Sur la fin de cette guerre on décerna les honneurs du triomphe aux conſuls P. Poſthumius & Agrippa Ménénius, mais avec quelque différence par rapport au premier qui avoit perdu une bataille. C'eſt à cette occaſion que s'introduiſit le petit triomphe ou l'ovation. Si dans le grand triomphe, le général faiſoit ſon entrée ſur un char, le ſceptre en main, portant une couronne d'or ou de laurier, & revêtu d'une robe conſacrée à cette ſolemnité, il paroît que dans l'ovation, il la faiſoit à pied ou

Av. J. C. 503

Le petit triomphe ou l'ovation.

à cheval, sans sceptre, avec une couronne de myrte, & revêtu seulement de la robe consulaire.

Av. J. C. 501 de Rome 253.

Cette guerre finissoit à peine, qu'une autre commença. Trente peuples du Latium formerent une ligue, dans laquelle entrerent les Herniques & les Volsques; & ils s'engagerent par des sermens solemnels à ne point se détacher de l'alliance commune, & à ne point traiter séparément avec les Romains. Ils avoient à leur tête, pour généraux, Sextus Tarquinius, fils de Tarquin, & Octavius Mamilius son gendre.

Ligue des Latins.

Les dissentions commencent dans la république.

Les Romains avoient déja eu des avantages, lorsqu'il s'éleva des dissentions qui menaçoient de les laisser sans défense. Les plébéiens, que le sénat commençoit à ménager moins, refuserent de s'enrôler, déclarant qu'ils étoient las de vaincre pour des maîtres avides, qui les tenoient dans l'indigence.

Quelle en est l'origine.

Nous avons vu que sous Romulus, lorsqu'on fit le partage des terres, on en réserva une partie pour le domaine public, & qu'on distribua le reste aux citoyens, en sorte que chacun eut deux arpents. Dans la suite, lorsque Rome étendit son territoire, on continua de réserver pour le domaine public, une partie des terres de conquêtes : mais on ne continua pas de partager également l'autre partie entre tous les citoyens, parce qu'il étoit juste d'en donner par préférence à ceux qui n'en avoient pas. L'équité néanmoins ne présida pas toujours à cette distribution, & il arriva que les riches, plus puissants parce qu'ils étoient plus riches, s'approprierent souvent les terres nouvellement conquises. Ils ne s'en tinrent pas là : ils usurperent encore sur le domaine public, & souvent ils dépouillerent les pauvres.

Dureté des créanciers.

Cet abus s'accrut, lorsqu'après Servius Tullius les riches eurent la plus grande part à l'autorité : il s'accrut encore, lorsqu'après l'expulsion des rois, les patriciens se virent les souverains de la république. Il étoit même autorisé par les loix, ou du moins, par un usage qui en tenoit lieu. Un débiteur, qui ne pouvoit pas s'acquitter, étoit livré à son créancier ; on l'enchaînoit, afin qu'il ne pût pas s'enfuir : on l'employoit aux travaux les plus durs : on le traitoit comme un esclave, & le créancier croyoit user d'un droit légitimement acquis Ce droit néanmoins étoit d'autant plus injuste, que le bien d'un citoyen, qui avoit été dans la nécessité de contracter des dettes, se trouvoit promptement absorbé par des usures arbitraires & accumulées, que les loix ne réprimoient pas. Ce fut cette injustice qui souleva les plébéiens : ils refuserent de s'enrôler, si on ne leur faisoit une remise de leurs dettes, ou du moins d'une partie.

On regardoit la remise ou la réduction des dettes comme un violement de la foi publique.

Le sénat s'étant assemblé à ce sujet, quelques sénateurs opinerent pour le soulagement des pauvres. D'autres aussi, & ce furent les plus riches, regarderent la suppression ou la réduction des dettes comme un violement de la foi publique. Ap. Claudius soutenoit même que le peuple étoit fait pour être opprimé; jugeant que s'il n'étoit pauvre, il seroit insolent. Avec de telles maximes, l'oppression devoit toujours aller en croissant.

Les créanciers étoient en droit de se faire payer de tout ce qui leur étoit dû: les usuriers ne l'étoient pas.

Je ne prétends pas condamner toutes les raisons qu'on apportoit en faveur des créanciers; je crois au contraire que les débiteurs avoient souvent tort. Les propriétés doivent être respectées. C'est une loi fondamentale sans laquelle une société civile ne sauroit subsister; il seroit donc injuste de priver un créancier de l'argent qu'il a prêté. Il doit même lui être permis d'en retirer un intérêt: car il n'est pas de l'équité de lui faire perdre les profits qu'il auroit pu faire, en employant son argent dans le commerce ou dans une acquisition.

L'intérêt, lorsqu'il est fondé sur ce principe, est donc légitime. Mais si celui qui prête, abusant de la situation où est celui qui emprunte, met à son argent un prix arbitraire, il usurpe alors d'autant plus sur le bien d'autrui, qu'il met à son argent un plus grand prix. La loi de propriété est donc violée, & ce violement est proprement ce qu'on doit nommer *usure*.

Les

Les créanciers n'étoient pas injustes, comme créanciers, puisque, en cette qualité, ils demandoient l'argent qu'ils avoient prêté, & l'intérêt qui leur étoit dû légitimement. C'est comme usuriers qu'ils étoient injustes, parce qu'en cette qualité, ils demandoient ce qui ne leur appartenoit pas. Parmi les débiteurs, il y en avoit, sans doute, qui s'étoient ruinés par leur mauvaise conduite, & par conséquent, on ne devoit point avoir égard à leurs plaintes. Mais il étoit difficile d'en faire le discernement, & leur mauvaise conduite n'étoit pas une raison pour refuser de rendre justice aux autres. Le gouvernement, par sa négligence à réprimer les usures, autorisoit en général tous les débiteurs à réclamer contre la dureté des créanciers : en leur refusant de réduire les dettes, il les forçoit à payer plus qu'ils ne devoient; & ils se rendoit odieux, lorsqu'il livroit à la servitude ceux qui ne pouvoient pas s'acquitter.

Le sénat accorde une surséance pour les dettes.

Pendant qu'on agitoit ces questions, & que les deux partis, qui crioient également à l'injustice, exagéroient mutuellement leurs torts, l'ennemi approchoit, & il étoit temps de faire cesser ou de suspendre au moins les dissentions. Le sénat donna un décret, par lequel il accorda une surséance pour toutes sortes de dettes; & il promit de reprendre cette affaire aussitôt après que la guerre auroit été terminée.

BIBLIOTHÈQUE ROYALE

Les plébéiens refusent de s'enrôler.

Cette démarche, qui n'assuroit rien pour l'avenir, n'étoit qu'un artifice de la part du sénat. Aussi les plébéiens n'y furent pas trompés. Ils persisterent dans le refus de donner leurs noms pour l'enrôlement : ils déclarerent même que, s'ils n'obtenoient l'abolition des dettes, ils abandonneroient la ville. Cependant les consuls n'avoient pas assez d'autorité pour se faire obéir, parce que depuis la loi Valéria, c'est ainsi qu'on nommoit la loi portée par Valérius Publicola, tout citoyen, condamné par un magistrat, avoit droit d'en appeller au peuple.

Création d'un dictateur.

Av. J. C. 498 de Rome 256.

Cette année les Perses soumettent l'Ionie qu'Aristagoras avoit soulevée contre eux.

Pour éluder cette loi, le sénat fit un décret par lequel il ordonna que T. Lartius & Q. Clélius, alors consuls, se démettroient de leur pouvoir; qu'il n'y auroit qu'un seul magistrat; qu'il seroit choisi par le sénat, & confirmé par le peuple : qu'il gouverneroit avec une autorité absolue, sans avoir de compte à rendre; & que son pouvoir ne s'étendroit pas au de-là de six mois. Le peuple, assemblé par centuries, consentit à la création de ce magistrat suprême; soit parce que dans ces comices les riches se trouvoient les maîtres des délibérations, soit parce que les pauvres se flattoient que ce nouveau chef de la république auroit égard à leurs plaintes. Le dictateur, c'est ainsi qu'on nomma ce magistrat, créé d'abord pour forcer le peuple à l'obéissance, sera d'une grande utilité, lorsque dans la suite on jugera nécessaire de suppléer à la lenteur du gouvernement républicain, & de lui donner toute l'activité dont la monarchie est capable.

Il est nommé par l'un des deux consuls

Le sénat ordonna que l'un des deux consuls nommeroit le dictateur, ce qui fut toujours observé depuis, &, en conséquence d'une seconde délibération, que, dans la conjoncture présente, il nommeroit son collegue. Après une généreuse contestation entre eux, Clélius nomma Lartius.

Le dictateur termine la guerre par une treve.

Lartius choisit pour lieutenant ou général de la cavalerie, Sp. Cassius Viscellinus. Il fit reprendre les haches aux licteurs : au lieu de douze, il en fit marcher vingt-quatre devant lui. C'est ainsi qu'il se montra dans la place publique. A la vue de cet appareil effrayant, aucun citoyen n'osa désobéir, & tous ceux qui furent appellés par le dictateur, se rangerent sous les enseignes. De quatre corps qu'il forma, il en laissa un pour la garde de la ville. Il ouvrit la campagne avec les trois autres. Il remporta quelques avantages sur les Latins : il reussit, surtout, à les diviser : & les ayant amenés à une négociation, il conclut une treve d'un an. De retour à Rome, il abdiqua, quoique le temps de sa magistrature ne fût pas expiré.

Nouveau dictateur. Fin de la guerre contre les Tarquins.

Sous le consulat suivant, il ne se passa rien de remarquable. Il n'y eut point même de troubles au dedans, parce que le décret du sénat empêchoit qu'on n'inquiétât les débiteurs.

Mais la guerre ayant recommencé l'année suivante, on eut recours à la dictature pour aller au devant de la désobéissance du peuple, & le consul Aulus Posthumius fut nommé dictateur par son collegue. Ce général termina la guerre par une victoire qu'il remporta près du lac Régille. Mamilius y fut tué: Tarquin y perdit deux fils qui lui restoient: il se retira à Cumes, où il mourut quelque temps après: & les Latins firent la paix.

Av. J. C. 496 de Rome 258.

Le sénat ne ménage plus le peuple.

Jusqu'alors les sénateurs avoient senti le besoin de ménager la multitude, qui pouvoit d'un moment à l'autre se déclarer pour les Tarquins & les rappeller. Mais à peine furent-ils délivrés de cette crainte, que, croyant n'avoir plus de ménagements à garder, ils abuserent étrangement de l'autorité qu'ils s'arrogeoient. Ap. Claudius, alors consul, se montra ouvertement comme le chef de la tyrannie.

Av. J. C. 498 de Rome 255.

Soulévement du peuple, qui refuse de s'enrôler.

Cependant le sénat devoit céder tôt ou tard. Si les plébéiens se reunissoient, ils faisoient la loi: il ne falloit pas les y forcer. Déja ils s'attroupoient dans différents quartiers: ils murmuroient contre les sénateurs, & ils faisoient des imprécations contre Ap. Claudius; lorsqu'un vieux citoyen, qu'on reconnut pour avoir servi avec distinction, & qui montroit les cicatrices de plusieurs blessures, parut dans la place publique, & demanda justice de l'état déplorable où l'avoit réduit un créancier. Pendant la guerre dans laquelle il servoit en qualité de centurion, son champ avoit été ravagé. L'ennemi avoit brûlé sa maison, pillé ses biens, & enlevé ses troupeaux. Sans argent, & forcé néanmoins à payer le tribut qu'on exigeoit de lui, il avoit emprunté. Les intérêts s'étant accumulés, il n'avoit pu acquiter sa dette, quoiqu'il eût vendu tout ce qu'il possédoit; & il s'étoit livré à son créancier, qui, le traitant comme un criminel, lui avoit fait déchirer le corps par ses esclaves. On voyoit encore les vestiges sanglants des coups de verges qu'il avoit reçus. Ce spectacle ayant excité un soulévement général, Ap. Claudius n'échappa qu'à peine à la fureur du peuple, & Publius Servilius, son collegue, n'appaisa la sédition, que parce qu'il offrit d'intercéder pour le peuple auprès du sénat.

Telle étoit la situation des choses, lorsqu'on apprit que les Volsques étoient entrés en armes sur les terres de la république. Dans cette conjoncture, le sénat, qui se voit des ennemis au dedans & au dehors, sent d'autant plus sa foiblesse, que le caractère inflexible d'Ap. Claudius contribuoit à révolter les esprits. Heureusement P. Servilius étoit agréable à la multitude: le sénat le chargea de ramener le peuple à son devoir.

Servilius l'appaise, en lui

Ce consul représente que dans la circonstance où l'ennemi est aux portes, il n'est pas possible

Promettant l'abolition des dettes.

de délibérer sur les moyens de soulager les pauvres. Il promet qu'aussitôt que la guerre sera finie, on y songera sérieusement; & en attendant, il donne un édit pour surseoir toute poursuite au sujet des dettes. Sur sa parole, les plébéiens s'enrôlerent à l'envi, aimant mieux marcher contre l'ennemi sous les ordres de ce général, que de rester dans la ville sous le gouvernement de Claudius. Les Volsques furent défaits, & perdirent quelques places.

Il triomphe malgré le sénat. Il devient odieux au peuple.

Il étoit d'usage de réserver pour le trésor public une partie du butin, & Servilius l'avoit distribué tout entier aux soldats. Claudius lui en fit un crime: il l'accusa de chercher à se rendre populaire: & il lui fit refuser le triomphe. Servilius, sensible à cet affront, assembla le peuple dans le champ de Mars, représenta l'injustice qu'on lui faisoit, & triompha. Il est le premier qui ait obtenu cet honneur, malgré les oppositions du sénat. Sa faveur ne dura pas. Suspect au sénat, parce qu'il favorisoit le peuple, il devint odieux au peuple, parce qu'il n'exécuta pas les promesses qu'il lui avoit faites. Il auroit voulu tenir sa parole: mais il vouloit aussi ménager les deux partis, & il les choqua tous deux également.

Les troubles croissent.

Sous ce consulat & sous le suivant, les troubles s'accrurent au point, que les créanciers, exposés aux insultes du peuple, étoient maltraités sous les yeux mêmes des consuls. Les plébéiens, à l'abri de la loi Valéria, tenoient des assemblées secretes: ils s'ameutoient impunément: ils refusoient de s'enrôler: & cependant les Sabins, les Eques & les Volsques, instruits de ces dissentions, armoient contre la république.

Dictature de Valérius.

Av. J. C. 494 de Rome 260.

Après de longues délibérations, les sénateurs, sur l'avis de Claudius, arrêterent qu'on créeroit un dictateur, & plusieurs le nommoient lui-même. Mais les plus sages, qui sentoient la nécessité d'user de ménagements, firent tomber le choix sur Manius Valérius frere de Publicola, & par cette raison, agréable au peuple. Tout reussit, comme ils l'avoient prévu. Cette politique néanmoins avoit un terme. Car on ne devoit pas présumer que les plébéiens seroient continuellement les victimes des mêmes artifices; & il étoit facile de prévoir qu'un soulévement général forceroit enfin le sénat à recevoir la loi.

Vainqueur des ennemis, Valérius se rendit au sénat: il demanda un sénatus-consulte qui le dégageât de sa parole, & on le lui refusa. Alors il assemble le peuple. Il rend justice au courage des soldats qui ont combattu sous lui: il se plaint de ne pouvoir tenir les engagements qu'il a pris avec eux; & il abdique la dictature, déclarant que, s'il ne pouvoit pas soulager les pauvres, il ne vouloit pas non plus être l'instrument de la tyrannie des riches. Le peuple, qui ne doutoit pas de sa sincérité, le reconduisit avec de grandes acclamations.

Retraite sur le mont Sacré.

Trompé tant de fois, le peuple ne vouloit plus l'être. Il paroissoit vouloir se faire justice lui-même, & son audace commençoit à donner de l'inquiétude. Pour prévenir tout soulévement, le sénat défendit aux consuls de licencier les troupes, & leur ordonna de les conduire hors des murs, sous prétexte que les Eques avoient repris les armes.

Les soldats, en s'enrôlant, juroient de ne point abandonner les drapeaux, sans un congé exprès. Il sembloit donc qu'ils ne pouvoient pas se soustraire à leurs chefs. Mais le sénat leur avoit appris à éluder les loix. Ils imaginerent de déserter avec leurs drapeaux; & ayant Sicinius Bellutus à leur tête, ils se retirerent à trois milles de Rome sur une montagne, qu'on a depuis nommée le mont Sacré. La plus grande partie du peuple alla se joindre à eux.

Le peuple obtient des tribuns.

Av. J. C. 493 de Rome 261.

Tel est le caractère de la tyrannie: elle ne craint rien, ou elle craint tout; & souvent, lorsqu'elle commande avec le plus de hauteur, elle touche au moment où elle va céder. Obligé de traiter avec les mécontents, le sénat eut besoin pour cette négociation des patriciens les plus agréables au peuple. Il accorda plus qu'il n'avoit refusé jusqu'alors. Après avoir obtenu l'abolition des dettes, les plébéiens, voulant des suretés pour l'avenir, démanderent des magiſtrats qui euſſent le droit de s'oppoſer aux décrets qui leur feroient contraires, & ils les obtinrent.

Cette nouvelle magiſtrature fut annuelle, comme le conſulat. Les plébéiens eurent ſeuls le droit d'y aſpirer. Ces magiſtrats, qui devoient être au nombre de cinq, furent nommés tribuns du peuple, parce qu'on prit les premiers parmi les tribuns militaires, qui commandoient les légions. On déclara leur perſonne ſacrée. On fit à ce ſujet une loi, que tous les Romains jurerent d'obſerver : on la nomma *ſacrée* par cette raiſon, & on donna le même nom à la montagne ſur laquelle elle avoit été faite. Avant de rentrer dans la ville, le peuple, dans le camp même, élut deux tribuns, qu'il choiſit parmi ſes chefs, & qui ſe donnerent trois collegues. Les ſuffrages furent recueillis par centuries. On arrêta que les tribuns n'exerceroient leur autorité que dans Rome, & à un mille au de-là.

Création des deux édiles.

Les tribuns demanderent deux magiſtrats pour les aider dans leurs fonctions, & on les leur accorda. Ces nouveaux magiſtrats furent nommés édiles. D'après cette dénomination, on pourroit conjecturer qu'ils ont eu, dès les commencements, quelque inſpection ſur les édifices, ſi cette inſpection avoit appartenu aux tribuns, ce que les hiſtoriens ne diſent pas. Il eſt certain que dans la suite, ils veilleront à l'entretien des bâtiments publics, qu'ils auront l'intendance des jeux, qu'ils seront chargés de la police, & qu'ils prendront connoissance de bien des affaires, auparavant réservées aux consuls.

CHAPITRE II.

Considérations sur les Romains après la création des tribuns.

ROME eût péri, comme le remarque Tite-Live, si, par un amour prématuré de la liberté, la royauté eût été abolie sous les premiers rois. La république n'eût pas pu se défendre contre les ennemis, qu'elle auroit eus tout-à-la fois au dedans & au dehors; & il est heureux que la monarchie ne soit devenue odieuse, que lorsque Rome étoit assez puissante pour se soutenir par elle-même.

La monarchie ne pouvoit devenir odieuse que sous les derniers rois.

C'est un bonheur en effet : mais ce bonheur est une chose naturelle dont il est aisé d'appercevoir les causes. La royauté ne pouvoit devenir odieuse, que lorsque la puissance du monarque se seroit accrue avec la puissance de la monarchie. Tant que Rome étoit foible, elle ne pouvoit pas craindre des rois, qui étant foibles eux-mêmes, étoient faits pour craindre le peuple. Tarquin n'osa être tyran, que parce qu'il arma pour lui contre les Romains, les peuples qu'il avoit vaincus, & les alliés mêmes de Rome;

& il n'eût pas osé l'être, s'il eût regné à la place de Numa ou d'Ancus Marcius.

L'amour de la liberté commence à la création des tribuns.

Le création des tribuns est l'époque, où l'amour de la liberté commence. Sous les rois, le gouvernement avoit été doux ou sévere, suivant le caractère des souverains, & les Romains n'avoient point pensé à être libres. S'ils l'eussent été, Rome n'eût jamais été qu'une petite monarchie. Ils n'auroient pas plus pensé à l'être sous les consuls, s'ils avoient trouvé, dans les sénateurs, des maîtres moins tyranniques, & la république eût fait peu de progrès. C'est parce qu'ils voulurent n'être pas opprimés, qu'ils songerent à se rendre libres. Cependant le mot de liberté retentissoit dans Rome ; mais la chose n'y étoit pas encore. Les Romains n'en feront que plus d'efforts pour s'en saisir, & ces efforts seront la principale cause de leur agrandissement. Les dissentions continuelles entre les patriciens & les plébéiens entretiendront dans les deux ordres cet amour du commandement, qui doit les rendre maîtres de tant de nations.

En quoi consistoit la liberté à Sparte.

A Sparte, on étoit véritablement libre, parce que le partage qui avoit été fait de la souveraineté, maintenoit l'égalité, parmi des citoyens pauvres. Tout étoit réglé, & l'ordre assuré par les loix, ne permettoit pas les moindres dissentions.

à Athènes.

Athènes étoit libre encore, parce que la souveraineté résidoit dans le peuple, & qu'à cet égard tous les citoyens étoient égaux. Mais l'inégalité des richesses n'avoit pas permis de contenir la liberté dans de justes bornes. Comme l'ordre établi changeoit au gré de la multitude, ou plutôt au gré de ceux qui la remuoient, la liberté ne pouvoit pas ne pas dégénérer en licence; & la licence devoit croître parmi les factions, les chefs de parti se croyant tout permis pour obtenir la faveur d'un peuple capricieux, dont ils reconnoissoient la souveraineté, & à qui aucun corps ne la contestoit.

Les Spartiates étoient donc libres, & les Athéniens l'étoient trop. Les Romains auront bien de la peine à l'être; & s'ils l'avoient été comme l'un ou l'autre de ces deux peuples, ils n'auroient jamais fait de grandes conquêtes.

à Rome.

Rome est pauvre comme Sparte, mais tous les citoyens ne le sont pas. Les richesses, inégalement réparties, continueront d'être une cause d'oppression. Les opprimés ne seront donc pas libres, & les oppresseurs n'auront qu'une liberté mal assurée, parce que leur puissance sera mal assurée elle-même. Il n'y aura entre les deux ordres, les patriciens & les plébéiens, qu'une jalousie de domination, qu'on prendra pour amour de la liberté. Toujours ennemis, ils s'observeront continuellement avec inquiétude: & comme la tyrannie a passé des Tarquins aux patriciens, elle passera des patriciens aux plébéiens & des plébéiens à un monarque. Vous voyez que, dans ce passage, il sera difficile de trouver un moment où la nation soit véritablement libre; & que si ce moment arrive, ce ne sera qu'un moment.

Le tribunat est une source de dissentions

Les tribuns n'avoient que le droit de s'opposer aux loix, qui pouvoient être contraires aux intérêts des plébéiens. Mais il étoit à présumer que, pour donner plus de force à leur opposition, ils formeroient des prétentions, & se feroient de nouveaux droits. Ainsi cette magistrature, créée pour terminer les querelles, ne faisoit dans le vrai que les suspendre: elle devenoit une source de dissentions.

Les deux ordres sont jaloux de commander dans Rome.

Au milieu de ces dissentions, les deux ordres doivent être tous les jours plus jaloux de l'autorité: les patriciens, pour la conserver toute entiere, ou pour en conserver au moins ce qu'ils n'auront pas encore perdu; les plébéiens, pour la partager, ou pour l'envahir entiérement, lorsqu'ils en auront obtenu une partie.

Ils portent ce caractère dans les guerres qu'ils ont avec leurs voisins.

Jaloux de commander dans Rome, les deux ordres porteront ce caractère dans les guerres qu'ils feront à leurs voisins. Ils croiront bientôt avoir droit de commander à tous. Ce sentiment augmentera leur confiance; & leurs succès en seront d'autant plus assurés, que les peuples, qui n'auront pas ce même sentiment, se défendront en quelque sorte, comme s'ils n'avoient que le droit d'opposition.

Les guerres en deviennent plus destructives.

Avant les Romains, il ne paroît pas qu'il y eût en Italie aucun peuple qui ambitionnât de faire des conquêtes. Tous se bornoient à ce que j'appelle le droit d'opposition. On opposoit la force à la force, les guerres n'avoient d'autre objet que de venger une injure par une injure, & chaque cité ne songeoit qu'à se conserver.

La tyrannie des patriciens avoit donné aux plébéiens l'ambition de partager l'autorité : la domination des Romains, aussitôt qu'elle commence, doit donner aux autres peuples l'ambition de partager l'empire. Les guerres alors changent d'objet : elles en deviennent plus destructives ; & elles le sont d'autant plus, que l'usage, qui ne laisse entre la victoire & la défaite que l'esclavage ou la mort, fait une loi de se défendre jusqu'à la derniere extrémité.

Comment les Romains doivent être toujours plus ambitieux de commander aux autres peuples.

Parce que les passions croissent par les obstacles, l'ambition de dominer croîtra dans les Romains par les revers autant que par les succès, & ce sera la passion de chaque citoyen.

Ils ont eu de bonne heure pour maxime de ne point céder à la force ; parce que, dès leur établissement, ils se sont trouvés dans des circonstances, où il falloit nécessairement vaincre ou périr.

La nécessité de vaincre ou de périr a continué pour eux, & ils ont persévéré dans la même maxime. A la fin de chaque guerre, toujours victorieux, & victorieux souvent après avoir été menacés des plus grands dangers, ils se sont confirmés dans la pensée, qu'avec du courage, si on peut être quelquefois vaincu, il reste toujours assez de ressources pour n'être jamais asservi.

Constants à se conduire d'après cette maxime, dont ils ne pourront pas se départir, ils montreront encore plus d'audace après les revers, qu'après les victoires. C'est pourquoi il ne leur arrivera jamais de demander la paix à un ennemi armé : il sera plutôt possible de les exterminer que de les subjuguer.

Pour achever de découvrir les principales causes des progrès des Romains, observons les maximes qu'ils se sont faites sous les deux premiers rois.

Usages & maximes des Romains sous Romulus.

Lorsque les Romains se sont établis sur le mont Palatin, ils ont pensé, sans doute, que la force est la suprême loi, & que tout ce qu'on obtient par le courage, est bien acquis. Ils ne pouvoient pas avoir d'autres maximes.

Cependant ils voyoient leur foiblesse ; & s'ils ne se hâtoient pas de contracter des alliances, ou d'attacher à leur sort les premiers peuples vaincus, ils devoient craindre de succomber sous le nombre de leurs ennemis. Ce besoin fut pour eux une nécessité d'ouvrir dans Rome un asyle, & d'y transporter encore les peuples qu'ils domptoient. Ils acquirent, par-là, continuellement de nouvelles forces. Pouvant tous les jours plus, ils penserent aussi avoir le droit d'entreprendre tous les jours davantage. De nouveaux succès ayant augmenté leur confiance

fiance & leurs prétentions, ils se sont conduits dès les commencements, comme s'ils avoient déja formé le projet de conquérir l'Italie. Or, ils continueront, sans doute, si la fortune leur est favorable : car on ne quitte pas des maximes & des usages dont on se trouve bien.

Sous Numa, ils deviennent superstitieux, sans cesser d'être brigands.

Numa vint. Je ne hasarderai pas beaucoup, si je dis que ses idées sur la morale étoient aussi peu saines que sur la religion. Des notions plus épurées n'auroient pas même été à la portée du peuple qu'il gouvernoit. Je ne vois dans ses réglements que de nouvelles cérémonies. Elles adoucissoient, à la vérité, des mœurs barbares : mais elles ne pouvoient pas éclairer des esprits grossiers. Certainement les Romains n'en ont pas mieux connu la justice : ils apprirent seulement à se couvrir du voile de la religion. Depuis, ils furent toujours superstitieux, sans jamais cesser d'être brigands.

Ils se font une réputation de piété & de justice.

Scrupuleux observateurs des formules qu'ils se sont prescrites, ils n'imagineront pas que les dieux puissent jamais être contre eux, & ils plieront la superstition à toutes leurs vues ambitieuses. La bonne foi, l'équité, la justice seront continuellement dans leur bouche. A les entendre, les serments seront des engagements sacrés & inviolables, & ils traiteront de sacrileges les infractions aux traités. Ce langage, joint à mille pratiques religieuses, en imposera; parce qu'en effet ils seront justes, toutes les fois que la justice s'accordera avec leurs intérêts.

Les peuples foibles, qui croiront en être protégés, contribueront à leur donner une réputation de piété & de justice. Ils applaudiront à toutes leurs entreprises : ils regarderont, en quelque sorte, comme des rebelles, les peuples qui oseront résister ; & cette république, injuste par sa constitution même qui la force à être conquérante, ne paroîtra prendre les armes que pour punir.

Ils ne sont qu'hypocrites.

Les Romains concilieront admirablement les parjures avec les engagements les plus sacrés, parce qu'ils n'ont aucune idée précise de ce qu'ils apellent parjure & engagement. Maîtres par la force d'interpréter les traités, ils les éluderont, ils manqueront ouvertement à la foi jurée, & ils ne se croiront pas coupables d'infraction. Ils se feront encore un principe fort commode, lorsqu'ils se persuaderont que les dieux les destinent à commander aux autres peuples : car d'après ce principe, sera-ce à eux qu'il faudra reprocher quelque injustice, ou aux nations qui refuseront de se soumettre? Je dirai donc, pour leur justification, qu'ils seront injustes, moins à dessein, que par ignorance. De brigands sous Romulus, ils sont devenus superstitieux sous Numa ; & nous ne trouverons plus, dans leur conduite, qu'une hypocrisie que nous nommons politique.

Si vous considérez donc les maximes & les usages, dont ils se sont fait une habitude sous les deux premiers rois, & si vous les combinez avec les circonstances par où ils passeront, vous comprendrez comment ils conserveront pendant long-temps les mêmes mœurs, & comment ils suivront constamment les mêmes maximes. Vous reconnoîtrez que, comme brigands, ils auront toujours besoin de faire la guerre; & que, comme superstitieux, le moindre prétexte la leur fera toujours paroître juste. En conséquence, ils n'auront jamais de scrupule à prendre les armes pour leurs alliés, ou à s'allier des peuples, qui leur fourniront l'occasion de les prendre.

Les nations n'ouvrent pas les yeux sur l'injustice des entreprises des Romains.

Les nations ouvriront à peine les yeux sur cette injustice des Romains, parce qu'elles n'ont pas elles-mêmes des idées plus saines. Les préjuges de ces siecles barbares où la considération s'accordoit au brigandage, où les termes de justice & d'équité passoient pour des expressions de foiblesse, sont encore, à bien des égards, la regle de leurs jugements. Car si depuis qu'elles sont civilisées, elles condamnent le brigandage & les brigands, elles ne les condamnent que sous ces noms : elles les considerent sous ceux de *conquêtes* & de *conquérants*; & quoiqu'il n'y ait que les mots de changés, elles regardent comme des succès glorieux, la dévastation des provinces, la ruine des monarchies & la fondation des nouveaux empires. Il semble que nous applaudissions à de grandes révolutions, parce qu'elles nous offrent de grandes calamités : les conquérants deviennent l'objet de notre admiration stupide : & le droit de conquête s'établit comme un droit incontestable. Ce préjugé livroit aux Romains tous les peuples qu'ils pouvoient conquérir.

Les dissentions des deux ordres de la république offrent les mêmes scenes, pendant près de deux siecles.

Les dissentions, qui ont été suspendues par la création des tribuns, vont recommencer. Elles se renouvelleront continuellement, jusqu'à ce que toutes les dignités soient communes aux deux ordres; & elles offriront d'une année à l'autre, les mêmes scenes pendant près de deux siecles. Il est nécessaire de les observer, pour juger des révolutions qu'elles amenent dans le gouvernement : mais il seroit à souhaiter pour le lecteur qu'elles fussent moins uniformes. Les historiens y répandent de la variété par les portraits qu'ils font des chefs des deux partis, & par les discours travaillés qu'ils prêtent aux uns & aux autres. Pour moi, je me contenterai d'en abréger le récit; parce que je ne crois pas qu'on doive écrire l'histoire, comme un Roman.

CHAPITRE III.

Jusqu'à la paix que Coriolan accorde aux Romains.

Les tribuns, habillés comme de simples citoyens, n'avoient extérieurement aucune marque de puissance. Sans tribunal, sans jurisdiction; sans gardes, ils étoient accompagnés d'un seul domestique qu'on nommoit *viator*; & se tenant à la porte du sénat, ils n'y entroient que lorsque les consuls les faisoient appeller. Etablis pour protéger les plébéiens, ils pouvoient d'un seul mot, *veto*, suspendre ou annuller les décrets des consuls & du sénat : mais, comme nous l'avons dit, ils n'avoient d'autorité que dans la ville, & tout au plus à un mille aux environs.

Les tribuns n'avoient aucune marque de puissance.

Tout paroissoit tranquille. Les sénateurs, qui avoient travaillé à la réunion des deux ordres, s'applaudissoient du succès de leur négociation. Ils ne voyoient rien à redouter dans des magistrats, qui n'avoient pas même l'extérieur de la puissance. Cependant, puisque le sénat s'étoit relâché, il devoit se relâcher en-

Ils ne devoient pas se borner au droit d'opposition.

core. On pouvoit prévoir que les tribuns ne se borneroient pas à se tenir sur la défensive, & qu'ils seroient forcés d'attaquer, lorsqu'ils voudroient faire valoir leurs oppositions. Si on ne le prévit pas, on ne tarda pas à l'apprendre.

Troubles à l'occasion d'une famine.

Av. J. C. 492 de Rome 262.

Une grande partie des terres n'avoit pas été ensemencée, parce que le temps, où le peuple se retira sur le mont Sacré, étoit précisément celui où l'on devoit faire les semences. Le sénat, qui auroit pu prévenir la disette, n'avoit pris aucunes mesures; & la famine se faisoit déja sentir, lorsqu'il envoya dans la Campanie, dans l'Étrurie & jusques dans la Sicile, pour en faire venir des bleds. Il avoit manqué de prévoyance, les tribuns l'accuserent de vouloir affamer le peuple. Ils répandirent que les riches patriciens avoient des provisions chez eux, & qu'ils enlevoient secrétement tout le bled qu'on apportoit à Rome.

Les consuls convoquerent le peuple pour justifier le sénat: mais, continuellement interrompus par les tribuns, il ne leur fut pas possible de se faire entendre. S'ils représentoient que les tribuns, bornés au seul droit d'opposition, devoient se taire, & attendre en silence le résultat des résolutions qui seroient prises; les tribuns répondoient qu'ils avoient plus que tout autre magistrat, le droit de prendre la parole dans les assemblées du peuple; comme les consuls avoient ce droit dans les assemblées du sénat, auxquelles ils présidoient. On disputoit de part & d'autre avec chaleur, lorsqu'un des consuls eut l'imprudence de dire, que si les tribuns avoient convoqué l'assemblée, bien loin de les interrompre, il n'y seroit pas même venu. C'étoit reconnoître qu'ils avoient & le droit de la convoquer & celui d'y présider. Les tribuns, qui prirent acte de ces mots échappés inconsidérément, cesserent d'interrompre les consuls, & convoquerent eux-mêmes le peuple pour le lendemain.

Loi qui autorise les tribuns à convoquer les assemblées du peuple.

Le jour commençoit à peine, & la place étoit déja remplie. Les tribuns représenterent combien il étoit nécessaire, qu'ils pussent prendre les suffrages de ceux dont ils défendoient les intérêts; qu'ils n'avoient pas été créés pour se borner à des représentations de nul effet; & que cependant ils ne seroient d'aucun secours au peuple, s'ils n'étoient autorisés par une loi à convoquer les assemblées, & s'il n'étoit défendu, sous de grieves peines, de les troubler dans les fonctions de leur charge. Il ne fallut pas aller aux suffrages pour faire passer cette loi, elle fut reçue par acclamation.

Les consuls, qui survinrent, voulurent la rejeter, parce qu'elle avoit été portée dans une assemblée, tenue contre toutes les regles, sans auspices & sans convocation légitime. Mais les tribuns déclarerent, qu'ils n'auroient pas plus d'égard pour les sénatus-consultes ; que les sénateurs en auroient eux-mêmes pour les plébiscites. Le sénat se vit donc réduit à céder encore, & la nouvelle loi fut scellée du consentement des deux ordres.

Deux puissances législatives dans la république.

Dès que les tribuns président à des assemblées, ils ne sont plus bornés au seul droit d'opposition ; & il y a dans la république deux puissances législatives. Comme elles ont commencé avec des intérêts contraires, elles seront toujours ennemies : elles ne céderont qu'à la force ; & les loix, qui en émaneront, ne feront que fomenter les troubles.

Conduite que le sénat auroit dû tenir pour recouvrer l'autorité.

Dans un petit état, plus l'autorité est despotique, moins le despotisme doit s'afficher. Le peuple brisera ses fers, si on les lui laisse appercevoir. Les sénateus auroient pu recouvrer l'autorité, s'ils avoient gouverné avec assez de modération, pour faire oublier qu'il y avoit des tribuns. Mais parce qu'ils ont été maîtres absolus, ils croiront devoir l'être encore : plus on leur résistera, plus ils tenteront d'ôter tout moyen de resister. Ils traiteront de séditieux des citoyens qui refuseront d'être esclaves, & ils succomberont. Un souverain n'est jamais plus puissant, que lorsqu'il est juste.

Coriolan souleve le peuple contre lui.

Il arriva des bleds. Le sénat s'assembla pour régler le prix qu'on y mettroit, & les tribuns furent appellés pour donner leur avis. Quelques sénateurs proposerent de distribuer gratuitement aux plus pauvres une partie de ces bleds, dont Gélon, tyran de Syracuse, avoit fait présent, & de vendre à bas prix l'autre partie, qui avoit été achetée des deniers publics.

Av. J.C. 491 de Rome 263.

Parmi les sénateurs étoit C. Marcius, jeune patricien, qui venoit de se couvrir de gloire dans une guerre contre les Volsques, & auquel on avoit donné le surnom de Coriolan, parce qu'il avoit pris sur eux la ville de Corioles. Ses succès paroissoient l'appeller au consulat: il le brigua, & il fut au moment de l'obtenir. Cependant le peuple lui donna l'exclusion: il craignit de confier cette magistrature à un patricien, qui montroit dans toute sa conduite un caractère altier & impérieux, & à qui on n'ignoroit pas que la puissance tribunicienne étoit odieuse. Offensé de ce refus, Coriolan, qui crut avoir trouvé l'occasion de se venger, s'emporta contre le peuple en discours violents & séditieux; & déclarant que le moment étoit venu d'abolir le tribunat, il fut d'avis de forcer par la famine les plébéiens à rendre au sénat toute l'autorité.

Les tribuns le veulent faire arrêter.

Aussitôt les tribuns sortent du sénat. Le peuple, instruit par eux de ce qui se passe, invoque les dieux vengeurs des parjures: il les prend à témoins des serments, qui ont été faits sur le mont Sacré; il demande que Coriolan lui soit livré; & on envoie sommer ce sénateur de venir rendre compte de sa conduite. Sur le refus, auquel on s'étoit attendu, les édiles eurent ordre de l'arrêter: ils furent repoussés.

Sicinius prononce contre lui une sentence qui n'est pas exécutée.

Tout se passoit avec ordre dans les comices par centuries, qui se tenoient au champ de Mars. Il n'en étoit pas de même, lorsque le peuple, convoqué d'un moment à l'autre, s'assembloit sur la place. Comme il s'y rendoit moins pour délibérer, que pour être instruit de ce qui avoit été arrêté dans le sénat; il y a lieu de conjecturer que les citoyens se plaçoient au hasard, & c'est-là vraisemblablement la cause de la confusion qui regnoit dans ces assemblées. Ce desordre même étoit favorable aux prétentions des tribuns. Ils n'avoient garde de convoquer les comices par centuries ou par curies: ils ne le pouvoient même pas, puisque les auspices n'étoient pas en leur pouvoir. Il paroît donc qu'il n'y avoit encore rien de réglé dans les assemblées, qu'ils convoquoient. C'étoit des cohues tumultueuses, dont il n'étoit pas possible de recueillir les suffrages, & dont les chefs faisoient seuls les décrets. En effet le tribun Sicinius prononça, de sa seule autorité, une sentence de mort contre Coriolan; & l'ayant condamné à être précipité du haut de la roche Tarpéienne, il ordonna aux édiles de le saisir & de le conduire au supplice.

Pendant que les patriciens entouroient & défendoient ce sénateur, le peuple étonné fit connoître, par un murmure, qu'il étoit bien éloigné d'approuver la violence de son tribun; & Sicinius, voyant qu'il s'étoit trop avancé, sentit qu'il avoit besoin de se conduire avec moins d'emportement.

Coriolan est cité devant le peuple du consentement du sénat.

Les marchés se tenoient à Rome tous les neuf jours; & parce qu'alors les habitants de la campagne venoient à la ville, les jours de marché étoient encore ceux où le peuple s'assembloit pour élire les magistrats, pour délibérer sur les affaires qui l'intéressoient. On n'indiquoit pas même les comices au marché le plus prochain : on ne les indiquoit qu'au troisieme; & on laissoit un intervalle de vingt-sept jours entiers, afin que chacun eût le temps de réflechir sur la matiere qui seroit mise en délibération. Cette formalité paroissoit alors indispensable. On prévoit bien qu'elle ne sera pas toujours observée. Mais dans l'affaire de Coriolan, les tribuns, voulant paroitre respecter les formes usitées, donnerent vingt-sept jours à ce sénateur pour préparer ses défenses, & le sommerent de comparoître devant le peuple, aussitôt après ce terme.

Pendant cet intervalle, le premier soin du sénat fut de fixer la vente des bleds au plus bas prix possible, & les consuls tenterent de ramener les tribuns à des voies de conciliation. Ils leur représenterent que tout ce qu'ils avoient fait jusqu'alors, étoit contre toutes les regles; que de tout temps, même sous les rois, aucune affaire n'avoit été portée devant le peuple, qu'auparavant le sénat n'eût donné un sénatus-consulte à cet effet; qu'ils ne pouvoient se dispenser de se conformer à cet usage; & que par conséquent, s'ils avoient des plaintes à faire contre Coriolan, ils devoient les faire au sénat même, les assurant que ce corps leur rendroit justice, & que, s'il le falloit, il donneroit un sénatus-consulte, tel qu'ils le pouvoient desirer.

Les tribuns ne se rendirent pas d'abord à ces raisons. Ils insistoient principalement sur ce que l'autorité devoit être égale entre le sénat & le peuple. Ils prétendoient d'ailleurs, que si la loi Valéria permettoit d'appeller des ordonnances des magistrats au jugement des comices, c'étoit une conséquence qu'on pût citer devant le peuple tout citoyen qui l'avoit offensé: & ils concluoient que pour être autorisés à citer Coriolan, ils n'avoient pas besoin d'un sénatus-consulte. Ils finirent néanmoins par consentir à la démarche qu'on exigea d'eux; bien résolus, si le sénat ne leur étoit pas favorable, de se faire un droit des prétentions qu'ils formoient.

Le sénat s'étant assemblé, les tribuns y proposerent leurs griefs. Dans le vrai, la cause de Coriolan n'étoit qu'un prétexte entre deux partis, qui se disputoient la souveraineté. Les patriciens, qui avoient pris, sans obstacle, la place de Tarquin, & qui s'étoient vus plus puissants que ce roi même, regardoient la souveraineté comme une prérogative de leur naissance; & ils auroient cru dégénérer, s'ils l'avoient partagée avec des citoyens, qu'ils traitoient de sujets révoltés. Mais les plébéiens, qui étoient soulevés par les vexations précédentes, qui en craignoient d'autres encore, & qui ne se croyoient ni sujets ni rebelles, songeoient à recouvrer des droits qui leur avoient été enlevés par surprise, & voyoient dans l'affaire de Coriolan une occasion qu'ils ne devoient pas laisser échapper.

Le sénat avoit plusieurs raisons pour renvoyer cette affaire au peuple. Il pouvoit se flatter de le désarmer par cette déférence; & au contraire, par un refus obstiné, il se compromettoit. D'ailleurs les sénateurs les plus sages n'approuvoient pas que le sénat s'arrogeât une autorité absolue. Ils pensoient que la liberté publique seroit plus en sureté, si chacun des deux ordres, assez puissant pour la protéger, en avoit également le dépôt. Ils desiroient que la puissance fût partagée entre eux, afin que chaque parti trouvât, dans le parti contraire, un obstacle à son ambition. Ils ne voyoient rien à redouter de la part des plébéiens, qui ne demandoient qu'à n'être pas opprimés; & tout leur paroissoit à craindre de la part des patriciens, s'ils n'étoient pas contenus par le peuple. Ils les trouvoient déja assez puissants par leur naissance, par leurs richesses, par les magistratures; & ils jugeoient qu'ils le seroient trop, s'ils joignoient à tous ces avantages la souveraineté sans aucune limitation.

L'avis de ces sénateurs prévalut, parce qu'en effet, le sénat ne pouvoit sans imprudence se refuser à la demande des tribuns. Il savoit que cette demande n'étoit qu'une formalité, à laquelle ils avoient bien voulu se prêter; & qu'ils se passeroient d'un sénatus-consulte, si on ne le leur accordoit pas. Coriolan fut donc renvoyé au tribunal du peuple.

Av. J. C. 491 de Rome 263.

Il est condamné à l'exil par le peuple, assemblé pour la premiere fois par tribus.

L'assemblée, qui jugea ce patricien, paroît être la premiere où les tribuns aient mis de l'ordre. Ils séparerent le peuple par tribus. Or, les tribus n'étant, comme nous l'avons dit, qu'une division locale, les pauvres & les riches étoient confondus dans chacune: tous avoient le même droit de suffrage, & tous les suffrages étoient également comptés. Il faut encore remarquer que ces tribus n'ayant point de prééminence les unes sur les autres, aucune n'étoit autorisée à opiner la premiere, & que par conséquent le sort pouvoit seul donner le droit de prérogative. Enfin, les tribuns trouvoient dans ces assemblées un avantage, qui les rendoit tout à-fait indépendants du sénat: c'est que les ayant convoquées eux-mêmes, ils furent les maîtres d'en prescrire les réglements. Or, comme ils tinrent la premiere, sans avoir pris les auspices, il fut arrêté qu'on ne les prendroit pas, lorsqu'on en tiendroit d'autres; & la religion ne put plus servir de prétexte aux patriciens pour empêcher ou retarder les assemblées convoquées par les tribuns

Av. J. C. 491 de Rome 263.

La bataille de Marathon est de l'année suivante.

Deja les tribuns avoient fait toutes leurs dispositions, lorsque les sénateurs voulurent distribuer le peuple par centuries, parce qu'alors les citoyens riches auroient fait le jugement. C'est ce que les tribuns ne vouloient pas. Ils soutinrent que dans une affaire, où il s'agissoit de la liberté publique, tous les citoyens devoient avoir le même droit de suffrage. Il fallut céder encore.

Coriolan fut condamné à un exil perpétuel. Il ne reste plus aux tribuns qu'à s'arroger le droit de convoquer les comices par tribus, toutes les fois qu'il s'agira de délibérer sur des choses qui intéresseront le peuple. S'ils jouissent jamais de ce droit, ils présideront à une assemblée qui se saisira de la puissance législative, & ils porteront de nouveaux coups à l'autorité du sénat.

Il assiége Rome, à la tête des Volsques.

Coriolan se retira chez les Volsques. C'étoit de tous les peuples, alors ennemis de Rome, le plus propre à servir sa vengeance. Ils formoient une république de plusieurs villes confédérées, qui se gouvernoient par leurs magistrats, & qui traitoient de leurs intérêts communs dans une assemblée générale, où elles envoyoient chacune leurs députés. Ce peuple arma contre les Romains, & donna le commandement de ses troupes à Coriolan.

Av. J. C. 489 de Rome 265. Des prodiges présageoient des malheurs. Mais le plus grand des prodiges, c'est que Rome, d'où Coriolan étoit sorti seul, se trouve sans armée & sans général. Cependant il a juré la ruine de sa patrie : il a déja pris plusieurs places, il dévaste la campagne, & il vient camper devant Rome.

On croiroit que, dans cette circonstance, les Romains vont armer ; & s'ils perdoient quelques batailles, tout en deviendroit plus concevable. Mais ils n'ont point de troupes, & les Volsques en ont ; quoique trois ans auparavant, une maladie contagieuse, telle qu'on n'en avoit jamais vu, eût fait de si grands ravages dans toutes leurs villes, que Vélitre, la plus florissante, seroit presque restée sans habitants, si Rome n'y eût envoyé une colonie. Les historiens ajoutent même que cette maladie arriva dans le temps que les Volsques vouloient faire la guerre aux Romains, & qu'elle les mit dans l'impuissance de prendre les armes. Comment donc Coriolan avoit-il pu fonder ses espérances sur ce peuple ? & comment trouva-t-il tout-à-coup une armée, dans un pays que la peste avoit si fort dépeuplé ?

Quoi

Quoi qu'il en soit, Rome étoit assiégée, & hors d'état de se défendre. Le peuple qui se reprochoit l'exil de Coriolan, demandoit lui-même la révocation du décret qu'il avoit porté: le sénat, plus ferme, déclaroit qu'il n'accorderoit rien à un rebelle qui avoit les armes à la main. Cette fermeté ne se soutint pas. Au lieu d'armer, on s'humilia devant Coriolan. On lui offrit son rappel, on le supplia de se retirer, & pour le fléchir, on lui députa cinq consulaires qui étoient ses parents ou ses amis: c'est ainsi qu'on nommoit ceux qui avoient été consuls. Av. J. C. 488 de Rome 266

Coriolan répondit avec hauteur & dureté, qu'il ne traiteroit de la paix, que lorsque les Romains auroient rendu aux Volsques toutes les terres qu'ils leur avoient enlevées. Il accorda trente jours de treve pour y penser, & après ce terme, il reparut sous les murs de Rome. On fit une seconde députation, à laquelle Coriolan n'accorda plus que trois jours; ne laissant aux Romains que l'alternative de combattre ou de satisfaire les Volsques.

L'alarme croissoit, la consternation étoit générale, les consuls ne prenoient aucunes mesures, les tribuns ne haranguoient plus, le sénat, qui s'assembloit, ne formoit aucune résolution. C'eût été le cas de créer un dictateur: mais il sembloit que l'exil de Coriolan eût banni tous les généraux, & on lui députa les prêtres. Les augures, les sacrificateurs, les gardiens des choses sacrées, tous, revêtus de leurs habits de cérémonie, allerent au camp des Volsques. Ils conjurerent, au nom des dieux, Coriolan de donner la paix à sa patrie, & ils ne rapporterent encore que des réponses fieres & menaçantes.

Il leve le siege.

Av. J. C. 488 de Rome 266.

Enfin les dames romaines veulent elles-mêmes tenter de fléchir cet ennemi. Elles s'offrent au sénat, qui applaudit à leur zele, & elles vont en suppliantes se jeter aux pieds de Coriolan. C'est Véturie, sa mere, qui porte la parole; & Volumnie, sa femme, est présente avec ses enfants. A ce spectacle, attendri & désarmé, il consent à se retirer; & Rome, si féconde en soldats, doit son salut aux larmes de ses citoyennes.

Les historiens ne s'accordent pas sur le sort que les Volsques firent à Coriolan. On sait seulement qu'il ne reparut plus, & que les Romains, qui se trouverent tout-à-coup des généraux & des armées, remporterent des victoires sur les Eques, sur les Herniques & sur les Volsques mêmes.

CHAPITRE IV.

Jusqu'à la publication de la loi de Voléro.

LES Eques, les Herniques & les Volsques ayant été forcés à demander la paix, le sénat commit, pour en arrêter les conditions, le consul Sp. Cassius Viscellinus, qui commandoit l'armée. Cassius aspiroit à la tyrannie. Il avoit déja recherché la faveur du peuple, pendant son second consulat, lors de la création des tribuns. La commission dont on le chargeoit, fut une occasion pour lui de s'attacher encore les Herniques. Il leur rendit le tiers du territoire conquis sur eux, & il leur accorda les droits de cité; privilege que Rome n'avoit encore accordé qu'aux Latins. Quant aux deux autres tiers des terres, il en donna un aux Latins, & il réserva l'autre pour les Romains qui en manquoient. Par ces dispositions qu'il prit sur lui, & qu'il ne communiqua point au sénat, il cherchoit à se faire des partisans au dedans & au dehors.

Sp. Cassius aspire à la tyrannie.

Av. J. C. 486 de Rome 268.

On étoit surpris qu'il eût traité des vaincus aussi favorablement, qu'il auroit pu traiter des alliés, lorsque sa conduite acheva de dévoiler ses desseins. Le lendemain de son triomphe, ayant assemblé le peuple pour rendre compte, suivant l'usage, de la campagne qu'il venoit de terminer, il proposa de faire une recherche des terres conquises en différents temps, & de les distribuer aux pauvres, sans aucun égard pour les patriciens, qui se les étoient appropriées. Cette proposition, reçue d'abord avec applaudissement, fut presque aussitôt rejetée; parce qu'il vouloit que les terres fussent partagées également entre les Romains, les Latins & les Herniques. Pourquoi, demandoit-on, associer ces deux peuples à ce partage?

Cassius néanmoins ne renonça pas à ses desseins. Il représenta qu'une partie des bleds, qu'on avoit vendus au peuple dans la derniere famine, avoit été donnée gratuitement par Gélon, tyran de Syracuse; & il conclut à rembourser des deniers publics les pauvres qui en avoient acheté. Mais il aliéna le peuple, qui le soupçonna de vouloir s'ouvrir par des largesses un chemin à la tyrannie. Ces soupçons parurent d'autant-plus fondés, que tous les citoyens, qui craignoient d'être dépouillés d'une partie de leurs terres, s'étudierent à les répandre. Cassius fut même accusé par son collegue, Proculus Virginius, de vouloir, comme un second Coriolan, armer contre la république les Herniques & les Latins; & comme s'il eût voulu confirmer lui-même de pareils soupçons, il invita ces peuples à venir à Rome donner leurs suffrages dans l'assemblée, où il se proposoit de faire passer ses loix.

Il échoue.

Cette imprudence de Cassius fut un dernier effort de sa part. Les tribuns s'opposerent surtout à ses desseins, & le firent échouer. Ils ne vouloient pas qu'un patricien eût sur eux l'avantage d'avoir fait distribuer des terres au peuple: ils attendoient une conjoncture, où ils en pourroient faire eux mêmes la proposition, & où ils en auroient seuls tout le mérite. Un d'eux, C. Rabuléius, représenta qu'il y avoit une portion des terres des Herniques, que les deux consuls convenoient devoir être donnée au peuple romain; & il conclut, que puisqu'ils étoient d'accord sur ce point, il falloit commencer par en faire le partage. Il dit ensuite qu'on examineroit, dans un temps plus tranquille, la proposition de Cassius en faveur des alliés; & il ajouta que, comme le partage des autres terres de conquête, demandoit de longues délibérations & bien des mesures à prendre, il falloit laisser au sénat & au peuple le loisir d'y penser. L'avis de ce tribun fut agréé, & Cassius n'osa plus reparoître en public.

Pour empêcher l'exécu-

Le sénat, qui pénétroit les vues secretes de Rabuléius, entreprit de les prévenir, ou d'en

tion de la loi Agraire, proposée par Cassius, le sénat la propose lui-même.

suspendre au moins l'effet. Il arrêta qu'on feroit une recherche de toutes les terres, qui avoient fait partie du domaine public; qu'on en distribueroit aux citoyens les plus pauvres; qu'on en réserveroit pour les communes, c'est-à-dire, pour le pâturage commun des bestiaux; & que le reste ayant été affermé, le produit en seroit destiné à la subsistance des plébéiens qui n'avoient pas de champs. En conséquence, il donna un sénatus-consulte, qui enjoignoit aux consuls désignés de nommer des décemvirs, c'est-à-dire, dix commissaires pour faire la recherche & le partage de ces terres.

On nommoit *consuls désignés* les consuls élus, qui devoient entrer en charge l'année suivante. Le consulat de Cassius & de Virginius alloit expirer, & le sénat prit ce pretexte pour ne pas leur adresser ses ordres. C'est que dans le vrai, il vouloit éloigner l'exécution d'un décret qui tendoit à ruiner les patriciens, ou plutôt il ne vouloit pas que ce décret fût jamais exécuté. Cette loi est celle qu'on a nommée *Agraire*. Elle sera une source de dissentions jusqu'à la fin de la république; Cassius la proposa le premier: elle lui coûta la vie. A peine fut-il sorti de magistrature, qu'on l'accusa d'avoir aspiré à la royauté, & le peuple le condamna à être précipité du haut de la roche Tarpéienne.

Cassius condamné à mort & exécuté.

Av. J. C. 485 de Rome 169.

Ce jugement ayant intimidé ceux qui auroient pu renouveller les propositions de Cas-

La loi Agraire paroit oubliée.

sius, la loi Agraire parut oubliée. Les consuls ne nommerent pas les décemvirs pour le partage des terres. Le sénat ne se mit pas en peine de faire exécuter des ordres, qu'il n'avoit donnés que pour tromper le peuple par de vaines espérances; & les tribuns n'oserent se plaindre ni du sénat, ni des consuls.

Les plébéiens paroissoient donc consternés. Les patriciens, qui triomphoient, croyoient n'avoir plus rien à ménager. Devenus plus hauts & plus insolents, ils pensoient que plus ils intimideroient, plus ils assureroient leur puissance. Cette conduite cependant devoit exciter des plaintes, & les plaintes pouvoient être l'avant-coureur d'un soulévement. En effet, le peuple ne tarda pas à se reprocher la mort de Cassius. Il se plaignit, sur-tout, de ses tribuns, qui avoient la lâcheté de l'abandonner.

La guerre continuoit avec les Eques & les Volsques, auxquels les Véiens s'étoient joints. Le tribun C. Ménius, enhardi par les reproches du peuple, reprit la loi Agraire. Il somma les consuls de nommer les décemvirs, & sur leur refus, il s'opposa aux levées qu'ils vouloient faire.

Av. J. C. 483. de Rome 271.

Dissentions à l'occasion de cette loi, qui est proposée de nouveau.

Les consuls imaginerent de sortir de Rome, & d'établir leur tribunal hors de la jurisdiction des tribuns. Là, ils citerent les plébéiens, qui étoient destinés, cette année, à faire la campagne: mais on pouvoit désobéir, tant que les tribuns ne levoient pas leur opposition; & on désobéit. Alors les consuls démolissent les fermes de ceux qui ne s'étoient pas rendus à leur sommation: ils abattent leurs arbres, ils enlevent leurs troupeaux, & cette dévastation eut tout le succès qu'ils s'étoient promis.

Ce moyen étrange n'avoit pas encore été employé, & ne le fut plus dans la suite. On en trouva un autre plus sûr & moins ruineux. Ce fut de diviser les tribuns. En effet, la puissance tribunicienne pouvoit être affoiblie par elle-même: car si un tribun étoit autorisé par les loix à empêcher toutes les délibérations, contre lesquelles il réclamoit, un autre tribun devoit être autorisé par les mêmes loix à réclamer contre l'opposition de son collegue; & par conséquent, il la pouvoit rendre nulle. Icilius s'étant opposé à l'enrôlement, ses quatre collegues, gagnés par le sénat, se déclarerent contre lui: & il fut arrêté qu'on ne parleroit de la loi Agraire, que lorsque la guerre seroit terminée.

Av. J. C. 481 de Rome 273.

Désobéissance des troupes.

On s'enrôla, & les consuls entrerent en campagne: mais les troupes refuserent de combattre, ne voulant pas fournir la matiere d'un triomphe à des généraux, qui les faisoient marcher malgré elles. La rebellion avoit donc passé dans le camp. Il n'y avoit plus de discipline, & tout paroissoit livrer Rome à ses ennemis. Dans cette circonstance, les peuples d'Etrurie armerent presque tous en même temps, & se réunirent aux Véiens.

Telle étoit la situation des choses, lorsque M. Fabius & Cn. Manlius prirent possession du consulat. Ils gagnerent quelques-uns des tribuns, & ayant fait des levées, ils marcherent à Véïes, chacun à la tête de deux légions, & d'un égal nombre de troupes, que les Latins & les Herniques, alliés de la république, avoient fourni, suivant l'usage. Retranchés dans leur camp, les consuls furent long-temps sans oser rien hasarder, parce qu'ils savoient que les troupes n'étoient pas disposées à obéir. Cette disposition changea. Les soldats, irrités contre les Étrusques qui ne cessoient de les insulter, accoururent à la tente de leurs généraux, & demanderent le combat. On feignit d'abord de se refuser à leurs instances, afin d'allumer de plus en plus leur ardeur. Ils revinrent, ils insisterent avec plus de vivacité : on consentit enfin à les mener à l'ennemi, & ils vainquirent. Mais cette victoire coûta cher aux Romains : ils firent de si grandes pertes, que M. Fabius aima mieux partager les larmes de ses concitoyens, que de jouir des honneurs du triomphe.

Av. J. C. 480 de Rome 274.

Année de la bataille de Salamine.

Les pertes, qu'on venoit de faire, paroissoient avoir assoupi les dissentions. Céso Fabius, qui entroit en consulat, vouloit qu'on profitât de ce temps de calme pour prevénir de nou-

Av. J. C. 479 de Rome 275.

Guerres qui font diversion

aux dissentions.

veaux troubles ; & il demandoit que le sénat se portât de lui-même à faire exécuter le décret qu'il avoit donné pour le partage des terres. On n'eut aucun égard à sa demande. Le peuple néanmoins continua d'être tranquille, parce que la guerre contre les Étrusques, mêlée de revers & de succès, faisoit diversion à ses plaintes. L'ennemi remporta des victoires, il se rendit maître du Janicule, il assiégea Rome, il y mit la famine. Dans une pareille conjoncture, les plébéiens comme les patriciens, ne pouvoient penser qu'à sauver la patrie.

Les dissentions recommencent & les tribuns citent devant le peuple les consuls des années précedentes.

Les dissentions recommencerent, aussitôt que la guerre fut finie ou suspendue. Les tribuns revinrent à la loi Agraire. Ils demanderent pourquoi les consuls des années précédentes n'avoient pas nommé les décemvirs. Ils n'oserent pas néanmoins les forcer à rendre compte de leur négligence à cet égard. Mais comme si les généraux devoient être responsables des événements, ils citerent Ménénius pour avoir été défait. Ce consulaire, condamné par les tribus à une amende qu'il ne put payer, se retira dans sa maison, où il se laissa mourir de faim & de douleur. Servilius, qui lui avoit succédé dans le consulat, fut, comme lui, poursuivi par les tribuns. Mais le peuple, honteux du jugement qu'il avoit porté contre Ménénius, écouta Servilius favorablement, & le renvoya absous.

Dans le fond, il n'importoit pas aux tribuns, que tous les patriciens, qu'ils accusoient, fussent condamnés. C'étoit assez pour eux de les pouvoir citer devant le tribunal du peuple. Cet avantage seul les autorisoit à former de nouvelles entreprises, pour acquérir de nouveaux droits; & on pouvoit prévoir un temps, où la puissance consulaire fléchiroit devant la puissance tribunicienne. Le tribun Cn. Génucius ayant sommé les deux consuls, L. Émilius & P. Julius, de nommer les décemvirs; ils le refuserent, sous prétexte qu'un sénatus-consulte étoit censé abrogé lorsqu'il n'avoit pas été mis à exécution par les consuls, auxquels il avoit été adressé nommément. Il semble que ce tribun les auroit pu citer. Il ne le fit pas, parce que l'opinion le forçoit à respecter les premiers magistrats de la république. Avant d'oser faire cette démarche, il falloit y préparer les esprits par des tentatives moins hardies. Génucius cita les consuls de l'année précédente. Il jura d'en faire un exemple, & il marqua le jour où il vouloit que le peuple se fît justice.

Av. J. C. 473 de Rome 281.

Les tribus étoient assemblées. On n'attendoit plus que Génucius, lorsqu'on apprit qu'il avoit été trouvé mort dans son lit. On apporta son corps sur la place, & parce qu'on crut n'y appercevoir aucune marque de violence, le peuple regarda cette mort, comme une punition des dieux qui désapprouvoient l'entreprise

Av. J. C. 473 de Rome 281.

La mort de Génucius intimide les tribuns.

du tribun. Ce sentiment parut imposer silence aux collegues de Génucius. Mais vraisemblablement ils craignoient plus les sénateurs que les dieux. Moins crédules que le peuple, ils jugerent que les loix sacrées étoient une foible défense contre des assassins.

Le sénat compte trop sur la terreur que cette mort a répandue.

L'autorité est bien près de succomber, quand elle est réduite à employer de pareils moyens. Cependant le sénat, comptant trop sur une terreur passagere, ne tarda pas à soulever de nouveau les esprits. On eût dit que, parce qu'il faisoit craindre la mort aux tribuns, il se flattoit de n'avoir plus à les redouter. Les consuls firent les levées avec une dureté, qui répandit une consternation générale. Ils ne trouverent point de résistance, mais le peuple n'en fut que plus irrité. Il se plaignoit de ses tribuns : il les accusoit de lâcheté ou de trahison ; & il parloit de briser les faisceaux & de se défendre lui-même.

Troubles auxquels la dureté des consuls donne lieu.

Av. J. C. 473 de Rome 281.

Parmi ceux que les consuls nommerent pour servir en qualité de simple soldat, étoit un plébéien, nommé Publilius Voléro, qui avoit été centurion dans les dernieres campagnes & qui étoit reconnu pour un bon officier. Il se plaignit de l'injustice qu'on lui faisoit, & il refusa d'obéir. Les consuls, offensés de sa résistance, ordonnent au licteur de le battre de verges. Il reclame les tribuns. Voyant qu'ils refusent de le secourir, il en appelle au peuple. Cependant, le licteur le veut saisir. Il le repousse.

Enfin le peuple, qui vient à son secours, brise les faisceaux, & chasse les consuls hors de la place.

Le sénat s'assemble. Les consuls demandent que Voléro soit, comme séditieux, précipité du haut de la roche Tarpéienne ; & les plébéiens réclament la justice contre les consuls qui, au mépris de la loi Valéria, ont voulu faire battre de verges un citoyen romain. Cette contestation dura jusqu'au temps où l'on tint les comices pour l'élection des tribuns. Voléro fut élu.

Av. J. C. 472 de Rome 282.

Le tribun Voléro se propose d'humilier le sénat.

Un tribun, dont la personne étoit sacrée, ne pouvoit pas être mis en justice. Il n'en étoit pas de même d'Émilius & de Julius, qui sortoient du consulat. Voléro néanmoins ne songea point à se venger de ces deux sénateurs. Le sénat entier devint l'objet de son ressentiment, & il résolut de frapper un coup dont ce corps ne pût pas se relever.

Loi qu'il propose à cet effet.

L'élection des magistrats du peuple se faisoit dans des comices par curies. Voléro représenta que ces comices ne pouvoient être convoqués qu'en vertu d'un sénatus-consulte ; que le sénat pouvoit, sous divers prétextes, refuser ou du moins faire attendre ; que les délibérations ne se pouvoient faire, qu'après qu'on avoit pris les auspices ; qu'il étoit au pouvoir des ministres de la religion, tous patriciens, d'interpréter ces auspices suivant leurs intérêts ; & qu'enfin ce qui avoit été arrêté dans ces assemblées, avoit besoin d'être confirmé par un nouveau sénatus-consulte. Il fit voir que toutes ces formalités étoient des entraves, que le sénat avoit imaginées pour se rendre maître de toutes les délibérations; & il demanda qu'à l'avenir les magistrats du peuple fussent élus dans des comices par tribus, qui ne seroient assujettis ni aux auspices ni aux sénatus-consultes.

Les patriciens s'y opposent.

Autant cette proposition fut agréable au peuple, autant elle souleva les patriciens. Voléro venoit de révéler leur secret. Dans l'impuissance de prouver qu'il n'étoit pas de l'intérêt des plébéiens de se soustraire au sénat, ils rejeterent, comme une impiété, la proposition du tribun. Ils dirent qu'un état ne pouvoit prospérer que sous les auspices des dieux; que sans leur aveu le peuple ne pouvoit s'assembler légitimement. Ils voulurent paroître défendre les intérêts de la religion; & on voyoit qu'ils ne défendoient que les intérêts de leur ordre.

Extension que Voléro donne à la loi.

Les difficultés qu'ils formoient, retardoient la conclusion de cette affaire, lorsqu'une peste qui survint, & qui fit de grands ravages, parut la faire oublier. Voléro alloit sortir de charge sans l'avoir terminée. Mais ayant été continué dans le tribunat, il la reprit l'année suivante. Il ajouta même à sa premiere proposition que le peuple traiteroit, dans des comices par tribus, de toutes les choses dont il prendroit connoissance.

Le sénat fit élire consuls Ap. Claudius, fils de celui dont nous avons eu occasion de parler, & Titus Quintius. Le premier, aussi haut que son pere & plus dur encore, parut l'homme le plus fait pour réprimer les tribuns. Le second, d'un caractère tout opposé, avoit été choisi, afin de pouvoir au besoin employer les voies de conciliation. Dans ces sortes de conjonctures, le sénat avoit ordinairement pour politique d'élever au consulat deux hommes dont les caractères différents paroissoient pouvoient allier la douceur avec la fermeté. Pour cette fois, cette politique ne lui reussit pas.

Précaution que prend le sénat.

Av. J. C. 471 de Rome 283.

Quintius, à la vérité, se conduisit avec adresse. Il fit valoir les motifs de religion : il parut s'intéresser au peuple : il lui représenta qu'on abusoit de sa simplicité ; & il exagéra les conséquences de la démarche dans laquelle on l'engageoit. Il est vraisemblable que, si son collegue avoit été aussi prudent, la loi de Voléro auroit été rejetée, au moins pour cette fois ; Mais Claudius invectiva, menaça & aliéna de nouveau les esprits. Comme les contestations qui s'éleverent, ne permirent pas de rien conclure, le tribun Létorius convoqua l'assemblée pour le lendemain.

Troubles.

Tout le peuple s'étant rendu sur la place, Létorius ordonne à Claudius de sortir d'une assemblée dans laquelle il ne pouvoit apporter que le trouble. Le consul, qui méprise cet ordre, répond au tribun par des invectives ; & appellant auprès de lui ses amis & ses clients, il se prépare à résister, si on entreprend de lui faire violence. Un moment après, un héraut crie que le college de tribuns ordonne que Claudius soit conduit en prison, & aussitôt un de leurs officiers avance pour l'arrêter. Tout extraordinaire qu'étoit cette démarche, la multitude ne parut pas la désaprouver. Elle se souleva, & la nuit seule mit fin au tumulte.

La loi est portée.

Le lendemain le peuple, plus animé que jamais, se saisit du Capitole, & parut déterminé à prendre les armes. Quintius ne l'appaisa, que parce qu'il fit espérer que le sénat léveroit ses oppositions, & qu'il ne seroit pas impossible d'en obtenir un sénatus-consulte qui autoriseroit à porter la loi proposée. Les tribuns voulurent bien avoir la condescendance d'attendre un décret, qu'on ne pouvoit plus refuser. Ils l'obtinrent : la loi fut portée, & le calme se rétablit,

Puissance qu'acquiert le peuple.

Voilà donc l'autorité passée entre les mains du peuple. Les consuls continueront de présider aux comices par centuries. Les tribuns présideront aux comices par tribus : ils les convoqueront toutes les fois & aussitôt qu'ils voudront ils y traiteront de toutes les affaires, qui intéresseront

resseront le peuple, c'est-à-dire, s'ils le veulent, de toutes sans exception.

Puissance qui reste au sénat,

Le sénat conservera tout l'extérieur de l'autorité. Il disposera des deniers publics : il enverra des ambassadeurs, il en recevra : il sera chargé de toutes les négociations : il commencera les affaires : il les poursuivra, lorsqu'elles auront été approuvées dans les comices, & ses décrets auront force de loix, tant qu'ils n'auront pas été annullés par un plébiscite. En un mot, il paroîtra avoir encore toute l'autorité ; & cette apparence, qui suffit pour en imposer, contiendra souvent le peuple.

& aux consuls

Quoique dans la ville, les consuls soient désormais, en quelque sorte, subordonnés aux tribuns ; ils ont cependant, comme le sénat, tout l'avantage que donne l'extérieur de la puissance. Absolus à la tête des armées, ils commanderont encore dans Rome, s'ils se conduisent avec prudence ; & le peuple, accoutumé à les respecter, ne paroîtra pas savoir tout ce qu'il peut.

Causes qui portent l'amour de la patrie jusqu'au fanatisme.

Au milieu des dissentions qui s'éleveront, l'amour de la partie prendra continuellement de nouvelles forces, & sera porté jusqu'au fanatisme. C'est que l'un & l'autre des deux ordres ne verra que lui dans la république : il rapportera tout à lui, & il regardera le gouvernement comme son ouvrage ; soit qu'il combatte pour conserver l'autorité, soit qu'il combatte pour s'en saisir. Tous deux auront donc le même intérêt à la chose publique; & parce que cet intérêt sera celui de chaque individu, il croîtra à mesure que les citoyens se communiqueront parmi les troubles tous les sentiments qui les agitent.

Causes qui doivent contribuer à l'agrandissement des Romains.

Ainsi tout contribuera à l'agrandissement des Romains. Le peuple, qui voit sa pauvreté, sera toujours prêt à prendre les armes, & le besoin du butin le forcera à devenir conquérant. Le sénat suscitera continuellement des guerres, pour faire diversion aux entreprises des tribuns; & les consuls ambitionneront de signaler chacun l'année de leur magistrature. Mais parce qu'il sera de leur intérêt de s'arrêter, aussitôt qu'ils auront assez fait pour obtenir le triomphe, Rome paroîtra modérer son ambition elle-même. Elle s'agrandira donc lentement: & par-là, elle s'affermira mieux dans ses conquêtes.

Dans un pareil gouvernement tout cede à l'impulsion une fois donnée. On la suit nécessairement: ou si on s'écarte de la direction qu'elle a fait prendre, on y est ramené aussitôt. Les magistrats changent, mais le systême ne change pas.

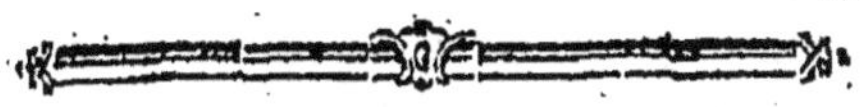

CHAPITRE V.

Jusqu'à la création des décemvirs pour un corps de loix.

DEPUIS la loi de Voléro, il y a dans la république deux puissances, qui s'arrogeant à l'envi le droit de faire des loix, doivent offrir continuellement de nouvelles scenes. Il résultera de leurs dissentions un gouvernement, qui se compliquera, en quelque sorte, comme une intrigue de théâtre. Les caractères se soutiendront parfaitement, & les incidents naîtront des caractères.

Pourquoi les plébéiens ne savent pas user de toute leur puissance.

Dès que le peuple avoit le droit de s'assembler pour décider de tout ce qui l'intéressoit, il avoit, par conséquent, encore le droit de supprimer toutes les loix qui lui étoient contraires. Il ne seroit donc resté que les siennes. Cependant s'il eût usé de ce droit, il n'eût fait que jouir de l'autorité qu'on lui avoit abandonnée. A la vérité, les patriciens auroient pu l'accuser de s'en être emparé par force. Mais il auroit pu répondre, qu'il n'avoit fait que prendre ce qui lui avoit été enlevé par adresse, sous Servius

Tullius; où même il eût pu ne pas répondre.

Ce dénouement eût été brusque, & le peuple n'eût pas soutenu son caractère. Il obéissoit depuis long-temps: quoique ce fût malgré lui, il s'en étoit pourtant fait une habitude. Il aura donc de la peine à prendre sur lui de commander. Embarrassé de la puissance qu'il a acquise, il ne sera pas capable d'en connoître toute l'étendue. Or, les forces qu'il ne se connoît pas, étant comme nulles, celles du sénat continueront de prévaloir, & ce corps résistera encore long-temps aux efforts des tribuns.

Comment les patriciens doivent perdre toute leur autorité.

Les patriciens pourroient peu-à-peu ramener à eux toute l'autorité. Puisque le peuple ne s'apperçoit pas qu'il est souverain, il croira qu'ils le sont eux-mêmes, s'ils savent l'être, c'est-à-dire, s'ils gouvernent avec modération. Ils ne tiendront pas cette conduite, parce qu'à leur tour, ils sortiroient de leur caractère. Toujours fiers, toujours despotiques, toujours tyrans, ils seront par conséquent toujours odieux, toujours moins respectés, toujours moins craints. Le peuple, qu'ils soulèveront, perdra l'habitude de leur obéir. Il formera des entreprises, il en formera encore: enfin il connoîtra tout ce qu'il peut, & il commandera.

Armée qui se laisse vaincre par haine con-

Les ennemis avoient profité des derniers troubles, pour faire des courses sur les terres des alliés de la république. Quintius marcha contre les Eques, qui ne tinrent pas devant un général aimé des soldats. Claudius n'eut pas le même succès. Absolu à la tête de l'armée, il voulut se venger sur elle des affronts qu'il avoit reçus dans les dernieres assemblées du peuple ; & par ses duretés, il acheva d'aliéner les soldats, auxquels il avoit toujours été odieux. Déterminés à se laisser battre, ils fuirent devant les Volsques. Il est vrai que lorsqu'ils furent attaqués dans leurs retranchements, ils repousserent l'ennemi : mais ils ne voulurent pas le poursuivre, contents de faire voir qu'ils pouvoient vaincre.

tre Ap. Claudius.

Av. J. C. 471 de Rome 283.

Claudius décampe. Les Volsques tombent sur son arriere-garde, qu'ils mettent en déroute. Toute son armée se disperse : elle ne se rallie, que lorsqu'elle est arrivée sur les terres de la république. Claudius la fait décimer, & en ramene les débris à Rome.

Av. J. C. 470 de Rome 284

La loi Agraire proposée de nouveau.

Sous le consulat suivant, les tribuns reprirent la loi Agraire, dont la poursuite avoit été suspendue par l'entreprise de Voléro, & ils la reprirent avec d'autant plus de confiance, que les consuls L. Valérius & T. Émilius promirent de les appuyer. En effet, cette affaire paroissoit dépendre d'eux, puisqu'un sénatus-consulte autorisoit les consuls à nommer les décemvirs.

Ap. Claudius, cité devant le

Se croyant assurés du succès, les tribuns en montrerent plus de modération ; & comme

peuple, meurt avant le jugement.

si l'ancien sénatus-consulte eût été proscrit; ils demanderent au sénat de nouveaux ordres. Peut-être aussi n'étoient-ils pas fâchés de faire naître de nouvelles difficultés : car l'expérience leur avoit appris combien les dissentions pouvoient contribuer à l'accroissement de leur puissance. Ils pouvoient prévoir que Claudius rejeteroit leur demande. Il la rejeta en effet avec hauteur, & c'est, sans doute, ce qu'ils demandoient. Ils le citerent devant le peuple, comme l'ennemi de la liberté publique, se proposant de punir, sur ce consulaire, la résistance de tous les patriciens.

Claudius parut dans l'assemblée avec la même assurance, que s'il eût été lui-même le juge de ceux qui l'accusoient. Son courage étonna le peuple au point que personne n'osoit prononcer contre lui. Les tribuns, qui craignirent qu'il ne leur échappât, renvoyerent le jugement à une autre assemblée, sous prétexte qu'il ne restoit pas assez de temps pour recueillir les suffrages. Dans cet intervalle, Claudius se donna la mort. La haine du peuple ne le suivit pas jusqu'au tombeau. Il ne put approuver les tribuns, qui ne vouloient pas permettre à son fils de faire son oraison funebre ; & il vit louer ce sénateur, avec le même plaisir, qu'il l'avoit vu accuser.

Difficultés que souffroit la loi Agraire.

Le loi Agraire souffroit de grandes difficultés. Les terres qu'il s'agissoit de partager, comme prenoient toutes celles qui avoient été conquises depuis le partage fait sous Romulus. Les unes avoient été acquises légitimement, d'autres avoient été usurpées sur des particuliers ou sur le domaine public : mais alors elles étoient, pour la plus grande partie, à des propriétaires qui avoient acquis de bonne foi ; une longue prescription couvroit les usurpations. Il y auroit donc eu de l'injustice à les dépouiller. A ce motif, ajoutons l'opinion où l'on étoit, qu'on ne pouvoit toucher aux bornes sans commettre un sacrilege ; & nous comprendrons que les scrupules, qui naissoient de cette façon de penser, devoient d'autant plus retarder l'exécution de la loi Agraire, que les plébéiens riches avoient le même intérêt que les patriciens à se prévaloir de la superstition. Mais la plus grande difficulté venoit des tribuns mêmes, qui en général ne vouloient pas sincérement le partage des terres, & qui ne le demandoient que dans l'espérance de former, parmi les troubles, de nouvelles prétentions. Quand ils ont voulu poursuivre l'affaire des comices par tribus, ils ont mis de côté la loi Agraire. Ils l'ont reprise, & ils l'abandonneront encore. C'est ainsi qu'ils auront toujours en vue d'obtenir toute autre chose, bien assurés que les patriciens céderont tout, plutôt que de céder leurs terres.

Le consul T. Emilius la veut faire passer.

Av. J. C. 467 de Rome 287.

T. Émilius, qui avoit été favorable à la loi Agraire, fut élevé une seconde fois au consulat, & tenta de la faire passer. Comme il voyoit que les richesses des patriciens avoient été la premiere source des dissentions, il jugeoit qu'en distribuant les biens plus également, on rameneroit le calme, & on assureroit la liberté. Mais les sénateurs riches se souleverent contre ce consul, & ils l'insulterent, sans considérer combien il étoit dangereux d'apprendre aux plébéiens à ne pas respecter le premier magistrat de la république. Pour faire cesser ce scandale, Q. Fabius, collegue d'Émilius, proposa de donner aux pauvres des terres dans le territoire d'Antium : c'est une ville qu'on venoit de prendre sur les Volsques, & dont la plus grande partie des habitans avoit péri pendant la guerre.

Les plébéiens refusent des champs dans le territoire d'Antium.

Ce n'étoit pas là que les plébéiens vouloient des terres. C'eût été les expatrier, & ils auroient trop regretté la place publique. La plupart aimerent mieux attendre des champs, qu'ils se promettoient d'obtenir dans le territoire de Rome. Peu accepterent, & il fallut distribuer les terres d'Antium à des gens ramassés de toutes parts.

Ceux qui avoient refusé, n'osoient plus parler de la loi Agraire. Une peste, qui survint peu après, parut la faire oublier. Elle fit de si grands ravages que les Romains furent hors d'état de repousser par eux-mêmes les Eques & les Volsques; & ce fut avec le secours des Latins & des Herniques, alliés de Rome, que les consuls battirent les ennemis.

Av. J. C. 462 de Rome 292.

Dans l'absence des consuls qui étoient à la tête des armées, le tribun C. Térentillus Arsa forma une nouvelle entreprise.

Térentillus propose de nommer des décemvirs pour former un corps de loix.

Les Romains n'avoient point de loix civiles, ou s'ils en avoient, elles n'étoient connues que des patriciens qui les interprétoient à leur gré. Sous la monarchie, les rois, qui rendoient seuls la justice, n'avoient d'autres regles, dans leurs jugements, que les usages, leurs lumieres & leur équité. En succédant aux rois, les consuls, qui succéderent à toutes les prérogatives de la royauté, eurent seuls le droit de rendre la justice; & ce droit, tant qu'il n'y avoit point de loix suffisamment connues, laissoit à leur disposition la fortune des citoyens.

Térentillus s'éleva contre ce pouvoir odieux. Il fit voir l'injustice des jugements arbitraires, qui ne permettoient pas de savoir si on avoit été bien ou mal jugé, & dont il assura que les plébéiens étoient les victimes, lorsqu'ils avoient des procès avec les patriciens, Il conclut à demander qu'on nommât des décemvirs ou dix commissaires pour faire des loix qui assurassent les droits de chaque citoyen, & qui limitassent l'autorité des consuls.

A chaque nouvelle proposition des tribuns, on prévoyoit qu'ils ne se borneroient jamais aux avantages qu'ils obtiendroient, & qu'ils formeroient des prétentions, tant qu'il resteroit de l'autorité à envahir. Les occasions ne pouvoient pas leur manquer, car il y avoit bien des abus à détruire, & certainement la demande de Térentillus étoit juste.

Les collegues de ce tribun consentent à suspendre cette affaire.

Cependant, comme il ne convenoit pas de décider une si grande affaire, en l'absence des consuls & de la partie du peuple qui composoit leur armée, les collegues de ce tribun consentirent à suspendre, jusqu'à ce que tous les citoyens pussent être rassemblés. Ils parurent même renoncer à vouloir limiter la puissance consulaire: mais ils persisterent à demander qu'on fît un corps de loix, pour établir une forme constante dans l'administration de la justice: proposition, à laquelle on ne pouvoit pas raisonnablement se refuser.

Le sénat s'y opposa.

Le sénat s'y opposa néanmoins, parce qu'il craignoit que ceux qui seroient chargés de faire les loix, n'ordonnassent un nouveau partage des terres. Sa résistance commençoit à causer des troubles, lorsque des prodiges effrayerent la multitude. Les augures, qui les interprêterent dans les vues du sénat, publierent que les malheurs qui menaçoient la répu-

Av. J. C. 461 de Rome 293.

blique, étoient un effet des divisions. Le peuple en parut moins animé, & les tribuns, forcés à se conduire avec plus de modération, conférerent avec le sénat.

Les tribuns la portent à l'assemblée du peuple. Troubles.

Les foibles ressources de ce corps ne rendoient le calme que pour quelques moments. La frayeur se dissipa, & les tribuns, sans y être autorisés par un sénatus-consulte, porterent la loi Térentilla dans l'assemblée des tribus. Quoique la loi de Voléro parût donner au peuple le droit de faire des loix, cette entreprise étoit néanmoins sans exemple. D'ailleurs si les patriciens n'avoient pas le droit d'imposer des loix aux plébéiens, les plébéiens n'avoient pas plus le droit d'en imposer aux patriciens; & un corps de loix devoit être l'ouvrage des deux ordres. Les sénateurs se récrierent contre l'audace des tribuns, & cependant on alloit recueillir les suffrages, lorsque de jeunes patriciens, ayant à leur tête Céso Quintius, fils de L. Quintius Cincinnatus, se jeterent dans la foule, écarterent à coups de poing tout ce qui s'offroit à eux, & dissiperent l'assemblée. Céso, cité devant le peuple comme principal auteur de cette violence, fut banni quelques jours après. Cependant les patriciens se concerterent pour troubler toutes les assemblées, où l'on proposeroit la loi Térentilla.

Av. J. C. 460 de Rome 294.

Pendant ces dissentions, un sabin, Ap. Herdonius, à la tête de quatre mille hommes, en-

Les troubles continuent, pendant que les Sabins sont maîtres du Capitole.

tre dans Rome à la faveur de la nuit, se saisit du Capitole, invite les esclaves à se joindre à lui, & le peuple même qu'il offre d'affranchir de la tyrannie des patriciens.

Le sénat ordonne de prendre les armes; mais les tribuns déclarent qu'il est égal au peuple d'obéir à des Sabins ou à des patriciens; qu'il n'exposera pas sa vie pour maintenir un gouvernement tyrannique; & qu'il ne marchera aux ennemis qu'après que les consuls auront juré de nommer des commissaires pour travailler à un corps de loix. P. Valérius s'y engagea, & aussitôt le peuple se rangea sous les drapeaux. Dans ces occasions inopinées où la république paroissoit en danger, personne n'étoit exempt de prendre les armes, & tous juroient de ne les point quitter que par ordre des consuls. Herdonius périt avec tous les siens.

L. Quintius rétablit le calme.

Valérius ayant été tué dans le combat, l'autre consul, C. Claudius fut sommé par les tribuns de remplir les engagements de son collegue. Il éluda sous différents pretextes, & on donna, pour successeur à Valérius, L. Quintius Cincinnatus, pere de Céso.

Lors du procès du jeune Céso, ses parents avoient obtenu qu'il resteroit en liberté jusqu'au jour où il seroit jugé; & ils s'étoient obligés à payer une amende, s'ils ne le représentoient pas. Or, Céso s'enfuit, & Quintius, dans la nécessité de payer l'amende vendit la plus grande partie de ses biens, & ne resta qu'avec cinq ou six arpents de terres, qu'il étoit réduit à cultiver lui-même. Voilà le premier consul que les historiens remarquent avoir été pris à la charrue; & ils ne le remarquent vraisemblablement, que parce qu'alors ce n'étoit pas une chose ordinaire de voir un sénateur cultiver son champ.

Quintius, jugeant qu'avec de la fermeté, il pouvoit rétablir le calme, déclara aux soldats, qui étoient encore liés par leurs serments, qu'il porteroit la guerre chez les Eques & chez les Volsques; qu'il hiverneroit sous la tente; qu'il ne reviendroit qu'à la fin de son consulat; & qu'à son retour il nommeroit un dictateur, pour assurer l'ordre après lui.

Les Romains, qui ne faisoient ordinairement que des courses sur les terres de leurs voisins, & dont les plus longues campagnes duroient à peine au de-là d'un mois, furent consternés, lorsqu'ils se virent menacés de passer l'hiver sous les tentes; & tout le peuple se plaignoit, surtout, des tribuns, qui avoient forcé le consul à prendre cette résolution. Comme ils virent qu'ils devenoient l'objet du mécontentement général, ils solliciterent eux-mêmes auprès du sénat. Ils offrirent de cesser leurs poursuites touchant la loi Térentilla, & à cette condition Quintius consentit à ne point faire la guerre. Tout fut d'autant plus tranquille pendant ce consulat, que l'équité de ce consul, qui donnoit tous ses soins à rendre la justice, tenoit lieu de loix, & paroissoit ôter tout prétexte à en demander.

Il fait passer les Eques sous le joug.

Av. J. C. 458 de Rome 296.

Quintius, qui montroit aux consuls, comment ils pouvoient conserver l'autorité, devint deux ans après l'unique ressource de la république. Tiré de la charrue une seconde fois, & nommé dictateur, il marcha contre les Eques qui avoient enveloppé une armée consulaire, & qui menaçoient de la réduire à discrétion. Il vainquit. Les ennemis passerent, nus & désarmés, sous une javeline qui portoit sur deux autres, plantées en terre. C'est ce qu'on appelloit passer sous le joug, espece d'infamie que les victorieux imposoient aux vaincus. Quintius triompha, fit rappeller son fils Céso, & abdiqua après seize jours de dictature.

Instances des tribuns au sujet de la loi Térentilla.

Av. J. C. 457 de Rome 297.

Les guerres & les dissentions recommençoient continuellement. Pendant que les Eques & les Sabins faisoient de nouvelles courses sur les terres de la république, les tribuns demandoient la publication de la loi Térentilla, & s'opposoient aux levées. Quintius, qui étoit alors à Rome, conseilla aux sénateurs & aux patriciens de prendre eux-mêmes les armes, & de déclarer qu'ils marcheroient seuls contre les ennemis. Il étoit persuadé, que s'ils paroissoient prêts à se dévouer pour la patrie, les plébéiens seroient jaloux de partager avec eux le danger & la gloire. En effet, les tribuns s'apperçurent qu'ils alloient être abandonnés. Voyant donc qu'ils se compromettroient, s'ils résistoient davantage, ils se désisterent de leur opposition, & ils se bornerent à demander que désormais, au lieu de cinq tribuns, on en élût dix chaque année. Le sénat y consentit. Cependant on ne voit pas en quoi il leur étoit avantageux d'être en plus grand nombre, puisqu'il devenoit plus facile de semer la division parmi eux. Ils sentirent bientôt cet inconvénient, & pour le prévenir, ils jurerent qu'aucun d'eux ne s'opposeroit aux résolutions qu'ils auroient prises à la pluralité des voix.

On crée dix tribuns au lieu de cinq.

Comme ils ne pouvoient être considérés, qu'autant qu'ils formoient continuellement de nouvelles prétentions, à peine avoient-ils obtenu une chose, qu'ils en demandoient une autre. Ils se proposerent de faire donner au peuple le mont Aventin. Ils convenoient que parmi les patriciens qui avoient bâti sur cette montagne, quelques-uns avoient acheté le terrain qu'ils occupoient, & que par conséquent, il n'étoit pas juste de les troubler dans leurs possessions. Ils demandoient qu'on reprît sur les autres le terrain qu'ils avoient usurpé, en les dédommageant néanmoins des dépenses qu'ils auroient faites en bâtiments. Enfin, ils vouloient au moins obtenir pour le peuple la partie inhabitée de cette montagne, ce qu'on ne pouvoit pas leur refuser, Mais le sénat ne leur accordoit rien, qu'autant qu'il y étoit forcé.

Les tribuns obtiennent le mont Aventin pour le peuple & ils acquierent le droit de convoquer le sénat.

Av. J. C. 456 de Rome 298.

Les consuls différoient à dessein de porter cette affaire au sénat. Icilius, chef du college des tribuns, leur envoya son appariteur, pour leur ordonner de le convoquer incéssamment. Ils auroient pu mépriser cet ordre, & le tribun n'auroit eu que la honte d'avoir fait une fausse démarche. Mais ils firent frapper par un licteur celui qui le leur apportoit.

On avoit violé dans l'appariteur les droits sacrés du tribunat, & le licteur fut arrêté. Il fallut, pour le sauver, convoquer le sénat, comme Icilius l'avoit demandé, & entrer en composition avec ce tribun. Non seulement, il obtint le mont Aventin ; mais parce que la derniere convocation du sénat parut avoir été faite en conséquence de ses ordres, les tribuns se firent un droit de le convoquer eux-mêmes ; & ils conserverent ce droit, eux qui auparavant attendoient à la porte, & ne pouvoient entrer, que lorsqu'ils étoient appellés par les consuls.

Le tribun Icilius tente de soumettre les consuls au tribunal du peuple.

Les tribuns avoient sur les autres magistrats l'avantage de pouvoir être continués pendant plusieurs années. C'étoit un abus que le sénat condamnoit : mais il ne pouvoit l'empêcher, parce que le peuple jugeoit qu'il ne réussiroit dans ses entreprises, qu'autant qu'il en laisseroit la poursuite à ceux qui les avoient commencées. Icilius, qui étoit tribun depuis cinq ou six ans, fut encore continué l'année suivante. Il tenta de soumettre les consuls au tribunal

nal du peuple. Ces premiers magistrats, par la hauteur avec laquelle ils exerçoient l'autorité, ne donnoient que trop de prétextes aux plaintes. Ils se rendoient, sur-tout, odieux, lorsqu'ils faisoient la levée des troupes; & il étoit rare en ces occasions qu'ils ne causassent quelque soulèvement.

Av. J. C. 453 de Rome 299.

Au milieu d'un tumulte qui s'élevoit à ce sujet, Icilius ordonna de conduire les consuls en prison, parce qu'ils avoient fait saisir par les licteurs des plébéiens, dont il prenoit la défense. Mais les patriciens chasserent les tribuns & dissiperent l'assemblée. Aussitôt Icilius poursuit les consuls, comme auteurs de cette violence: il les accuse d'avoir commis un sacrilege dans la personne des tribuns: il veut même que le sénat les force à se présenter devant le peuple, & à subir le jugement qui seroit porté contre eux: enfin n'ayant pu obtenir le décret qu'il demande, il prend sur lui de leur faire faire leur procès, & il convoque les comices.

Il est obligé de renoncer à cette entreprise.

Cette entreprise auroit pu réussir, s'il avoit été possible d'entretenir la chaleur avec laquelle le peuple s'y portoit d'abord. Mais le temps ayant calmé les esprits, elle devint un sujet de scandale, parce qu'on respectoit encore les premiers magistrats de la république. Icilius, qui s'apperçut de ce changement, eut la prudence de ne pas s'opiniâtrer dans une démarche qui le compromettoit ; & pour se faire un mérite d'une modération à laquelle il étoit forcé, il feignit de sacrifier son ressentiment au repos public. En conséquence, il déclara que, par égard pour le sénat, il se désistoit de poursuivre une affaire, qui dans le fond n'intéressoit que les tribuns. Mais il ajouta que, ne pouvant pas abandonner également les intérêts du peuple, il demandoit l'exécution de la loi Térentilla. L'assemblée qui se tint à cet effet, fut encore dissipée par les patriciens. On informa contre les principaux auteurs du tumulte, & ils furent condamnés à l'amende. Le sénat n'osa prendre leur défense.

Le peuple ne connoissoit pas tout ce qu'il pouvoit.

Ces violences, qui rendoient odieux le premier ordre de la république, devoient tôt ou tard faire mépriser l'autorité qu'il s'arrogeoit. Il ne manquoit au peuple, pour agir en souverain, que de savoir qu'il l'étoit. Il l'ignoroit, & cette ignorance paroissoit le plus grand obstacle aux entreprises des tribuns. Elle les forçoit à demander des sénatus-consultes pour autoriser le peuple à faire des loix, qu'il auroit pu faire de sa seule autorité. Il ne restoit donc à ces magistrats qu'à se débarrasser de la formalité des sénatus-consultes. Ils le pouvoient par des voies de fait, dont le sénat leur donnoit l'exemple ; & si le peuple s'accoutume une fois à décider les affaires par de pareils moyens, il connoîtra qu'il est le maître.

Il y eut encore bien des troubles, & ils avoient toujours les mêmes causes. Mais enfin le sénat, forcé de céder, ordonna qu'on enverroit en Grece des députés, pour s'instruire de la constitution des différentes républiques, & pour recueillir, sur-tout, les loix de Solon. Le peuple confirma le décret du sénat; les députés partirent, & les dissentions furent suspendues. L'année suivante, la peste fit de grands ravages à Rome & dans toute l'Italie.

On envoie des députés en Grece.

Av. J. C. 454 de Rome 300.

La peste avoit cessé, lorsque les députés revinrent sous le consulat de P. Sestius & de C. Ménénius. Il s'agissoit alors de nommer dix commissaires pour travailler à un corps de loix. Il ne paroissoit pas nécessaire de supprimer toutes les magistratures, & de confier aux décemvirs un pouvoir absolu & illimité.

Av. J. C. 452 de Rome 302.

Création des décemvirs.

Une pareille résolution pouvoit avoir des suites dangereuses pour la république. On convint néanmoins que tous les magistrats abdiqueroient; que les décemvirs seroient établis, pour un an, avec une autorité pleine, entiere, sans appel, & qu'on n'y mettroit qu'une seule restriction: c'est qu'ils n'aboliroient pas les loix sacrées, c'est-à-dire, les loix qui avoient été faites en faveur des plébéiens. Les deux ordres se prêterent également à ce plan. Le peuple, pour se soustraire aux consuls; le sénat, pour se soustraire aux tribuns.

Le consul Ménénius, qui ne cherchoit qu'un prétexte pour éloigner la conclusion de cette grande affaire, représenta qu'il falloit d'abord procéder à l'élection des consuls pour l'année suivante; disant que c'étoit proprement aux consuls désignés à nommer les décemvirs, entre les mains desquels ils devoient abdiquer la puissance consulaire. Il se flattoit que, pour conserver le consulat, ils feroient naître quelque nouvel obstacle à l'exécution de la loi Térentilla. Ce fut, sans doute, dans la même vue, que les patriciens firent tomber le choix sur Ap. Claudius. On lui donna pour collegue T. Génucius.

Claudius fit évanouir toutes les espérances qu'on avoit conçues. Bien loin de se refuser à la nomination des décemvirs, il la sollicita lui-même; offrant, au nom de son collegue & au sien, de renoncer au droit qu'ils avoient l'un & l'autre au consulat; & déclarant que si on vouloit arracher toute semence de dissentions, il falloit absolument établir des loix égales entre tous les citoyens. Il entroit dans les intérêts des tribuns, parce qu'ils lui avoient promis de le mettre à la tête de la commission.

Le peuple, qui ignoroit ces intrigues, applaudissoit, étonné d'avoir pour lui un patricien d'une maison qui lui avoit toujours été contraire. Mais les sénateurs, qui conoissoient la fierté & l'ambition de Claudius, n'étoient pas sans inquiétude : cependant, comme ils n'avoient que des soupçons, ils ne purent refuser des louanges au désintéressement qu'il montroit.

Peu de temps après, on élut les décemvirs dans une assemblée par centuries. Les consuls désignés, Ap. Claudius & T. Génucius, furent nommés les premiers. Les huit autres étoient, comme eux, des sénateurs & des consulaires. Les tribuns avoient d'abord demandé que cinq plébéiens fussent admis dans cette commission : mais sur la résistance que fit le sénat, ils se désisterent bientôt, craignant d'apporter des retardements à une chose qu'ils sollicitoient depuis si long-temps.

Av. J. C. 452. de Rome 302.

CHAPITRE VI.

Du gouvernement des décemvirs.

Av. J. C. 451 de Rome 303.

Gouvernement des décemvirs dans la premiere année.

LES décemvirs gouvernerent avec beaucoup de sagesse & de modération. Chacun d'eux avoit, tour-à-tour, & pendant un seul jour, l'autorité & les faisceaux. Les neuf autres, sans aucune marque de puissance, & précédés d'un simple officier qu'on nommoit *accensus*, paroissoient vouloir se confondre avec les citoyens.

Celui qui étoit de jour pour commander, assembloit le sénat, il le consultoit, il faisoit exécuter les résolutions qu'il avoit prises avec ce corps, & il ne se montroit que comme le chef de la république. Ils s'appliquoient tous, avec le même soin & la même équité, à rendre la justice. On les trouvoit tous les matins dans la place publique, prêts à donner audience à tous les citoyens qui venoient à eux.

L'amour du bien public, qu'ils affichoient à l'envi, les maintenoit dans une parfaite intelligence: ils étoient sans jalousie, & aucun d'eux n'ambitionnoit d'avoir plus de part à l'empire. Claudius, quoiqu'on le regardât comme le premier, n'affectoit aucune supériorité sur ses collegues. Populaire, il saluoit les moindres citoyens : magistrat équitable, il donnoit à tous un libre accès & une prompte justice.

Ils font dix tables de loix, qui font reçues par le peuple.

Les loix qu'on avoit apportées de la Grece, les ordonnances des rois de Rome, les décrets du sénat & du peuple, les usages qui s'étoient introduits, sont les sources où les décemvirs puiserent les loix qu'ils jugerent les plus convenables à la constitution de la république. Aprés en avoir fait un corps qui fut gravé sur dix tables, ils les exposerent aux yeux du public, invitant chaque citoyen à dire librement ce qu'il en pensoit. Le sénat s'assembla pour les examiner. Lorsqu'il les eut approuvées, il ordonna la convocation des centuries; & les décemvirs, après avoir déclaré au peuple assemblé qu'ils n'avoient eu d'autres vues que d'assurer la liberté des citoyens, offrirent de faire au corps des loix tous les changements qu'on jugeroit nécessaires. On leur répondit par des applaudissements, & les dix tables furent reçues d'un consentement unanime.

On arrête de créer de nouveaux décemvirs.

Le gouvernement des décemvirs étoit sur le point d'expirer, lorsqu'on desira un supplément aux loix qu'ils avoient faites; & le sénat, assemblé à ce sujet, arrêta qu'on créeroit de nouveaux décemvirs pour l'année suivante. Il saisissoit ce prétexte d'éloigner l'élection des tribuns, parce qu'il pensoit que le temps pouroit faire naître l'occasion de supprimer cette magistrature; & le peuple approuva cette résolution, parce que les consuls lui étoient tout au moins aussi odieux, que les tribuns pouvoient l'être au sénat. D'ailleurs, tout le monde jugeoit que, pour assurer l'observation des nouvelles loix, il convenoit de les laisser quelque temps sous la protection de la puissance souveraine qui les avoit portées.

Ap. Claudius est suspect au sénat.

Beaucoup de sénateurs aspirerent au décemvirat; les uns par ambition, les autres pour écarter ceux qui leur étoient suspects. Ap. Claudius, qui feignoit de ne desirer que du repos, paroissoit leur céder la place, & demandoit qu'on lui donnât des successeurs à lui & à ses collegues Mais on avoit de la peine à concilier tant de modération avec le caractère qu'on lui connoissoit. Ses liaisons avec les plébéiens les plus déclarés contre le sénat, étoient publiques. Il ne s'en cachoit même pas, & aux manieres populaires qu'il affectoit, on présumoit qu'il se proposoit d'être continué dans le décemvirat, & que ses artifices avoient uniquement pour objet d'exclure ses collegues, & de faire élire d'autres décemvirs à sa dévotion.

Il se fait continuer, & il a des collegues à sa dévotion.

Av. J. C. 450 de Rome 304.

Moins il paroissoit vouloir être continué, plus le peuple desiroit qu'il le fût: mais ses collegues, qui démêloient ses desseins, songeoient à lui donner l'exclusion. Dans cette vue, ils le nommerent pour présider à l'élection des nouveaux décemvirs. Comme c'étoit au président des comices à nommer ceux qui aspiroient à la charge qu'il falloit remplir, on se flattoit qu'après la déclaration qu'il avoit faite, il n'oseroit pas se mettre au nombre des candidats. Il s'y mit néanmoins. Il se proposa lui-même pour le premier décemvir ; & ayant été agréé, il fit tomber les suffrages sur six sénateurs dont il disposoit. Ce qui surprit davantage, c'est qu'il prit les trois autres décemvirs dans l'ordre du peuple. C'étoient trois hommes, avec lesquels il s'étoit auparavant concerté, & qui avoient contribué au succès de ses projets.

Il étoit facile au décemvir de conserver l'autorité.

Comme le peuple avoit été heureux sous les premiers décemvirs, il n'examinoit pas ce qu'étoit le décemvirat en lui-même, & il le croyoit le plus parfait des gouvernements. Claudius pouvoit donc se flatter que tout concouroit à ses vues, s'il se conduisoit d'après le plan qu'il avoit suivi l'année précédente. Il devoit ménager le sénat & le peuple : il lui suffisoit, même, dans les dispositions où étoient les deux ordres, de ne pas affecter la tyrannie.

Plan qu'ils se font.

Il tint une conduite toute différente, & il en dressa le plan conjointement avec ses collegues. Déterminés à retenir toute leur vie la puissance souveraine, ils résolurent de ne plus convoquer ni le sénat ni le peuple, d'appeller toutes les affaires à leur tribunal, d'en décider sans appel, de se réunir pour se soutenir dans les démarches qu'ils feroient séparément, de n'avoir, en un mot, d'autres regles que leur intérêt commun & celui de chacun d'eux en particulier; & comme s'ils avoient craint de ne pas répandre assez tôt la frayeur & la consternation, dès la premiere fois qu'ils parurent en public, ils se firent précéder, chacun de douze licteurs armés de haches.

Ce plan n'étoit pas raisonnable.

Je conçois que des tyrans qui ont employé la violence pour se saisir de l'autorité, emploient encore la violence pour la conserver. Je conçois aussi que, quoiqu'ils aient été choisis par les suffrages libres du peuple, ils songent néanmoins à se rendre terribles, lorsque par l'abus qu'ils ont fait de la puissance, ils sont devenus odieux à tous les citoyens. Mais j'ai peine à croire que les décemvirs aient été assez absurdes, pour afficher la tyrannie dans le temps même où les deux ordres s'applaudissoient de leur avoir confié le gouvernement de la république. Ils pouvoient tout: pour être obéis, ils n'avoient pas besoin de se faire craindre. Vouloient-ils donc, avant d'avoir abusé de leur pouvoir, aliéner le peuple, & le forcer à un soulévement. Il semble que les historiens, qui ont vécu dans des républiques, veuillent refuser aux tyrans jusqu'au sens commun.

Leur tyrannie.

Quoi qu'il en soit, les décemvirs ont été l'objet de l'indignation publique, & alors, sans doute, ils ont usé de violence. Ils marchoient accompagnés d'une troupe de gens sans aveu, chargés de crimes ou perdus de dettes, qui cherchoient leur sureté dans les troubles. On voyoit encore à leur suite, une foule de jeunes patriciens, qui, préférant la licence à la liberté, devenoient les ministres des tyrans, pour partager avec eux le droit d'opprimer le peuple. Cette jeunesse sans frein, se portoit impunément aux derniers excès. Il n'étoit pas possible aux malheureux qu'elle vexoit, d'obtenir justice. Les décemvirs étoient sourds aux plaintes, ou les rejetoient avec mépris; & si des citoyens conservoient encore quelques restes de liberté, on les dépouilloit de leurs biens, on les battoit de verges, on les bannissoit, ou même on les faisoit mourir.

Ils paroissent avoir voulu entretenir la division entre les deux ordres. Deux nouvelles tables de loix.

De temps immémorial, les patriciens & les plébéiens ne s'allioient point par des mariages réciproques. Les décemvirs, faisant de cet usage une loi expresse, défendirent ces sortes de mariages. On les a soupçonnés d'avoir voulu entretenir la division entre les deux ordres. C'est aussi vraisemblablement, par cette raison, qu'ils ne statuèrent rien sur les terres de conquête. Ces hommes, qui fouloient aux pieds les droits les plus sacrés, acheverent néanmoins le corps des loix romaines, ou du moins ils ajouterent deux nouvelles tables aux dix qu'on avoit promulguées l'année précédente. Il est difficile de se persuader, que des loix, données par de pareils législateurs, aient été telles qu'il les falloit pour assurer la liberté des citoyens, & qu'elles n'aient rien laissé à desirer.

Ils se continuent dans le gouvernement.

Av. J. C. 449 de Rome 305.

Année où Cimon, vainqueur des Perses, leur fait la loi, & meurt.

L'année expira. Les décemvirs, qui auroient dû rendre à la république ses anciens magistrats, se maintinrent dans le gouvernement de leur propre autorité. Comme ils fondoient leur droit sur la force, ils crurent devoir appesantir le joug, & ils commirent de nouvelles violences. Les principaux citoyens chercherent un asyle dans les villes des alliés.

Guerre qui les jette dans un grand embarras.

Cette conjoncture paroissant favorable aux Eques & aux Sabins, ils prirent les armes, & vinrent, sans le savoir, au secours de la république. En effet, les décemvirs sentirent toute leur foiblesse, lorsqu'ils se virent comme assiégés par deux armées, qui faisoient des courses jusqu'aux portes de Rome. Ils appréhendoient de se compromettre, s'ils ordonnoient la levée des troupes; & s'ils vouloient s'autoriser d'un sénatus-consulte, ils craignoient qu'on ne leur contestât jusqu'au droit de convoquer le sénat. Il falloit qu'ils eussent bien peu de prévoyance. Étoit-il si difficile de prévoir une guerre? Pourquoi donc n'avoient-ils pris aucunes mesures pour la détourner ou pour la soutenir?

Ils convoquent le sénat, & lui arra-

Ils convoquerent le sénat, comptant sur les partisans qu'ils avoient dans ce corps, se flattant d'intimider les sénateurs qui leur seroient contraires, & jugeant qu'un sénatus-consulte rendroit le peuple obéissant. Cependant on se félicitoit des circonstances, qui mettoient les décemvirs dans la necessité de reconnoître une autorité supérieure à la leur.

chent un décret, qui ordonne la levée des troupes.

Les historiens rapportent ce qui fut dit de part & d'autre dans le sénat. Ce sont des harangues qu'ils font eux-mêmes; & on n'a pas pu en prononcer de semblables dans une assemblée qui devoit être ou fort intimidée ou fort tumultueuse. Tout ce qu'on peut présumer, c'est que le plus grand nombre des sénateurs garda le silence; que quelques-uns parlerent contre la tyrannie & contre les tyrans; que les décemvirs & leurs partisans éleverent la voix encore plus haut; & qu'au milieu du tumulte ou de la consternation, Claudius dicta un sénatus-consulte, que le sénat n'osa désavouer.

Les troupes leur désobéissent.

Ce décret, arraché par violence, donna des troupes aux décemvirs. Ils en firent trois corps. Deux marcherent, l'un contre les Sabins, l'autre contre les Eques; & Claudius retint le troisieme à Rome, où il resta avec Sp. Oppius, un de ses collegues.

Quoiqu'à la tête des forces de la république, les décemvirs ne devoient pas croire que leur domination en fût plus assurée: car des citoyens ne s'arment pas, comme des soldats mercenaires, pour la défense des tyrans. Les troupes, qu'on voulut faire marcher aux ennemis, refuſerent de combattre : elles abandonnerent leur camp, leurs armes, leurs bagages. En vain les chefs tenterent de les contenir par la crainte des châtiments. Il faudroit une armée pour contenir une armée qui eſt prête à ſe ſoulever. L'eſprit de révolte paſſoit du camp à Rome, lorſque Claudius qui méditoit un nouvel attentat, hâta ſa perte.

Attentat de Claudius ſur Virginie.

Frappé de la beauté de Virginie, il réſolut d'aſſouvir la paſſion qu'il avoit conçue pour elle. C'étoit une fille de Virginius qui ſervoit dans l'une des deux armées, en qualité de centurion. Elle devoit épouſer Icilius, qui avoit été tribun.

N'ayant pu réuſſir par la ſéduction, Claudius entreprit de l'enlever à ſes parents. En conſéquence, Marcus Claudius, un de ſes clients, arrête cette jeune perſonne ſur la place, & veut l'entraîner de force chez lui, déclarant qu'elle eſt née d'une de ſes eſclaves, & qu'à ce titre elle lui appartient. L'affaire eſt portée devant le tribunal du décemvir.

Numitorius, oncle de Virginie, repréſente que Virginius eſt à l'armée. Il demande un délai de deux jours pour le faire revenir. Il offre, en attendant ſon retour, de garder Virginie. Il s'engage à la repréſenter, ſous telles cautions qu'on exigeroit. Enfin, il réclame une loi des douze tables, qui ordonnoit que dans un litige, & avant le jugement définitif, le demandeur ne pût pas troubler le défendeur dans sa possession.

Claudius ne pouvant refuser le temps nécessaire pour faire revenir Virginius de l'armée, ordonne cependant que Virginie soit, par provision, remise entre les mains de Marcus, parce qu'il prétend que le délai qu'il accorde, ne doit pas être préjudiciable à un maître qui redemande son esclave.

Tout le peuple se récrioit contre l'injustice de cette sentence : il enveloppoit Virginie, il s'opposoit aux efforts du ravisseur, lorsque Icilius, qui a appris ce qui se passe, arrive, la fureur & la colere dans les yeux. L'audace avec laquelle il se présente devant le tyran, augmente le tumulte : les licteurs sont repoussés : Marcus se réfugie au pied du tribunal : Claudius effrayé lui-même, est forcé de céder : il consent que Virginie reste libre, jusqu'au retour de celui qu'on dit être son pere. Tout le public étoit d'autant plus scandalisé, qu'on ne doutoit pas que la passion criminelle du décemvir ne fût le vrai motif de toute cette intrigue.

Virginius arriva le lendemain. Claudius n'en fut pas déconcerté. Il fit descendre du Capitole des troupes sur lesquelles il comptoit; il les conduisit sur la place, & après avoir menacé ceux qui tenteroient de soulever le peuple, commanda à Marcus d'exposer sa demande. Il ne fut pas difficile à Virginius de détruire l'imposture aux yeux de l'assemblée : mais Claudius, sans lui répondre, déclara qu'il savoit depuis long-temps que Virginie étoit en effet l'esclave de Marcus, & en conséquence, il ordonna qu'elle fut livrée à cet imposteur.

Aussitôt les soldats écartent le peuple, & Marcus avance avec les licteurs pour se saisir de Virginie. Alors le pere, au desespoir, se saisissant d'un couteau: *voilà*, dit-il, à sa fille, *le seul moyen de sauver ton honneur.* En même temps, il lui enfonce ce couteau dans le sein; & l'ayant retiré tout sanglant, il le montre au décemvir, auquel il crie: *par ce sang innocent, je dévoue ta tête aux dieux infernaux.*

Soulévement que cause la mort de Virginie.

A la faveur du tumulte qui s'éleve, il échappe au tyran qui le veut faire arrêter, & il se rend à l'armée. Cependant Icilius & Numitorius exposent le corps de Virginie. On accourt de toutes parts à ce spectacle; & le tumulte croît avec la multitude. L'indignation portoit à tout oser, lorsque L. Valerius & M. Horatius se montrerent à la tête du peuple. Ces deux sénateurs qui, depuis quelque temps, se préparoient à opposer la force à la violence, étoient suivis d'un grand nombre de clients. Enhardis par leur présence, les citoyens s'arment de tout ce qui leur tombe sous la main; & Claudius, abandonné de ses troupes, est contraint de s'enfuir.

Virgi-

Virginius avoit rejoint l'armée dans laquelle il servoit. Au récit de ce malheureux pere, le soulèvement fut général. Les soldats prirent leurs armes : ils marcherent à Rome sous la conduite des centurions, & ils se retirerent sur le mont Aventin, où ils élurent dix chefs sous le nom de tribuns militaires. Ils délarerent qu'ils ne se sépareroient point, qu'auparavant on n'eût aboli le decemvirat, & rétabli les tribuns du peuple.

Les armées abandonnent leurs généraux & se retirent sur le mont Aventin.

Claudius n'osoit se montrer. Oppius, son collegue, convoqua le sénat. Quoique ce corps ne fût pas fâché du soulèvement des troupes, il crut néanmoins devoir, pour le maintien de la discipline, paroître le desapprouver. C'est pourquoi sa premiere démarche fut d'envoyer au mont Aventin trois consulaires, qui demanderent aux soldats, par quel ordre ils avoient abandonné leur camp & leurs généraux. Ils répondirent qu'ils rendroient compte de leur conduite à Horatius, & à Valérius, si on les leur envoyoit. Bientôt après la séconde armée, qu'Icilius & Numitorius avoient soulevée, vint se joindre à la premiere.

Le sénat, qui s'assembloit tous les jours, ne formoit point de résolution, parce que Horatius & Valérius déclaroient qu'ils ne feroient aucune démarche auprès des deux armées, tant que les décemvirs seroient maîtres du gouvernement; & cependant ceux-ci refusoient leur

Elles passent au mont Sacré pour forcer le sénat à prendre une résolution.

démiſſion, perſuadés qu'ils ne la pouvoient donner, ſans ſe livrer au reſſentiment de leurs ennemis. Les troupes, qui menaçoient de les y forcer, abandonnerent la ville, & paſſerent au mont Sacré, où la plus grande partie du peuple les ſuivit. Elles vouloient faire voir, en ſe retirant dans cet aſyle, qu'elles défendroient la liberté publique avec la même fermeté, avec laquelle on en avoit autrefois jeté les premiers fondements. Leur déſertion, qui dépeuploit la ville, mit enfin les décemvirs dans la néceſſité d'abdiquer, & alors Horatius & Valérius ſe rendirent au camp.

Le ſénat leur accorde ce qu'elles demandent.

Les ſoldats vouloient, avant toute choſe, qu'on leur livrât les décemvirs. Mais ils ſe déſiſterent bientôt de cette demande, parce qu'ils comprirent que c'étoit les leur livrer, que de faire rentrer le peuple dans tous ſes droits. Ils ſe bornerent donc à demander le rétabliſſement des tribuns, celui des appels, & une amniſtie pour avoir quitté le camp ſans la permiſſion des généraux. Tout cela leur fut accordé.

Av. J. C. 449 de Rome 305.

On élit des tribuns & des conſuls.

Auſſitôt que l'armée fut revenue à Rome, le peuple s'étant aſſemblé ſur le mont Aventin, élut ſes tribuns. Les trois premiers furent Virginius, Numitorius & Icilius. Le ſénat créa enſuite un entre-roi qui préſida aux comices pour l'élection des conſuls. Le choix tomba ſur L. Valérius & ſur M. Horatius. Ce conſulat fut tout-à-fait favorable au peuple.

Les plébiſcites, c'eſt-à-dire, les décrets portés par l'aſſemblée des tribuns, devoient avoir ſans exception, force de loix pour tous les citoyens; puiſqu'il ne paroiſſoit pas qu'on pût conteſter la puiſſance légiſlative à une aſſemblée, où tous avoient le même droit de ſuffrage. Les ſénateurs néanmoins ne vouloient ſe ſoumettre qu'aux décrets rendus par les comices des centuries; & c'étoit-là, depuis que le peuple s'aſſembloit par tribus, un ſujet de conteſtation entre les deux ordres. Les deux conſuls la terminerent. Ils convoquerent les centuries, & ils firent rendre un décret, par lequel il fut arrêté que les plébiſcites auroient force de loix pour tous les citoyens.

Loix [...] bles [...] ple.

Non ſeulement, la loi Valéria fut confirmée: on déclara encore qu'à l'avenir, aucune magiſtrature ne pourroit porter atteinte au droit d'appeller au peuple. Enfin comme les ſénatus-conſultes étoient ſouvent altérés ou même ſupprimés, ſur-tout, lorſqu'ils étoient favorables aux plébéiens, on régla que, dans la ſuite, ils ſeroient remis en dépôt aux édiles, & conſervés dans le temple de Cérès. Tels furent les réglements qui ſe firent ſous ce conſulat, & auxquels les ſénateurs ne ſouſcrivirent que malgré eux: ils ne pardonnoient pas aux conſuls d'avoir diminué l'autorité du ſénat, pour accroître celle du peuple.

Les tribuns se vengent des décemvirs.

Lorsque le gouvernement eut repris sa premiere forme, Virginius, en qualité de tribun, cita devant le peuple Ap. Claudius. Ce décemvir fut jeté dans une prison, où il mourut. Sp. Oppius eut le même sort. Les huit autres s'exilerent, & leurs biens furent confisqués. Quant à Marcus Claudius, on le condamna à mort: mais Virginius se contenta de le bannir.

Le calme se rétablit.

Le sénat blâmoit hautement les deux consuls qui donnoient un libre cours à la vengeance du peuple, lorsque le tribun Duillius mit fin, par son opposition, aux poursuites de ses collegues, & rendit le calme à la république.

CHAPITRE VII.

De quelques changements qui se font insensiblement dans la constitution de la république.

Il y avoit deux ordres dans la république : on étoit par la naissance de l'ordre des patriciens ou de celui des plébéiens.

Après Servius Tullius les patriciens & les plébéiens ont été confondus dans les six classes.

Après les changements faits par Servius Tullius, il y eut six classes. Des plébéiens riches furent confondus avec les patriciens dans les premieres ; dans les dernieres, des patriciens pauvres furent confondus avec les plébéiens.

Des patriciens s'appauvrirent encore, & des plébéiens s'enrichirent : il y eut donc toujours plus de plébéiens dans les premieres classes, & plus de patriciens dans les dernieres. Alors ceux-ci répandus confusément dans les six, auroient cessé d'être considérés comme un ordre, s'ils n'avoient pas conservé les privileges de leur naissance, c'est-à-dire, le droit exclusif d'exercer le sacerdoce & les premieres magistratures.

Cependant, depuis Servius Tullius, on ne distinguoit pas les citoyens par la naissance seule: on les distinguoit encore par les biens de la fortune; & cette distinction étoit d'autant plus grande, que plaçant les plus riches dans la premiere classe, elle leur donnoit la principale influence dans les délibérations publiques. Mais quelle que fût cette influence, les plébéiens les plus riches étoient, par leur naissance, exclus du consulat & du sacerdoce.

Comment les patriciens cesseront de faire un ordre à part.

Les patriciens & les plébéiens continueront d'être considérés comme deux ordres différents, tant que la naissance continuera de donner aux uns des privileges, qu'elle ôtera aux autres. Mais si jamais les dignités sont communes aux deux ordres, alors la naissance ne sera plus un titre distinctif; & les patriciens, confondus dans toutes les classes avec les plébéiens, cesseront de faire un ordre à part.

Deux nouveaux ordres dans la republique.

Cependant, parce qu'on étoit dans l'usage de distinguer deux ordres, on continuera d'en distinguer encore deux; & on substituera l'ordre des sénateurs & l'ordre du peuple à l'ordre des patriciens & à l'ordre des plébéiens. Tous les citoyens, qui entreront au sénat, plébéiens comme patriciens, composeront l'ordre des sénateurs: tous ceux qui seront exclus du sénat, patriciens comme plébéiens, seront compris dans l'ordre du peuple.

Dans les commencements les plébéiens ont été exclus du sénat : dans la suite ils y ont été admis, quoiqu'on les jugeât indignes du consulat & du sacerdoce.

Comment le plébéiens d'abord exclus du sénat, y ont été admis

Les patriciens, comme nous l'avons remarqué, tiroient leur origine des sénateurs créés sous Romulus. Ils se multiplierent, & leur nombre excéda celui des membres, dont le sénat devoit être composé. Tous ne purent donc pas entrer dans ce corps : mais ils conserverent, pendant un temps, le droit exclusif de remplir les places qui venoient à vaquer.

On ne peut pas assurer si, sous la monarchie, les rois disposoient seuls de ces places, ou si le peuple y concouroit par ses suffrages. Il est au moins certain que ceux qui avoient été élus, n'étoient reconnus sénateurs, qu'avec l'agrément du prince, & qu'on les tiroit toujours du premier ordre. Il est vrai que Tarquin l'Ancien fit entrer cent plébéiens dans le sénat : mais auparavant, il leur donna le titre de patriciens ; ce qui prouve qu'un plébéien ne pouvoit pas être sénateur. Tarquin lui-même n'étoit pas de famille patricienne : c'étoit un Toscan, qu'Ancus Marcius ne fit sénateur, qu'après l'avoir fait patricien.

Les consuls, qui succéderent à toutes les prérogatives des rois, eurent, comme eux, le droit de faire les sénateurs ; ou du moins on ne put l'être sans leur agrément. Or, c'est vraisemblablement après l'établissement du consulat, que les patriciens ont perdu le privilege exclusif d'entrer au sénat. Comme il falloit avoir un certain bien pour y être admis, les consuls prenoient les sénateurs dans les premieres classes, & lorsque leur choix tomboit sur des plébéiens, ils les faisoient patriciens, à l'exemple des rois. Mais parce que dans la suite, ils auront négligé cette formalité, l'usage d'introduire les plébéiens riches dans le sénat, sans leur donner préalablement aucun titre, aura peu-à-peu prévalu. Les historiens au reste ne se sont pas expliqués sur ce sujet. Mais ma conjecture est d'autant plus fondée, que nous trouverons dans le sénat des plébéiens, que la naissance exclura des premieres magistratures.

Comment la noblesse passera des familles patriciennes aux familles plébéiennes.

L'honneur d'être un des membres du sénat ne changeoit donc rien à la naissance. Il laissoit le plébéien parmi les plébéiens; & il n'y avoit encore de nobles que les familles patriciennes. Cette noblesse continuera d'être la seule, jusqu'au temps où les dignités deviendront communes aux deux ordres. Alors on cessera d'avoir égard à la naissance patricienne ou plébéienne, & chaque famille tirera sa noblesse des dignités qu'elle aura occupées.

Ordre des chevaliers.

La république donnoit un anneau d'or à ceux qui servoient dans la cavalerie, & elle leur fournissoit un cheval. On les a nommés chevaliers. Dans les commencements, ils étoient les premiers dans l'ordre des plébéiens, comme les sénateurs étoient les premiers dans l'ordre des patriciens. Dans la suite, ils obtiendront des distinctions, & ils formeront un nouvel ordre entre celui des sénateurs & celui du peuple. Mais c'est une révolution qui se fera peu-à-peu, & dont, par conséquent, on ne pourra pas remarquer l'époque.

L'inégalité des fortunes étoit le principe des changements, que les circonstances amenoient dans le gouvernement.

Ces révolutions sont une suite des changements faits par Servius Tullius. Dès que l'inégalité de fortune distinguoit seule les classes, il n'étoit plus possible d'assurer la condition des citoyens. La constitution de la république devoit changer d'une génération à l'autre, & il en devoit naître tous les jours de nouvelles dissentions. C'est pourquoi nous verrons les Romains, toujours entraînés par les circonstances, se conduire, pour ainsi dire, au jour le jour, & ne jamais rien prévenir. Ils auroient eu besoin d'un législateur, qui eût connu les vices de leur constitution.

Un corps de loix doit être mieux fait par un seul législateur, que par plusieurs.

Lorsqu'une ville de la Grece vouloit réformer son gouvernement, elle confioit la puissance législative à un seul citoyen. Or, il étoit plus facile à un seul homme, qu'à plusieurs ensemble, d'embrasser toutes les parties de l'administration, & de faire un corps systématique où tout fût lié & se soutînt. S'il se trompoit, il étoit aussi plus disposé à écouter les critiques, & à corriger ses erreurs. D'ailleurs un homme seul est naturellement plus impartial. Dès qu'il est nommé législateur, il ne tient à aucun ordre : il est au dessus de tous, & il n'a d'autre intérêt que de répondre à la confiance de ses concitoyens. Enfin le gouvernement qu'il établit, a des loix fondamentales, qui distribuent avec précision les différents pouvoirs de la souveraineté; & il n'est pas, comme celui que font les circonstances, une chose changeante par sa nature.

A Rome, les dix sénateurs, choisis pour faire un corps de loix, représentoient un ordre entier. Il n'étoit donc pas possible qu'ils fussent sans partialité. L'ouvrage, auquel ils concouroient tous, n'étoit, dans le vrai, l'ouvrage d'aucun d'eux, & par conséquent, tous s'y intéressoient foiblement. Enfin, ils ne pouvoient pas se faire un plan suivi & soutenu, parce que chacun d'eux avoit sa maniere de voir. Il ne leur restoit donc qu'à faire une compilation, dans laquelle chacun, suivant ses lumieres, & souvent par des vues différentes, fît entrer toutes les loix qui lui paroissoient utiles. C'est vraisemblablement tout ce qu'ils ont pu faire. En effet, les loix des décemvirs n'ont remédié à aucun des abus. Elles ont laissé subsister les anciennes dissentions, & elles en occasionneront de nouvelles. Si elles étoient parvenues jusqu'à nous, nous pourrions prévoir quelle sera leur influence. Mais il n'en reste que quelques fragments.

Les décemvirs n'ont pas déterminé où résidoit la puissance législative.

Pour assurer la constitution d'un gouvernement, il faut déterminer où réside la puissance législative. C'est la premiere chose qu'on doit faire, & c'est précisément ce que les décemvirs n'ont pas fait. Cette faute sera un principe de changements insensibles.

On lisoit, dans les loix des douze tables, que tout décret du peuple auroit force de loi. Or, cela seul faisoit de la puissance législative un sujet de contestation entre les deux ordres. C'est ce qu'il faut expliquer.

Avant Servius Tullius cette puissance étoit dans le peuple entier.

Par le mot *peuple*, les Romains entendoient le corps entier des citoyens. Un décret n'avoit donc force de loi, qu'autant qu'il émanoit du corps entier. Distinguons les temps.

Avant Servius Tullius, le peuple, ou le corps entier des citoyens, faisoit véritablement les loix. Car dans les comices par curies, les patriciens ne prétendoient pas avoir aucun avantage sur les plébéiens, ni les plébéiens sur les patriciens. Les choses se décidoient à la pluralité des suffrages, & tous les citoyens avoient la même part à la législation.

Après ce roi, elle se partage

Depuis l'établissement des comices par centuries, ce furent proprement les riches, qui

entre les comices par centuries & les comices par tribus.

firent les loix : ils les firent seuls, sans les pauvres, & seulement en leur présence. Il est vrai que, parce que tous les citoyens se trouvoient à ces assemblées, on y fut d'abord trompé, & on en regarda les décrets comme loix émanées du peuple entier. Mais les pauvres ouvrirent bientôt les yeux. Alors ils établirent l'usage des comices par tribus, & à leur tour, ils firent des loix malgré les riches.

Si les sénateurs refusoient de reconnoître la puissance législative des tribus, c'étoient néanmoins ces tribus qui les jugeoient; & lorsque, sous le consulat de Valérius & d'Horatius, on arrêta que les loix qu'elles porteroient, obligeroient tous les citoyens, on ne fit que confirmer au second ordre une autorité qu'il s'arrogeoit. En vain les sénateurs continueront de la lui contester: en vain ils tenteront de la reprendre. Il arrivera seulement que les plébéiens, qui s'en saisissent, ne se l'assureront que peu à-peu : mais enfin ils se l'assureront.

Il est donc évident que depuis l'établissement des comices par tribus, les citoyens ont cessé de faire un seul corps. Il y a eu deux ordres, qui ont eu le même droit à la puissance législative, & on ne comprend pas ce qui est établi par la loi que j'ai citée. Ce peuple législateur, ce corps de citoyens, dont elle parle, ne subsiste plus.

Si les centuries assemblées pouvoient dire, nous avons seules le droit de faire des loix, parce que nous l'avons eu les premieres : les tribus assemblées pouvoient répondre, nous l'avons seules, parce que nous l'avons les dernieres. En effet, quand nous considérerons les circonstances & les causes de ces révolutions, nous reconnoîtrons qu'on étoit également fondé de part & d'autre. Car dans un gouvernement, qui, par sa nature, est sujet à des variations continuelles, les droits s'acquierent & se perdent, comme toute autre chose; & pour avoir ceux qu'on s'arroge, il n'est pas nécessaire de prouver qu'on les a toujours eus, il suffit d'avoir des raisons pour s'en saisir. C'est ainsi que les tribuns, qui n'avoient que celui d'opposition, s'en sont fait de nouveaux, & s'en feront encore.

Ces deux assemblées sont également fondées à se l'arroger.

La puissance législative résidoit donc dans deux corps différents : dans les comices par centuries & dans les comices par tribus. Quant au sénat, ses décrets ne devenoient des loix, que lorsqu'ils avoient été confirmés dans l'assemblée du peuple. On peut dire néanmoins qu'il participoit indirectement à la législation : premierement, parce que les centuries ne s'assembloient qu'en vertu d'un sénatus-consulte, qui leur marquoit sur quoi elles avoient à délibérer; en second lieu, parce que les sénateurs étoient comme assurés de dicter à ces

Quelle part le sénat avoit à la législation.

assemblées les décrets qu'elles portoient. Voilà pourquoi, ce n'est jamais entre les deux especes de comices, que s'élevent les dissentions au sujet de l'autorité: c'est toujours entre le sénat & les plébéiens. Ces dissentions continueront, & comme elles ont produit des changements, elles en produiront encore,

CHAPITRE VIII.

Jusqu'à la création des censeurs.

APRÉS que le calme eut été rétabli, L. Valérius & M. Horatius marcherent contre les Sabins, les Eques & les Volsques, & revinrent vainqueurs. Le sénat leur refusa néanmoins les honneurs du triomphe. Il les vouloit punir de l'attachement qu'ils avoient montré pour le second ordre.

Av. J. C. 449 de Rome 305.

Le peuple s'arroge le droit de décerner le triomphe.

Les consuls porterent leurs plaintes au peuple. En vain les sénateurs représenterent à l'assemblée, que de tout temps il n'appartenoit qu'à eux d'accorder ou de refuser le triomphe. Les loix, par la constitution de la république, pouvoient être éludées : les droits, qui, dans le vrai, n'étoient que des usages, pouvoient être abolis par des usages contraires : & ces abus, autorisés par des exemples, suffisoient pour rejeter les raisons des sénateurs. On décerna donc le triomphe aux deux consuls. Le peuple, qui, en cette occasion, s'arrogea le droit de dispenser les récompenses, eut dans la sui, te un moyen de plus pour acquérir des partisans dans le sénat.

Le tribun Duillius fait échouer le projet de ses collegues, qui vouloient être continués dans le tribunat.

L'accord, qui regnoit entre les consuls & les tribuns de cette année, auroit porté de nouveaux coups à l'autorité du premier ordre, s'ils avoient tous été continués dans leurs magistratures. Ce fut aussi le projet des tribuns. Ils résolurent de briguer le tribunat pour l'année suivante, & ils inviterent le peuple à continuer Horatius & Valérius dans le consulat.

Le seul Duillius s'opposa au projet de ses collegues, & le fit échouer, Les deux consuls entrerent même dans ses vues, persuadés que la liberté seroit en danger, si les dignités se perpétuoient dans les mêmes personnes. Pour s'assurer d'eux, le tribun leur demanda, en pleine assemblée, ce qu'ils feroient, si le peuple les vouloit continuer dans le consulat. Ils répondirent l'un & l'autre, qu'ils refuseroient cette faveur, comme contraire aux loix.

Cette réponse autorisa Duillius à donner l'exclusion à ses collegues, dans les comices qui se tinrent pour l'élection des tribuns, & on en élut cinq nouveaux. Alors il congédia l'assemblée, remettant la nomination des cinq derniers aux cinq qu'on venoit d'élire. Il prit ce parti, parce qu'il s'apperçut que les brigues des anciens tribuns étoient assez fortes, pour procurer à quelques uns la pluralité des suffrages. Il y étoit d'ailleurs autorisé par une loi,

loi, qui portoit, que, *si dans un jour d'élection, on n'avoit pas pu élire le nombre complet des tribuns, ceux qui auroient été élus les premiers, nommeroient leurs collegues.*

Deux patriciens parmi les tribuns. Loi Trébonia.

Il y avoit une autre loi, qui excluoit du tribunat tout patricien. Elle avoit été faite, lors de la création de cette magistrature. Cependant les nouveaux tribuns choisirent, entre autres pour collegues, S. Tarpeius & A. Hatérius, qui étoient non seulement patriciens, mais encore sénateurs & consulaires. On reconnut alors que Duillius avoit agi de concert avec le sénat. C'étoit en effet, un avantage pour ce corps d'avoir, dans le tribunat, deux patriciens, qui pouvoient, par leur *veto*, arrêter toutes les entreprises des autres tribuns. Mais cet avantage n'étoit que pour un an.

Av. J. C. 448 de Rome 306.

L'année suivante, pour empêcher que l'exemple de Duillius ne fût suivi, le tribun L. Trébonius fit passer une loi, qui ordonnoit que, lorsque tous les tribuns n'auroient pas été élus dans une premiere assemblée, on en convoqueroit de nouvelles, jusqu'à ce que le nombre des tribuns fût complet.

Av. J. C. 446 de Rome 308

T. Quintius réunit contre l'ennemi les deux ordres divisés.

Après quelque temps de calme, il survint de nouveaux troubles. Ils éclaterent sous le consulat de T. Quintius & d'Agrippa Furius. Ils avoient pour cause la hauteur des patriciens. Les jeunes gens de cet ordre se croyoient tout permis, lorsqu'ils appartenoient aux premieres maisons de la république. Les violences qu'ils commirent, furent le sujet de plusieurs procès que les tribuns porterent devant le peuple, & dont le sénat contestoit à ces magistrats le droit de prendre connoissance. Pendant cette contestation, les Eques & les Volsques ravageoient le territoire de Rome. Les tribuns s'opposerent à l'enrôlement.

T. Quintius convoqua les comices. Sans flatter & sans offenser aucun des deux ordres, il leur reprocha les injures qu'ils se faisoient l'un à l'autre. Il s'éleva contre la licence du peuple : il ne s'éleva pas moins contre la négligence du sénat à contenir les patriciens: il fit honte à tous deux des divisions éternelles, qui les mettoient hors d'état de défendre la patrie.

Comme son discours n'avoit d'autre objet que de réunir les citoyens pour la défense commune, il persuada. Les tribuns leverent leur opposition. Les Eques & les Volsques furent entiérement défaits ; & les soldats revinrent, chargés des depouilles des ennemis.

Les plébéiens demandent qu'ils puissent s'allier par des mariages avec les patriciens, & que le consulat leur soit ouvert.

Plus les succès étoient grands, plus les plébéiens s'en prévaloient. Que deviendroient les sénateurs, disoient-ils, si nous les abandonnions ? N'est-ce pas nous qui faisons la force de la république ? & cependant on nous exclut du consulat, & on nous interdit toute alliance avec les familles patriciennes. Est-ce donc là l'éga-

Av. J. C. 445 de Rome 309.

lité qu'on nous avoit promise, lorsqu'on se proposa de travailler à un corps de loix.

Les tribuns ne pouvoient qu'applaudir à ces sentiments. Car s'ils parvenoient à établir l'égalité entre les deux ordres, c'étoient eux qui devoient en retirer le plus grand avantage, puisqu'ils se trouvoient à la tête du peuple. Canuléius demanda la révocation de la loi, qui défendoit aux plébéiens & aux patriciens de s'allier par des mariages réciproques ; & ses collegues proposerent d'ouvrir le consulat aux plébéiens.

Les consuls répandirent que les Eques & les Volsques avoient repris les armes, & ils ordonnerent des levées. C'étoit la ressource usée du sénat, lorsqu'il vouloit éluder les propositions des tribuns. Mais ceux-ci avoient aussi une ressource, & quoique toujours la même, elle ne s'usoit pas. Canuléius déclara qu'aucun plébéien ne s'enrôleroit, si auparavant on ne levoit l'inégalité odieuse, qui avilissoit le second ordre. Cette affaire fut portée au sénat.

Les mariages se contractoient de trois manieres.

Les mariages se contractoient de trois manieres. Ceux des patriciens se faisoient avec solemnité, en présence de dix témoins. Ils étoient accompagnés de cérémonies religieuses : on y prononçoit certaines paroles, &, pendant le sacrifice, on offroit aux nouveaux mariés un gâteau de froment, dont ils mangeoient en signe d'union. Cette maniere de contracter étoit réservée pour les patriciens, parce qu'ils disposoient seuls des auspices & de toutes les choses de religion. Quant aux plébéiens, ils se marioient de deux manieres. L'une étoit une espece d'achat. La femme, tenant trois as dans sa main, en donnoit un à celui qu'elle épousoit, & paroissoit l'acheter. L'autre consistoit dans la seule cohabitation. Une femme étoit engagée, lorsque pendant une année entiere, elle n'avoit pas découché trois nuits de suite. On croiroit, à ces usages, que les plébéiens n'étoient pas faits pour partager le culte avec les patriciens, & que même ils ne méritoient pas qu'on assurât le sort de leurs enfants.

La religion élevoit une barriere entre les deux ordres.

La religion élevoit donc une barriere entre les patriciens & les plébéiens, & c'est elle aussi qu'on opposoit, sur-tout, aux tribuns. Les mariages entre les deux ordres paroissoient une confusion monstrueuse des races, & le violement des droits divins comme des droits humains. Mais cette façon de penser, odieuse aux plébéiens, n'étoit qu'un vieux préjugé des patriciens. Ne sommes-nous pas tous concitoyens, disoient les tribuns? pourquoi défendroit-on entre nous des mariages qu'on permet entre des Romains & des étrangers?

Le sénat consent à la loi pour les mariages.

Le sénat donna son consentement à la loi pour les mariages, parce qu'il ne put le refuser. Il croyoit d'ailleurs qu'en accordant une des deux choses qu'on demandoit, il engageroit les tribuns à se désister de l'autre, ou du moins à suspendre leur poursuite, jusqu'à ce qu'on eût terminé la guerre dont on étoit menacé. Il se trompoit. Les dernieres disputes avoient fait voir, combien il importoit aux plébéiens, pour établir l'égalité, de pouvoir aspirer au consulat. Ils sentiront même bientôt qu'il faut encore qu'ils participent au sacerdoce. Une demande dans laquelle ils réussissent, est toujours un motif pour en former de nouvelles. Déterminés à faire passer la seconde loi, les tribuns jurerent, s'ils ne l'obtenoient pas, de s'opposer à la levée des troupes, & ils s'y opposerent.

Création des tribuns militaires.

Le bruit de la guerre croissoit, & il étoit nécessaire de prendre une derniere résolution. Le sénat chercha un tempérament qui pût contenter les deux ordres. Il imagina de suspendre pour un temps la dignité consulaire, & de créer, au lieu de consuls, six tribuns militaires qui auroient la même autorité, & dont trois pourroient être plébeiens. Cet avis, qui passa à la pluralité des voix, fut agréable au second ordre, qui, se voyant admis à la premiere magistrature, jugeoit indifférent que ce fût à titre de consul ou de tribun militaire. Cependant le sénat se flattoit de rétablir un jour le consulat, & il s'applaudissoit de l'avoir réservé pour lui.

Pourquoi le sénat perd

Vous voyez, Monseigneur, que plus l'autorité veut être absolue, moins elle est assurée.

peu-à-peu son autorité.

Le sénat croit gagner beaucoup, en gagnant du temps; & en attendant des circonstances où il compte pouvoir se resaisir de toute l'autorité, il achévera de perdre ce qu'il en a conservé jusqu'à présent. Le grand point pour assurer sa puissance, c'est de soutenir avec fermeté tout ce qu'on ose entreprendre : mais pour pouvoir être toujours ferme, il faut être toujours juste. Le sénat avoit à peine une idée de justice.

Aucun plébéien n'obtient le tribunat militaire.

Av. J. C. 444 de Rome 310.

C'étoit l'usage que ceux qui briguoient une magistrature, se présentassent vêtus de blanc, dans les comices qui se tenoient pour l'élection. C'est ainsi que parurent les plébéiens, qui aspiroient au tribunat militaire. Mais tel est le caractère du peuple, il demande avec passion ce qu'on lui refuse, & il ne sait pas se saisir de ce qu'on lui accorde. On n'élut que trois tribuns militaires, & ils furent tous pris dans le premier ordre. Peut-être les tribuns n'eurent-ils pas assez de crédit dans l'assemblée, parce qu'elle se tenoit par centuries.

Consuls rétablis.

Trois mois après être entrés en charge, les tribuns militaires se déposerent, sous prétexte qu'il y avoit eu quelque irrégularité dans leur élection. Ce scrupule pouvoit avoir pour cause l'espérance de rétablir le consulat. En effet, les plébéiens, qui aspiroient au tribunat militaire, ne pouvant s'accorder, consentirent, plutôt que de céder les uns aux autres, qu'on élût des consuls, & on procéda à cette élection. Cette jalousie, qui divisoit le second ordre, fut cause qu'on fut encore quelques années sans élire des tribuns militaires.

Av. J. C. 443 de Rome 311.

Création des deux censeurs.

Il y avoit environ dix-sept ans que les guerres & les dissentions domestiques n'avoient pas permis aux consuls de faire le dénombrement du peuple. Il étoit arrivé bien des changements dans les familles. On ne savoit plus exactement ni les contributions qu'on pouvoit tirer des citoyens, ni le nombre de ceux qui étoient en âge de porter les armes : en un mot, on ne connoissoit pas les forces de la république. Le sénat, considérant que les consuls étoient trop occupés pour vaquer réguliérement au cens, créa deux nouveaux magistrats qui furent chargés de faire, tous les cinq ans, le dénombrement du peuple. Ainsi la censure fut un démembrement du consulat.

Autorité des censeurs.

Cette magistrature sera dans la suite le comble des honneurs : on ne la donnera même qu'à des consulaires. Les censeurs nommeront les membres du sénat. Ils en chasseront ceux qu'ils jugeront indignes d'y occuper une place. Ils ôteront le cheval & l'anneau aux chevaliers qu'ils voudront dégrader. Ils feront descendre un citoyen d'une classe dans une autre : ils le rejeteront dans la derniere : ils lui enlèveront jusqu'au droit de suffrage ; en un mot, ils seront les maîtres de la condition de chaque particulier.

Avant eux les consuls, à l'exemple de Servius Tullius qui avoit institué le cens, exerçoient cette puissance en souverains & sans avoir de compte à rendre. C'est ainsi que les censeurs l'exerceront eux-mêmes. En faisant la liste des sénateurs, il leur suffira, par exemple, pour en exclure quelques-uns, d'en omettre les noms; & pour y substituer de nouveaux sénateurs, il leur suffira de mettre de nouveaux noms dans cette liste.

Ce n'est donc pas uniquement pour tenir un état des noms & des biens des citoyens, que les censeurs ont été institués. Il est vrai qu'on suppose communément que leur autorité, d'abord renfermée dans des bornes, s'est dans la suite accrue par degrés; & peut être ont-ils été quelque temps, avant de l'exercer dans toute son étendue. Mais pour se convaincre que, dès leur institution, ils ont été les maîtres d'ouvrir ou de fermer le sénat à leur choix, & de rejeter un citoyen dans telle classe qu'ils jugeoient à propos, il suffit de remarquer que la loi qui les a établis, leur ordonnoit de ne souffrir dans le sénat aucun membre qui le pût deshonorer, & leur prescrivoit de veiller sur les mœurs de tout le peuple.

Utilité de la censure.

» Comme la force de la république, dit M. » de Montesquieu, consistoit dans la discipline, » l'austérité des mœurs, & l'observation con» stante de certaines coutumes, les censeurs

» corrigeoient les abus, que la loi n'avoit pas » prévus, ou que le magistrat ordinaire ne pou- » voit pas punir. Il y a de mauvais exemples » qui sont pires que les crimes ; plus d'états » ont péri parce qu'on a violé les mœurs, que » parce qu'on a violé les loix. A Rome, tout » ce qui pouvoit introduire des nouveautés » dangereuses, changer le cœur ou l'esprit du » citoyen, & en empêcher, si j'ose me servir » de ce terme, la perpétuité, les désordres do- » mestiques ou publics, étoient réformés par » les censeurs."

Le sénat ne connut pas d'abord toute l'autorité qu'il conféroit aux censeurs.

Tel étoit l'objet de la censure. Tant qu'elle a été exercée par les consuls, on en connoissoit mal les fonctions, parce qu'il ne leur étoit pas possible d'y vaquer avec assez de soin ; & on n'a connu toute l'autorité qu'on y avoit attachée, que lorsqu'on l'a eu confiée à des magistrats particuliers. Le sénat lui-même ne s'apperçut pas de la puissance, que la loi qu'il avoit faite, conféroit aux censeurs. Cela, quoique difficile à comprendre, est si vrai, que la censure n'excita l'ambition d'aucun sénateur, & qu'ils ne parurent se la réserver, que parce qu'ils auroient voulu posséder seuls toutes les magistratures. Il semble que les plébéiens n'avoient qu'à la demander. La conjoncture étoit favorable ; mais ils n'y songerent pas. Cependant s'ils avoient remarqué ces mots de la loi, *probrum in senatu ne relinquunto*, ils auroient vu que les censeurs alloient être les juges du sénat, & qu'ils auroient le droit de chasser de ce corps tous ceux qu'il ne leur conviendroit pas d'y laisser.

CHAPITRE IX.

Jusqu'à l'établissement d'une solde pour les troupes.

Troubles à l'occasion d'une disette.

Av. J. C. 439 de Rome 315.

Les tribuns étoient moins remuants, & la république paroissoit tranquille, lorsqu'une grande famine renouvella les mécontentements des deux ordres; le peuple rejetant la cause de la disette sur la négligence du sénat, & le sénat la rejetant sur l'oisiveté du peuple. Les dissentions faisoient souvent négliger l'agriculture. On a même de la peine à comprendre de quoi subsistoient les Romains, quand on considere que leurs campagnes étoient continuellement ravagées; & que, depuis long-temps, ils prenoient les armes, moins pour porter la guerre chez l'ennemi que pour le chasser de dessus leurs terres.

On força les particuliers à déclarer la quantité de bled qu'ils avoient pour leur provision, & on fit des visites chez ceux qu'on soupçonnoit d'en cacher. Mais ces recherches, qui ne diminuerent pas la disette, la firent juger plus grande qu'elle n'étoit. L'opinion exagéra si fort le mal, que plusieurs citoyens, se croyant sans ressource, se précipiterent dans le Tibre. Dans de pareilles circonstances, le gouvernement ne sauroit se conduire avec trop de circonspection; car il est bien plus difficile de remédier à la disette d'opinion, qu'à la disette réelle.

L. Miducius, chargé par le sénat de faire venir des bleds de Toscane, n'en put tirer qu'une petite quantité, parce qu'un chevalier, Sp. Métius, les avoit presque tous enlevés. Il découvrit même que Métius, qui en faisoit des distributions gratuites, tenoit chez lui des assemblées secretes, & qu'il cherchoit à séduire le peuple par ses libéralités. Les tribuns gagnés, disoit-on, par son argent, entroient dans ses vues: il faisoit des amas d'armes dans sa maison: & on ne doutoit pas qu'il ne prît des mesures, pour usurper la souveraineté.

Les Romains n'avoient alors que fort peu d'argent monnoyé. Leurs especes étoient de cuivre. Les plus riches ne l'étoient qu'en fonds de terres; & par conséquent, leurs richesses consistoient en denrées plutôt qu'en argent. Comment donc un simple chevalier étoit-il en état de nourrir à ses dépens une multitude assez grande pour faire craindre une révolution? où avoit-il pris l'argent, avec lequel il avoit corrompu les tribuns, & enlevé presque tous les bleds de Toscane ?

Quoi qu'il en soit, cette conspiration avoit échappé à la vigilance des consuls : & le sénat leur en ayant fait des reproches, ils répondirent qu'ils n'avoient pas assez d'autorité, pour punir un citoyen qui pouvoit appeller au peuple, & qui étant adoré de la multitude, échapperoit infailliblement à la justice. On nomma dictateur L. Quintius Cincinnatus.

Après avoir fait mettre des corps de garde dans tous les quartiers de la ville, Quintius, escorté de ses licteurs, se rendit dans la place, monta sur son tribunal, & envoya Servilius Ahala, général de la cavalerie, sommer Métius de venir rendre compte de sa conduite. Soit que ce chevalier fût coupable, soit quil reconnût qu'on avoit conjuré sa perte, il refusa d'obéir, & il implora le secours du peuple qui repoussa les licteurs. Mais lorsqu'il cherchoit à s'échapper dans la foule, Servilius lui passa son épée au travers du corps.

Les tribuns s'éleverent contre ce meurtre. Ils menaçoient de faire le procès à Servilius, aussitôt que le dictateur seroit sorti de charge. Ils crioient, sur-tout, contre le sénat, qui paroissoit approuver de pareilles violences, & ils s'opposerent à l'élection des consuls. Il fallut, pour les calmer, créer des tribuns militaires. Mais aucun ne fut pris dans le second ordre.

Av. J. C. 437. de Rome 317.

L'année suivante, le bruit d'une ligue des peuples d'Étrurie, qui menaçoient de se joindre aux Véiens & aux Volsques, servit de prétexte au sénat pour nommer dictateur Mamercus Émilius. Ce général triompha des Véiens. Quant aux autres peuples d'Étrurie, ils ne pensoient pas à faire la guerre.

Mamercus Émilius nommé dictateur.

Av. J. C. 434 de Rome 320.

Trois ans après M. Émilius fut nommé dictateur pour la seconde fois. Il triompha encore des Véiens. On remarqua dans ce triomphe Cornelius Cossus, qui ayant tué dans le combat Tolumnius roi de Véïes, remporta les dépouilles opimes. Il est le premier depuis Romulus, qui ait eu cet honneur.

Secondes dépouilles opimes.

Comme, en créant les censeurs, on avoit mal jugé de la puissance qu'on leur accordoit, il avoit été arrêté qu'ils seroient en charge pendant cinq ans. Émilius, voulant corriger la faute que le sénat avoit faite, proposa de réduire la durée de la censure à dix-huit mois, & la loi en fut portée. On y ajouta même plusieurs modifications, pour prévenir l'abus que les censeurs auroient pu faire de leur autorité.

Émilius réduit la censure à dix-huit mois.

Autant le peuple applaudit à ce réglement, autant les sénateurs en furent offensés. Ils ne pardonnoient pas au dictateur d'avoir diminué la durée d'une magistrature attachée à leur ordre. Les censeurs C. Furius & M. Géganius firent, sur-tout, éclater leur ressentiment. Ils exclurent Émilius du sénat : ils le rayerent de sa

Conduite des censeurs à son égard.

classe, le rejeterent dans la derniere, le priverent du droit de suffrage, & mirent sur lui une imposition huit fois plus forte que celle qu'il avoit payée jusqu'alors. Cette censure n'étoit encore que la seconde. On peut juger par-là, de l'autorité que les censeurs ont eue, dès leur institution.

Les tribuns saisissent cette occasion pour déclamer contre le sénat.

Le peuple eût insulté C. Furius & M. Géganius, si Émilius n'eût pas eu la générosité de le contenir, Mais les tribuns saisirent cette occasion de déclamer contre les censeurs & contre le sénat qui les avoit approuvés. Ils firent sentir au peuple qu'il devoit être seul offensé du traitement honteux, fait à Mamercus Émilius, pour avoir porté une loi qui assuroit la liberté publique.

Ils font élire des tribuns militaires.

Ils ne crioient néanmoins que parce qu'ils vouloient empêcher qu'on n'élût des consuls. Ils y réussirent. La république fut gouvernée, deux années de suite, par des tribuns militaires. Mais aucun plébéien n'obtint cette magistrature. Les tribuns reprocherent au peuple d'être ingrat à leur égard, servile envers les grands, & permirent d'élire des consuls pour l'année suivante.

Le sénat soumet les consuls à la puissance tribunicienne.

Les Eques & les Volsques recommençoient alors la guerre. Les deux consuls ayant été défaits, le sénat leur ordonna de nommer un dictateur. Ils s'y refuserent, soit qu'ils ne voulussent pas se donner un supérieur, soit qu'ils se

Av. J. C. 431 de Rome 323.

Cette année commence la guerre du Péloponese qui a duré vingt-huit ans.

eussent humiliés, si tout autre qu'eux réparoit les pertes qu'ils avoient faites. Pour les forcer à obéir, le sénat eut recours aux tribuns, qui saisissant avec empressement l'occasion qu'on leur offroit, menacerent de les envoyer en prison, s'ils ne nommoient pas un dictateur. Les consuls obéirent. Mais le sénat, en les traduisant devant les magistrats du peuple, les avoit avilis, & s'avilissoit lui-même.

Ce que les historiens disent des pertes & des avantages de la république, pendant la guerre, est au moins fort obscur.

Le dictateur battit les ennemis, prit leur camp, revint à Rome, & triompha. Voilà depuis la prise d'Antium, c'est-à-dire, depuis près de quarante ans, à quoi se bornoient les avantages des Romains, à la fin de chaque campagne. On prétend que la république n'accordoit les honneurs du triomphe, que lorsque les ennemis avoient laissé cinq mille hommes sur le champ de bataille. Mais si cette regle eût été observée scrupuleusement, les triomphes fréquents des consuls auroient exterminé les Èques & les Volsques, & de pareilles victoires auroient coûté cher aux Romains. Si on ajoute à ces pertes celles qui se faisoient de part & d'autre dans les combats pour lesquels on ne triomphoit point, on aura de la peine à comprendre qu'il y eût une grande population dans ces cités, qui ne paroissoient armées que pour se détruire, & qui étoient souvent ravagées par la famine & par la peste. L'histoire de toutes ces guerres est au moins bien obscure.

Quelques

Quelques années après cette derniere dictature, la tranquillité, dont la république jouissoit au dedans & au dehors, fut troublée par une contagion, qui fit mourir beaucoup de bestiaux & beaucoup d'hommes. Comme le peuple se livroit à toutes sortes de superstitions, le sénat défendit pour la premiere fois tout culte étranger, & toute cérémonie religieuse, qui ne seroit pas autorisée par les loix,

Contagion. Le sénat défend tout culte étranger.

Lorsque la peste cessoit, la guerre recommença. C'étoient des tribuns militaires qui commandoient l'armée. Ils furent défaits, & on proposa de nommer un dictateur. Mais on ne savoit comment y procéder.

Av. J. C. 426 de Rome 328.

Embarras pour nommer un dictateur. Mamercus est élu.

Comme un long usage devient une loi, il sembloit que les consuls pouvoient seuls nommer le dictateur, parce que c'étoient eux qui l'avoient nommé jusqu'alors, & cependant il n'y avoit point de consuls. Cette difficulté embarrassa le sénat. Il auroit pu la lever lui-même: mais afin, sans doute, de ne donner lieu à aucun scrupule, il voulut qu'elle fût levée par les augures. Ceux-ci déclarerent, qu'un tribun militaire, puisqu'il avoit la puissance consulaire, pouvoit nommer le dictateur. Le choix tomba sur Mamercus Émilius. Il vainquit & abdiqua la dictature seize jours après l'avoir reçue. Il triompha, en quelque sorte, des censeurs qui l'avoient voulu flétrir.

Plaintes des tribuns qui n'obtiennent pas le tribunat militaire. Ruses du sénat pour leur donner l'exclusion.

Les deux années suivantes, la république eut encore, pour premiers magistrats, des tribuns militaires, tous sénateurs. Les tribuns du peuple parurent d'autant plus indignés, qu'il eût été moins honteux pour eux d'être exclus de cette dignité par la loi, que d'être toujours rejetés, comme incapables de la remplir. Ils menacerent d'abandonner les plébéiens à la tyrannie du sénat : ils leur promirent des terres, si jamais ils étoient à la tête du gouvernement : ils tenterent tout, en un mot, pour réunir les suffrages en leur faveur. Le sénat, qui crut s'appercevoir que le peuple se disposoit à leur être favorable, saisit le prétexte d'une guerre contre les Volsques, pour tirer hors de Rome les principaux plébéiens, ceux, sur-tout, qui avoient le plus d'influence dans les comices, & en leur absence, il fit procéder à l'élection des consuls. Cette petite ruse, qui lui réussit, déceloit sa foiblesse, & étoit d'un bon augure pour les principaux citoyens du second ordre. Cette guerre fut courte, comme toutes les autres. Il n'y eut qu'une action que la nuit termina ; & la perte fut si grande des deux côtés, que les deux armées abandonnerent leur camp, croyant chacune avoir été vaincue. Les consuls, cités devant le peuple par les tribuns, eurent à se justifier de leur défaite.

Plaintes des tribuns qui n'obtiennent pas le tribunat militaire. Ruses du sénat pour leur donner l'exclusion.

Les deux années suivantes, la république eut encore, pour premiers magistrats, des tribuns militaires, tous sénateurs. Les tribuns du peuple parurent d'autant plus indignés, qu'il eût été moins honteux pour eux d'être exclus de cette dignité par la loi, que d'être toujours rejetés, comme incapables de la remplir. Ils menacerent d'abandonner les plébéiens à la tyrannie du sénat : ils leur promirent des terres, si jamais ils étoient à la tête du gouvernement : ils tenterent tout, en un mot, pour réunir les suffrages en leur faveur. Le sénat, qui crut s'appercevoir que le peuple se disposoit à leur être favorable, saisit le prétexte d'une guerre contre les Volsques, pour tirer hors de Rome les principaux plébéiens, ceux, sur-tout, qui avoient le plus d'influence dans les comices, & en leur absence, il fit procéder à l'élection des consuls. Cette petite ruse, qui lui réussit, déceloit sa foiblesse, & étoit d'un bon augure pour les principaux citoyens du second ordre. Cette guerre fut courte, comme toutes les autres. Il n'y eut qu'une action que la nuit termina ; & la perte fut si grande des deux côtés, que les deux armées abandonnerent leur camp, croyant chacune avoir été vaincue. Les consuls, cités devant le peuple par les tribuns, eurent à se justifier de leur défaite.

tre places de questeurs à quatre patriciens, comme à quatre plébéiens. Il comptoit, qu'il en seroit de cette magistrature, comme du tribunat militaire.

Les deux partis soutenoient leurs prétentions avec beaucoup de chaleur, & leur opiniâtreté à ne se relâcher ni l'un ni l'autre, menaçoit la république d'une espece d'anarchie; lorsque le sénat ayant consenti à l'élection des tribuns militaires pour l'année suivante, les tribuns, à cette considération, se rendirent à la proposition du sénat. Mais les plébéiens n'obtinrent ni le tribunat militaire ni la questure.

Loi Agraire proposée de nouveau.

Les principaux de cet ordre, humiliés des avantages que les sénateurs remportoient dans toutes les élections, renouvellerent leurs plaintes & leurs menaces contre le peuple, & les renouvellerent encore inutilement pendant six ans, où l'on continua d'élire des tribuns militaires. Au milieu de ces dissentions, Métilius, tribun pour la troisieme fois, & Mecilius, qui l'étoit pour la quatrieme, résolus de se perpétuer au moins dans cette magistrature, demanderent l'exécution de la loi Agraire. Cette ressource étoit la derniere des tribuns, lorsqu'ils vouloient intéresser le peuple à leur élévation.

Av. J. C. 417 de Rome 337.

Il y avoit près de quatre-vingts ans que la loi Agraire avoit été proposée pour la premiere fois par Sp. Cassius. Si dès-lors elle souffroit des difficultés, elle en devoit souffrir de plus grandes par les révolutions qui s'étoient faites dans les fortunes. Il n'étoit plus possible de découvrir les bornes, qui avoient séparé les terres légitimement acquises, des terres usurpées sur le domaine public; & quand on l'auroit pu, les plébéiens riches se seroient opposés à cette recherche avec autant de force que les sénateurs même. Il me semble donc que les tribuns auroient été bien embarrassés, si le sénat les avoit laissé faire.

Conduite du sénat pour la faire rejeter.

Soit que les sénateurs voulussent prévenir les désordres que cette recherche occasionneroit, soit qu'ils craignissent pour les terres qu'ils s'étoient appropriées, ils ne s'en reposerent pas sur l'impossibilité de cette entreprise, & ils s'assurerent de six tribuns qui s'y opposerent. Il falloit s'en tenir là. Étoit-il convenable que le senat mît la république sous la protection de la puissance tribunicienne, & qu'il implorât le secours des tribuns qu'il nommoit sages, contre les tribuns qu'il disoit mal intentionnés? Voilà pourtant ce qu'il fit.

Dissention dans la place de Rome, & soulévement dans l'armée.

Av. J. C. 414. de Rome 340.

Ce concert entre le sénat & quelques-uns des tribuns ne pouvoit pas durer long-temps. Pendant la guerre contre les Volsques, le tribun militaire P. Posthumius, ayant mis le siege devant la ville de Voles, promit tout le butin aux soldats; & quand cette place fut prise, il fit vendre le butin au profit du tresor public. Ce manque de parole offensa d'autant plus les troupes, qu'il les aliénoit déja par sa dureté, & encore plus par ses hauteurs.

Les tribuns déclamerent à cette occasion, & contre le tribun militaire & contre le sénat; car ce corps étoit coupable à leurs yeux de tout ce qu'ils pouvoient reprocher à chacun de ses membres. Posthumius vint à Rome pour s'opposer à leurs entreprises. Il étoit à l'assemblée du peuple avec tous les sénateurs, lorsque le tribun Sextius, ayant représenté qu'on devoit la prise de Voles au courage des soldats de ce général, il demanda qu'on leur abandonnât le territoire de cette ville, pour les dédommager du butin dont ils avoient été frustrés. Cette proposition, reçue avec applaudissement, excita le courroux de Posthumius. Il s'oublia jusques-là, que, joignant l'insulte au refus, il parla de ses soldats d'un ton de menace & de mépris, qui offensa tout le peuple, & & dont le sénat même fut choqué. Voilà, s'écria Sextius, adressant la parole au peuple, les sentiments que les patriciens ont pour vous; & cependant ce sont ces patriciens, si cruels & si superbes, que vous préférez, dans la distribution des dignités, aux citoyens qui soutiennent vos intérêts.

L'armée fut bientôt instruite de ce qui s'étoit passé dans la place de Rome. Indignée des discours de son général, elle se préparoit à un soulèvement; lorsque Posthumius, qui revint au camp, acheva de la révolter. Il fut tué par ses soldats.

Les soldats sont punis.

Quoique Posthumius fût odieux, les soldats eurent horreur eux-mêmes de l'action qu'ils venoient de commettre; & le peuple, ainsi que le sénat, demanda qu'on informât contre les criminels, & qu'on en fît une punition exemplaire. Cet événement suspendit les dissentions entre les deux ordres. Les tribuns n'oserent pas même insister pour continuer le tribunat militaire: on élut des consuls: & l'armée, qui se reprochoit son crime, livra les plus coupables. Ces malheureux se tuerent eux-mêmes.

La guerre, la peste & la famine suspendent les dissentions.

Aux sentiments que montre le peuple en cette occasion, on voit qu'il étoit naturellement porté à se soumettre. Le sénat eût commandé sans trouver de résistance, s'il eût été capable de quelque modération. Il devoit au moins accorder le territoire de Voles. Mais il avoit pour maxime, de tenir le peuple dans la misere, & cette maxime qu'il n'abandonnera pas, sera la cause de sa ruine. Les tribuns ne cessoient de dire qu'il en seroit des terres de Voles, comme des autres terres de conquête; & on auroit vu naître de nouveaux troubles, si la guerre, une famine & une peste n'eussent pas fait diversion à leurs plaintes. Comme, dans de pareilles conjonctures, l'autorité du sénat étoit moins contestée, la république fut gouvernée par des consuls cinq ans de suite. Mais sous le dernier de ces consulats la paix & l'abondance ramenerent les dissentions.

Les promesses des tribuns n'étoient qu'un piege, où le peuple devoit être pris.

Av. J. C. 409 de Rome 345.

Il importoit aux tribuns de faire voir au peuple, qu'il ne secoueroit pas le joug du sénat, & qu'il n'obtiendroit pas le partage des terres de conquête, s'il s'obstinoit à refuser ses suffrages aux plébéiens qui briguoient les premieres magistratures. Cela étoit vrai, & c'étoit le sujet de toutes leurs harangues. Ce qui n'étoit pas également fondé, c'est l'espérance qu'ils donnoient aux plébéiens de tout obtenir des premiers magistrats, lorsqu'ils les auroient pris dans leur ordre. Car, outre la difficulté de mettre à exécution la loi Agraire, il étoit facile de prévoir que les tribuns, qui deviendroient sénateurs en devenant tribuns militaires ou consuls, n'auroient plus le même esprit que lorsqu'ils n'étoient que tribuns du peuple.

Le raisonnement des tribuns n'étoit donc qu'un piege. Cependant le peuple s'y laissera prendre. Trompé par les premiers qu'il aura élevés, il en élévera d'autres qui le tromperont encore. Son sort ne changera donc pas, & c'est parce qu'il ne changera pas que les principaux plébéiens obtiendront successivement toutes les magistratures.

Av. J. C. 409 de Rome 345.

Il y avoit alors dans le tribunat, trois citoyens d'une famille, où la haine contre le sénat étoit héréditaire, comme la haine contre les plébéiens l'étoit dans la maison Claudia. C'étoient proprement les Claudius du peuple. Ils se nommoient Sp. C. & L. Icilius.

Trois plébéiens obtiennent la questure.

Ces trois tribuns demanderent que l'élection des questeurs se fît dans les comices par tribus; & ayant eu assez de crédit pour l'obtenir, il ne fut pas difficile de faire tomber les suffrages sur des plébéiens. De tous les sénateurs qui briguerent cette dignité, Céso Fabius Ambustus fut le seul qui l'obtint. Les trois autres questeurs furent pris dans le second ordre.

Aucun ne peut encore parvenir au tribunat militaire.

Les Icilius venoient d'ouvrir au peuple le chemin des honneurs : ce triomphe les fit penser à briguer pour eux-mêmes la premiere magistrature. Ils demanderent, en conséquence, qu'on élût pour l'année suivante des tribuns militaires. Mais ils n'obtinrent le consentement du sénat, que parce qu'ils donnerent le leur à une loi qui portoit, que les plébéiens ne pourroient aspirer au tribunat militaire dans l'année où ils seroient tribuns du peuple. Exclus par-là de cette magistrature, ils ne solliciterent pas pour d'autres plébéiens, & les sénateurs qui se mirent sur les rangs, enleverent tous les suffrages.

Le sénat implore inutile-

Les guerres, qui n'étoient jamais, de la part des ennemis, que des courses sur les terment la puissance tribunicienne.

Av. J. C. 408 de Rome 346.

res des Romains, & dont, par cette raison, je ne parle qu'autant qu'elles influent sur les troubles domestiques; les guerres, dis-je, continuoient toujours, & il s'agissoit de repousser les Volsques & les Eques. Le sénat, qui craignoit vraisemblablement qu'il n'y eût pas assez d'intelligence entre les tribuns militaires, leur ordonna de nommer un dictateur. Offensés de cet ordre, deux s'y opposerent, & ce fut le sujet d'une contestation qui divisa le sénat. Pour la terminer, ce corps répéta la faute qu'il avoit déja faite : il implora la puissance tribunicienne. Les tribuns répondirent qu'ils étoient honteux pour les sénateurs de les voir réduits à s'humilier devant des plébéiens; ajoutant que, si jamais les honneurs, répartis également entre les deux ordres, établissoient l'égalité entre tous les citoyens, ils sauroient bien faire respecter les ordres du sénat. C'est ainsi qu'ils s'assuroient par leur refus même, un droit qu'ils ne se seroient pas arrogés, si on ne le leur avoit pas offert. Cependant les ennemis menaçoient déja les frontieres. Alors un des tribuns militaires, malgré l'opposition de ses collegues, nomma un dictateur qui défit les Volsques. Cette campagne fut, comme toutes les autres, terminée en peu de jours.

Mesures que prend le sénat

Lorsqu'il fut temps de tenir les comices pour l'élection des premiers magistrats, les tribuns militaires, qui vouloient se venger du sénat, firent élire des tribuns militaires. Mais tous furent encore choisis dans le premier ordre, parce qu'on fit mettre sur les rangs, les sénateurs les plus agréables au peuple. L'année suivante, la même précaution eut le même succès.

dans les comices pour l'élection des tribuns militaires.

Le sénat vouloit alors faire la guerre aux Véiens. Les tribuns s'y opposerent, disant que la république n'avoit pas assez de forces pour résister tout-à-la fois aux Véiens & aux Volsques ; qu'il n'étoit pas prudent de se faire de nouveaux ennemis, quand on avoit de la peine à se défendre contre ceux qu'on avoit déja ; & que les guerres n'étoient d'ailleurs qu'un prétexte pour éloigner de Rome les plébéiens, qui pouvoient aspirer aux premieres magistratures. Le sénat, voulant secouer la dépendance où il étoit des tribuns, toutes les fois qu'il ordonnoit des levées, résolut d'avoir désormais des troupes à sa solde.

Etablissement d'une paye pour les soldats qui servoient dans l'infanterie.

Av. J. C. 405 de Rome 349.

L'année suivante finit la guerre du Péloponese.

Jusqu'alors, tous les citoyens avoient fait la guerre à leurs dépens. C'est pourquoi les campagnes n'étoient que des courses, qui se terminoient ordinairement par un combat, & qui ne duroient que peu de jours. Il falloit désarmer presque aussitôt qu'on avoit armé, & abandonner les fruits d'une victoire pour reprendre la charrue. Autrement les terres des plébéiens pauvres seroient tombées en friche, parce qu'ils n'avoient pas des esclaves pour les cultiver. Cet usage étoit donc aussi ruineux pour le peuple, qu'il étoit peu favorable à l'agrandissement de la république.

Le sénat ordonna qu'à l'avenir les soldats, qui servoient dans l'infanterie, seroient payés des deniers publics, & que pour fournir au payement des troupes, on mettroit une imposition dont personne ne seroit exempt.

Le peuple qui n'avoit pas demandé ce sénatus-consulte, n'en parut que plus reconnoissant. Il ne vit que de la générosité dans le décret du sénat, & il le confirma par un plébiscite.

Les tribuns représenterent que, cette solde étant le sujet d'un nouvel impôt, ce seroit le peuple qui la payeroit; que par conséquent, la générosité du sénat n'étoit qu'un piege; & qu'il donnoit ce qui n'étoit pas à lui, pour ne pas rendre ce qu'il avoit usurpé. Toutes leurs oppositions furent inutiles, parce que, dans cette occasion, ils ne pouvoient pas avoir les pauvres pour eux. D'ailleurs les sénateurs, s'étant taxés à proportion de leurs biens, montrerent avec ostentation des chars, qui portoient au trésor public de petites sommes, & beaucoup de cuivre. Les patriciens riches, qui suivirent cet exemple, le donnerent à leurs clients: & bientôt tout le monde paya, parce que plusieurs avoient payé. De ce jour, le sénat put se promettre de trouver toujours des soldats, au moins parmi les plébéiens pauvres que la solde feroit subsister. Il pouvoit, par de grandes entreprises, faire de longues diversions aux dissentions qui s'élevoient dans la place publique; & les tribuns, dans l'impuissance de s'opposer aux levées, devoient être désormais moins en état de lui faire la loi.

CHAPITRE X.

Jusqu'à la prise de Véïes.

Le sénat résout le siege de Véïes.

Av. J. C. 405 de Rome 349

LES Volsques, tant de fois défaits, n'osoient plus paroître devant les légions, & on avoit ravagé leurs terres impunément. Telle est la circonstance où le sénat déclara la guerre aux Véiens, & résolut de les assiéger dans leur capitale.

Comment les Romains attaquoient les places.

Véïes, égale à Rome, aussi grande & aussi peuplée, avoit été dans la confédération des autres villes d'Étrurie. Mais depuis quelque temps, elle n'y étoit plus, & les Étrusques ne paroissoient pas disposés à lui donner des secours. Cependant un siege dans les formes étoit une grande entreprise pour les Romains, qui jusques-là, n'avoient pris des villes que par surprise ou par escalade. Leur plus savante manœuvre en ce genre, étoit une espece d'assaut général, qu'ils nommoient couronne; parce qu'après avoir enveloppé une place, ils l'attaquoient en même temps de toutes parts, ne songeant qu'à partager l'attention & les forces des assiégés, & faisant tous leurs efforts pour s'ouvrir un passage du côté où ils trouvoient moins de résistance. Si cette attaque ne réussissoit pas, ils se retiroient. Dans ces temps, une ville qui pouvoit résister à un coup de main, étoit en quelque sorte une place imprenable.

Avantages que leur donne l'établissement d'une solde.

Ce ne fut plus la même chose, lorsque les Romains eurent des troupes soudoyées. Si auparavant les guerres, toujours interrompues, étoient toujours à recommencer, désormais, ils pourront poursuivre sans relâche celles qu'ils auront entreprises. Une victoire ne sera pas pour eux le dernier terme d'une campagne : elle les conduira à d'autres succès. Ils s'établiront devant une place, ils renouvelleront les attaques, apprendront à conduire un siege ; & comme il n'y aura point de ville assez bien fortifiée pour faire une longue résistance, il n'y en aura point dont ils ne puissent se rendre maîtres. Toujours armés, on conçoit combien ils auront d'avantages sur des peuples qui n'arment que par intervalles. On prévoit donc que leurs voisins succomberont sous leurs efforts continus, & que Rome va reculer ses frontieres qui ne sont encore qu'à quelques milles.

Nombre des tribuns militaires.

Quoique par la loi qui instituoit les tribuns militaires, on en pût élire six, il n'y en avoit jamais eu plus de quatre, & quelquefois même il n'y en avoit eu que trois. On en créa six pour l'année où le siege de Véïes fut résolu. Dans la suite, il n'y en aura jamais moins.

On fait le blocus de Véïes.

On leva ce siege à la fin de la premiere campagne. On le leva encore après la seconde, pendant laquelle l'attaque se rallentit, parce qu'on fut obligé d'envoyer une partie des troupes contre les Volsques. Mais à la troisieme, où l'on avoit élu jusqu'à huit tribuns militaires, on le reprit pour ne plus le discontinuer. Les Romains firent le blocus de cette place. Ils éleverent des forts de distance en distance, & se préparant à la serrer de plus près, ils empêchoient qu'on n'y fît entrer des troupes & des munitions.

Av. J. C. 403 de Rome 351.

Raisons des tribuns qui s'y opposent.

Une armée forcée à passer l'hiver sous les tentes, étoit une chose sans exemple. Aussi cette résolution extraordinaire fut pour les tribuns un sujet de déclamation. Ils en parloient comme d'une conspiration contre la liberté ; & ils assuroient que le sénat n'avoit d'autre dessein que d'affoiblir le parti du peuple, en le privant des suffrages des soldats : il est vraisemblable que leurs soupçons n'étoient pas tout-à-fait sans fondement. Cependant les intérêts du sénat concouroient en cette occasion avec ceux de la république : il falloit ne pas interrompre le siege, où il falloit renoncer à prendre Véïes.

Av. J. C. 403 de Rome 351.

Les tribuns déclamoient avec chaleur, lorsqu'on apprit à Rome, que les Véïens avoient surpris les assiégeants, & ruiné presque tous leurs

leurs ouvrages. Il sembloit que cette perte dût donner au sénat de nouveaux torts, puisqu'elle l'exposoit à de nouveaux reproches de la part des tribuns. Elle produisit néanmoins un effet contraire. Ce furent les chevaliers qui firent cette révolution dans les esprits. Ayant offert au sénat de se monter à leurs dépens, cette générosité leur mérita des louanges, qui communiquerent le même zele à tous les citoyens. Les plébéiens se présenterent à l'envi pour remplacer les soldats qui avoient été tués : tous jurerent de ne point revenir que la ville n'eût été prise ; & un grand nombre s'empressa de joindre l'armée en qualité de volontaires : le sénat eut soin d'entretenir cette ardeur par les marques publiques qu'il donna de sa reconnoissance. Il assigna cette année une paye pour la cavalerie.

Perte que font les Romains. Ils n'en sont que plus animés à continuer le siege.

Av. J. C. 405 de Rome 351.

Les tribuns ne pouvoient plus ralentir l'enthousiasme avec lequel tout le peuple se portoit à cette guerre, & ils voyoient avec inquiétude les avantages qu'elle devoit procurer au sénat ; lorsqu'un nouveau revers, plus grand que le premier, fut pour eux un prétexte d'attribuer à ce corps les desseins les plus odieux.

Nouvelles pertes.

Les deux tribuns militaires, L. Virginius & M. Sergius, qui commandoient à ce siege, jaloux & divisés, conduisoient leurs opérations sans se concerter ; & se renfermant chacun dans son camp, ils se refusoient même

Av. J. C. 402 de Rome 352.

des secours l'un à l'autre. Les Capenates & les Falisques profiterent de cette mésintelligence. Voisins des Véiens, & par conséquent, intéressés à leur conservation, ils armerent secrétement; & tombant tout-à-coup sur Sergius, qui fut en même temps attaqué par les assiégés, ils mirent son armée en déroute.

Virginius qui vit cette défaite, se piqua de ne point donner de secours, parce qu'on ne lui en demandoit pas, & Sergius, qui eût mieux aimé périr, que d'en demander à son collegue, revint à Rome avec les débris de son armée. Pour se justifier, il accusa Virginius. Le sénat envoya ordre à celui-ci de venir rendre compte de sa conduite.

Tous deux étoient coupables : mais parce qu'ils avoient tous deux parmi les sénateurs des amis & des ennemis, il sembloit qu'on eût voulu tout-à-la fois les punir & les sauver l'un & l'autre, & il s'éleva de grandes altercations à leur sujet. Le sénat, qui crut pouvoir suspendre la décision de cette affaire, ordonna que les tribuns militaires de cette année abdiqueroient, & qu'on procéderoit à l'élection de leurs successeurs, quoique le temps des comices ne fût pas arrivé.

Nouvelle déclamation des tribuns.

A peine Virginius & Sergius eurent obéi, qu'ils furent traduits devant le peuple; les tribuns saisirent cette occasion de confirmer les soupçons qu'ils avoient, ou qu'ils feignoient d'avoir, d'une conſpiration ſecrete contre les plébéiens. Selon eux, ſi, l'année précédente, les généraux avoient laiſſé ruiner tous les ouvrages, c'eſt que le ſénat avoit beſoin d'un prétexte pour prolonger la guerre; & ſi, en dernier lieu, Virginius avoit vu la défaite de Sergius, ſans lui donner aucun ſecours, c'étoit un complot des ſénateurs pour affoiblir, par la déroute des légions, le parti du peuple. En un mot, ils prétendoient que la politique du ſénat étoit d'exterminer pour commander. En conſéquence, ils invitoient le peuple à punir Virginius & Sergius; & ils l'exhortoient, ſur-tout, à ne confier déſormais le tribunat militaire qu'à des plébéiens, l'aſſurant qu'il devoit, pour ſa ſureté, ôter tout commandement aux ſénateurs. Virginius & Sergius furent condamnés à l'amende.

Ils s'oppoſent à la levée de l'impôt pour la ſolde.

Av. J. C. 401 de Rome 353.

La république avoit alors trois guerres: car les Volſques avoient repris les armes, & les Capenates ne les avoient pas quittées. Les tribuns ſe prévalurent de cette conjoncture. Voyant le ſénat dans la néceſſité, d'entretenir un plus grand nombre de troupes, ils s'oppoſerent à la levée de l'impôt qu'on avoit mis pour les ſoudoyer.

Ils ceſſent de s'y oppoſer, parce

Les ſoldats qu'on ne payoit pas, commençoient à murmurer: on craignoit même un ſoulèvement, lorſqu'un plébéien, P. Licinius Calqu'un plébéien a été élu tribun militaire.

vus, fut élevé au tribunat militaire. Glorieux de ce triomphe, les tribuns leverent leur opposition, & le sénat eut bientôt tous les fonds dont il avoit besoin. Quoique plébéien, Licinius Calvus étoit sénateur.

Cinq plébéiens obtiennent cette magistrature.

Enhardi par une premiere démarche, le peuple parut, l'année suivante, tout-à-fait livré aux brigues de ses tribuns. De six tribuns militaires, cinq furent pris parmi les plébéiens. Les patriciens commencerent à craindre de se voir exclus de cette magistrature.

Av. J. C. 399 de Rome 355.

Le lectisternium à l'occasion d'une calamité.

Sous ce tribunat militaire, un mal contagieux, qui faisoit périr des animaux de toute espece, répandit une consternation générale. Les duumvirs, par ordre du sénat, consulterent les livres des Sibylles; & sur le rapport qu'ils rendirent, on ordonna, pour la premiere fois, un *lectisternium*. Cette cérémoine consistoit à coucher sur trois lits magnifiques, Apollon, Latone, Diane, Hercule, Mercure, Neptune & Jupiter. Pendant huit jours, on servoit de grands repas à ces divinités. Les portes de la ville étoient ouvertes. On donnoit la liberté aux prisonniers, & chaque citoyen s'empressoit d'offrir sa table à tous ceux qui se présentoient, citoyens & étrangers, amis & ennemis.

Raison que le sénat don-

C'est ainsi que le peuple conjuroit ce fléau. Les sénateurs, attentifs à faire servir la superstition à leurs vues, disoient hautement qu'il ne falloit pas être étonné, si les dieux étoient courroucés, puisqu'on avoit confié le gouvernement de la république à des hommes, que la naissance excluoit du sacerdoce. Le peuple, dont la crédulité croît dans les temps de calamité, refusa ses suffrages aux plébéiens, qui briguerent le tribunat militaire pour l'année suivante.

ne de la calamité.

Véïes étoit toujours bloquée, mais le siege n'avançoit point; & parce que les Romains étoient uniquement occupés de cette entreprise, ils croyoient voir dans tout ce qui leur arrivoit, le présage d'un bon ou d'un mauvais succès. Telle étoit la disposition des esprits, lorsque le lac Albane grossit extraordinairement. Ce phénomene parut un prodige, parce qu'on n'en voyoit pas la cause; & on envoya des députés à Delphes pour savoir de l'oracle ce que les dieux vouloient faire connoître par ce signe.

Av. J. C. 398 de Rome 356.

Prodiges.

La frayeur multiplia les prodiges, & on les crut tous également, parce qu'un prodige réel est une raison pour en croire beaucoup d'autres. On s'effrayoit d'autant plus qu'on ne savoit pas quel seroit le succès du siege: car on avoit employé tous les moyens qui sont au pouvoir des hommes, & on n'espéroit plus que dans le secours des dieux. Au milieu de ces inquiétudes, le hasard fit trouver à Véïes même, un augure qui expliqua l'élévation extraordinaire des eaux du lac Albane. Il dit au sénat que les Romains ne se rendroient maîtres de Véïes, que lorsqu'ils auroient fait écouler les eaux de ce lac, & qu'ils les auroient toutes employées à l'arrosement des terres. Les sénateurs étoient trop prudents pour donner leur confiance à un augure ennemi. Mais les députés ayant rapporté la réponse de l'oracle, elle se trouva tout-à-fait conforme à l'explication de l'augure; & ce qui n'arrivoit pas ordinairement, elle étoit encore fort claire.

Epouvante qui passe du camp à Rome.

On exécuta scrupuleusement tout ce que l'oracle avoit prescrit. Mais à peine les Romains commençoient à se rassurer, qu'un corps de troupes qu'ils envoyerent contre les Capenates & les Falisques, tomba dans une embuscade, & fut entiérement défait. Aussitôt le bruit se répand que tous les peuples d'Étrurie viennent au secours des Véiens; & cette nouvelle, qui porte l'alarme dans le camp, passe à Rome qui croit déja voir l'ennemi à ses portes. Dans cette circonstance, on nomma dictateur M. Furius Camillus. Le sénat, sans doute, ne fut pas fâché d'avoir un prétexte pour ôter le commandement aux tribuns militaires, qui, cette année, étoient tous plébéiens.

Prise de Véïes

Av. J. C. 396 de Rome 358.

C'est sous ce général que Véïes fut prise, après avoir résisté pendant dix ans à tous les efforts des Romains. Tite-Live, en parlant des prodiges, a oublié le plus grand de tous. Il ne dit pas comment les Véiens ont subsisté, eux qui n'ayant pu prévoir qu'on les tiendroit bloqués pendant plusieurs années, ne pouvoient pas avoir assez de provisions pour soutenir un si long siege.

Alors Agésilas faisoit la guerre avec succès dans l'Asie mineure.

CHAPITRE XI.

Considérations sur la république romaine lors de la prise de Véïes.

Les Romains n'avoient point de loix fondamentales.

L'INÉGALITÉ de fortune & de naissance étoit à Rome un double principe de dissentions, qui altérant continuellement la constitution de la république, permettoit à peine au gouvernement d'être le même pendant quelques années. Aussi les Romains n'avoient-ils point de loix fondamentales; à moins qu'on ne veuille donner ce nom à des privileges exclusifs, qui n'étoient favorables à l'un des deux ordres, que parce qu'ils étoient contraires à l'autre.

Les deux ordres de la république sont comme deux especes différentes.

Parce qu'ils avoient des privileges exclusifs & point de loix fondamentales, l'aristocratie fut encore plus tyrannique que la royauté. Si les rois humilioient les patriciens, ils ménageoient les plébéiens; & cette politique rapprochoit les deux ordres, parce qu'elle tendoit à les confondre. Mais quand l'aristocratie se fut établie, les patriciens & les plébéiens n'eurent plus rien de commun. La naissance assuroit aux uns tous les honneurs, elle en excluoit tous les autres; &

la religion, ainsi que les loix, paroissoit faire des deux ordres deux especes tout-à-fait différentes.

Tout étoit aux patriciens.

Il sembloit donc que ce gouvernement eût pour fondement que les patriciens étoient tout, & que tout étoit à eux. En conséquence, ils étoient portés à ne connoître pour loix, que les usages qu'ils introduisoient ; & ces usages étoient des usurpations, des usures criantes, & des vexations de toute espece.

Quand les plébéiens ont commencé à faire un ordre.

Les plébéiens secouoient insensiblement le joug. Quand ils eurent obtenu des tribuns, s'ils ne furent pas libres encore, ils furent moins asservis. La puissance qui s'élevoit contre l'aristocratie, foible dans les commencements, devoit croître, parce qu'elle se formoit des principales forces de la république.

C'est à cette révolution, que les plébéiens commencent à faire un ordre, parce qu'ils commencent à être citoyens. Auparavant c'étoient des sujets, qui gémissoient sous le despotisme le plus dur.

Il y a dans la république deux puissances rivales.

Depuis que le second ordre a ses comices, ses loix, son tribunal, il y a dans la république deux puissances, qui n'ont point de fondement commun. Elles n'en peuvent avoir : chacune cherche à se soustraire à sa rivale, & toutes deux usurpent à l'envi l'une sur l'autre.

Les Romains ne sont pas libres.

Si, comme nous l'avons remarqué ailleurs, un gouvernement n'est libre, qu'autant qu'il porte sur des loix fondamentales, qui reglent l'usage de la puissance souveraine; je demande où sont les loix fondamentales, qui assurent la liberté des Romains? Les patriciens ne sont pas libres, puisqu'ils peuvent être cités devant un juge, qui est leur ennemi, dont la volonté fait la loi, & qui leur enleve tous les jours quelques-uns de leurs privileges. Les plébéiens ne le sont pas non plus, puisque les foibles ne peuvent s'assurer ni la propriété de leurs biens, ni celle de leur personne; que dans les comices par centuries, on peut faire en leur présence, des loix contre eux; & que d'un moment à l'autre, le sénat peut créer un dictateur qui les gouvernera despotiquement. Comme les deux ordres sont foibles, aucun des deux n'est absolument asservi. Ils ne le sont qu'autant qu'ils peuvent l'être, en nuisant mutuellement à leur liberté.

Nous avons vu qu'à Sparte la liberté n'étoit assurée, que parce que les mœurs entretenoient l'équilibre entre les pouvoirs qui se contrebalançoient.

Nous ne voyons rien de semblable à Rome. Au contraire les pouvoirs, distribués au hasard suivant les circonstances, tendent plutôt à se détruire mutuellement qu'à se contrebalancer; & si jamais nous remarquons entre eux une sorte d'équilibre, nous verrons que les mœurs le détruiront promptement. Car si les Romains sont pauvres, ils ne le sont pas par choix, comme les Spartiates.

Les premiers plébéiens qui ont obtenu le tribunat militaire, font époque.

Parmi les changements qui arrivent à la constitution de la république romaine, il y en a qu'on doit remarquer comme des époques, parce qu'ils en préparent de nouveaux. Telle est la révolution qui s'est faite pendant le siege de Véïes, lorsque les plébéiens ont obtenu le tribunat militaire.

Les plébéiens doivent prétendre au consulat.

Autant ils ont ambitionné cette magistrature, autant elle leur deviendra odieuse, quand ils se croiront assurés de l'obtenir. C'est qu'elle entretient une distinction qui les avilit, puisqu'en rétablissant le consulat, les patriciens seroient les chefs de la république, & le seroient exclusivement. Les plébéiens voudront, par conséquent, abolir le tribunat militaire, & ils tenteront tout pour rendre le consulat commun aux deux ordres.

Comment ils y parviendront.

Les tribuns du peuple ne réussiront dans cette entreprise, qu'autant qu'ils disposeront des comices par centuries, comme ils disposent des comices par tribus.

Mais parce qu'il leur sera plus facile de supprimer les comices par centuries, que d'en disposer, ils les supprimeront, & ils obtiendront que l'élection des premiers magistrats se fasse par les tribus, comme celle des magistrats du peuple,

Pourquoi un plébéien pouvoit difficilement avoir la pluralité pour lui dans les comices par centuries.

Il semble que les plébéiens auroient dû avoir souvent l'avantage, lors même que les comices se tenoient par centuries : car si la distribution par classes eût toujours été faite, comme elle devoit l'être, en raison des biens, les premieres centuries n'auroient pu manquer de renfermer un grand nombre de plébéiens.

Mais on peut conjecturer que les censeurs, qui faisoient cette distribution avec une autorité absolue, n'auront pas été assez mal-adroits pour distribuer les citoyens, de maniere que les plébéiens eussent pu s'assurer du plus grand nombre des suffrages. Ils auront donc eu l'attention de conserver, dans les premieres centuries, plus de patriciens que de plébéiens; & par cette seule disposition, il aura été presque impossible à un plébéien de réunir en sa faveur la pluralité. Voilà vraisemblablement ce qui faisoit le plus grand obstacle aux démarches des candidats de cet ordre, & on peut conjecturer qu'ils ne sont enfin parvenus au tribunat militaire, que parce qu'on avoit fait quelque changement dans la maniere de procéder aux élections.

Conjecture sur les changemens faits dans la maniere de procéder aux élections.

Nous avons vu que les tribus de Servius Tullius n'étoient qu'une division purement locale. Ce roi ne les classa pas, parce qu'il vouloit qu'elles n'eussent aucune influence dans le gouvernement.

Lorſque dans la ſuite les tribuns du peuple aſſemblerent les tribus, ils auroient abſolument pu les diſtribuer par claſſes, & mettre quelque ſubordination entre elles. Ils ne le firent pas, porce qu'ils n'avoient pas de raiſon pour donner excluſivement la primauté aux unes plutôt qu'aux autres, & qu'au contraire, il leur étoit avantageux de pouvoir faire tomber la primauté ſur celle qu'ils jugeroient à propos. Ils convinrent donc qu'à chaque comice, on régleroit par le ſort, le rang dans lequel elles opineroient.

Celle que le ſort déclaroit la premiere, ſe nommoit prérogative, & ſon ſuffrage entraînoit ordinairement les autres, en ſorte qu'on regardoit comme élu celui des candidats qu'elle avoit nommés. C'étoit un effet de la ſuperſtition. Car on penſoit que les dieux n'avoient donné par le ſort à une tribu le droit d'opiner la premiere, que parce qu'elle devoit élire celui qu'ils choiſiſſoient eux-mêmes.

On voit donc qu'en tranſportant, dans les comices par centuries, l'uſage de régler, par le ſort, le rang dans lequel elles opineroient, on auroit donné un grand avantage aux plébéiens, puiſqu'alors une des centuries, où ils prédominoient, auroit pu opiner la premiere, & qu'un premier ſuffrage auroit entraîné les autres. Voilà ce que les tribuns du peuple paroiſſent avoir fait. Tite-Live parle quelquefois de la prérogative, lorsqu'il s'agit de l'élection des premiers magistrats. Or, pourquoi se seroit-il servi de cette expression, si le droit de prérogative n'avoit pas été transporté dans les comices par centuries, ou si l'élection n'avoit pas été faite dans des comices par tribus ? Il est vrai qu'à ne consulter que l'étymologie, la dénomination de *prérogative* pouvoit s'appliquer à la centurie qui opinoit la premiere par son rang, comme à la tribu qui opinoit la premiere par le sort. Mais l'usage ne se regle pas toujours sur l'étymologie, & il paroît que le mot de prérogative emportoit pour accessoire ou l'idée de tribu, ou l'idée d'une primauté que le sort donnoit.

La prise de Véïes est le présage de la grandeur des Romains.

La prise de Véïes est le présage de la grandeur des Romains. Il n'étoit pas possible que des peuples, divisés en une multitude de petites cités, ne succombassent pas les uns après les autres, sous les efforts continus & redoublés d'un peuple toujours armé, qui s'opiniâtroit dans toutes ses entreprises. Les Romains ne se borneront plus à faire des courses sur les terres de leurs voisins. Ils auront d'autres vues & d'autres succès. En s'agrandissant, ils se feront, d'après les circonstances, un plan pour s'agrandir encore; & cependant les nations d'Italie ne se précautionneront pas contre une maniere de conquérir, qu'elles n'ont pas prévue, parce qu'elles n'en ont point vu d'exemple.

De longues guerres se succéderont. Elles paroîtront d'abord favorables au premier ordre de la république; parce qu'elles suspendront pour un temps les entreprises des tribuns. Mais elles finiront par être avantageuses au peuple, parce qu'il en sentira mieux ses forces; & que plus il les sentira, plus il s'arrogera le droit de commander.

Les deux ordres, toujours jaloux, auront donc, quoique par des vues contraires, le même intérêt à ne point quitter les armes; & la république, toujours forcée à être conquérante, s'agrandira nécessairement.

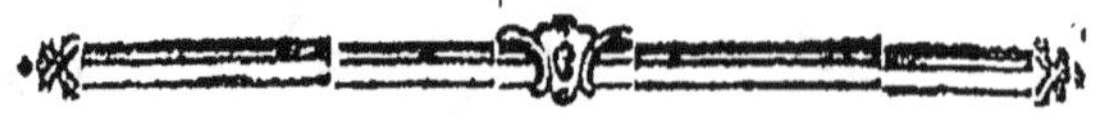

CHAPITRE XII.

Jusqu'au sac de Rome par les Gaulois.

Mécontentement du peuple.

Av. J. C. 396 de Rome 358.

LA prise de Véïes causa une joie d'autant plus grande, qu'on avoit presque désespéré de se rendre maître de cette place. Les femmes coururent aux temples rendre grace aux dieux; & le sénat ordonna plus de jours de prieres publiques, qu'il n'en avoit ordonné dans toute autre occasion. Tout fut extraordinaire jusqu'au triomphe du dictateur, qui se montra dans un char attelé de quatre chevaux blancs. Mais, par cette pompe à laquelle on n'étoit pas accoutumé, il parut insulter tout-à-la fois à la liberté & à la piété des Romains: car c'est ainsi qu'autrefois les rois triomphoient eux-mêmes, & c'est encore ainsi qu'on représentoit Apollon & Jupiter.

Pendant le siege, Camille avoit fait vœu d'envoyer au temple de Delphes la dixieme partie du butin. Il étoit difficile de remplir cet engagement, parce que, lorsque la place fut emportée d'assaut, il avoit abandonné le butin aux soldats. Le sénat ordonna néanmoins que

que chacun rapporteroit la dixieme partie de celui qu'il avoit fait : décret qui excita des murmures, & qui fit dire que le vœu de Camille n'étoit qu'un prétexte, pour enlever aux soldats une partie de leur butin.

Le sénat proposa d'envoyer dans le pays des Volsques une colonie de trois mille citoyens; & il nomma des triumvirs pour faire le partage des champs, qu'il leur destinoit. Il croyoit faire cesser les murmures. Mais ceux à qui il offroit ces terres, se flattoient d'un meilleur établissement à Véïes, où le tribun T. Sicinius vouloit qu'on transportât la moitié des Romains : proposition d'autant plus agréable au peuple, que Véïes étoit préférable à Rome pour la situation & pour le territoire.

On propose de faire de Véïes une seconde Rome.

C'eût été ruiner la république que d'en partager les habitants entre deux villes, qui vivroient difficilement sous les mêmes loix, & que des intérêts contraires armeroient tôt ou tard l'une contre l'autre. Le sénat eut la sagesse de s'opposer à ce projet. Il montra le Capitole, il invoqua les dieux tutelaires de la patrie, en un mot, il fit parler la religion, & la proposition de Sicinius fut rejetée.

Cette proposition est rejetée.

Cette contestation duroit depuis deux mois. Le peuple avoit même continué dans le tribunat les tribuns qui vouloient faire une seconde Rome de la ville de Véïes, & le sénat, pour se venger du peuple, avoit substitué des

Concorde rétablie entre les deux ordres.

consuls aux tribuns militaires. Mais quand on se fut rendu à ses prieres, impatient de témoigner sa reconnoissance, il ordonna, par un sénatus-consulte, de distribuer à chaque chef de famille sept arpents des terres des Véïens. La concorde fut alors si bien rétablie, que le peuple consentit à élire des consuls pour l'année suivante.

Camille accusé, s'exile.

Av. J. C. 392 de Rome 361.

Cependant les tribuns ne pardonnoient pas à Camille une concorde, qu'ils regardoient comme son ouvrage. Ils lui demanderent compte du butin fait à Véïes; ils l'accuserent d'en avoir détourné une partie; & ils le citerent devant le peuple. Camille prévint sa condamnation par un exil volontaire. Il fut néanmoins condamné à une amende. Sur ces entrefaites, Clusium, ville d'Étrurie, assiégée par les Gaulois, demanda des secours aux Romains.

Clusium assiégé par les Gaulois.

De toutes les irruptions des Gaulois en Italie, la plus ancienne, dont l'histoire ait conservé le souvenir, est arrivée sous le regne du premier Tarquin, vers le temps que les Phocéens s'établissoient à Marseille. Ils se répandirent dans les provinces situées entre les Alpes & les Apennins. Ils en chasserent les Étrusques, & ils y jeterent les fondements de plusieurs villes. Ils y étoient établis depuis plus de deux cents ans, lorsqu'ils assiégerent Clusium, sous les ordres de Brennus, leur chef.

Rome leur députa les trois fils de M. Fabius Ambustus, & leur offrit sa médiation. Sans l'accepter ni la refuser, ils répondirent avec une hauteur, qui offensa les députés. Les Fabius dissimulant leur ressentiment, obtinrent d'entrer dans la place sous prétexte de négocier la paix ; & aussitôt après, ils firent une sortie à la tête des assiégés.

Brennus marche à Rome.

Brennus, irrité de ce violement du droit des gens, envoie à Rome, & déclare la guerre, si on ne lui livre pas ces ambassadeurs. Le sénat qui ne pouvoit se résoudre à donner cette satisfaction, & qui appréhendoit néanmoins les suites d'un refus, ne voulut rien prendre sur lui. Ne songeant donc qu'à se mettre à l'abri de tout reproche de la part des plébéiens, il renvoya cette affaire à l'assemblée du peuple, qui bien loin de livrer les Fabius, les nomma tribuns militaires. Brennus leve le siege de Clusium, & marche à Rome.

Plusieurs dénombrements du peuple romain.

Pour juger de cette guerre, dont les circonstances sont peu vraisemblables, il faudroit connoître les forces de la république. Voici les derniers dénombrements, qu'on trouve dans les historiens. L'an de Rome 254, le cens donna 157700 citoyens en âge de porter les armes ; en 260, 110000 ; & en 279, 103000. La population diminuoit donc, & cependant on ne dit pas quelle en pouvoit être la cause. Dans la suite, elle augmenta continuellement, quoique Rome ait été souvent ravagée par la famine & par la peste, & qu'il ne paroisse pas qu'on y ait transporté les habitants d'aucune autre ville. En

288, le cens fut de 124215; en 294, de 132049; & en 361, c'est-à-dire, trois ans avant la guerre des Gaulois, Rome, par le dénombrement qui fut fait, pouvoit armer 152583 citoyens.

Les Romains sont défaits.

Av. J. C. 390 de Rome 364.

Pour peu que les guerres parussent difficiles, les Romains, remarque Tite-Live, avoient recours à la dictature, & confioient le salut de la république au général le plus experimenté. Cependant lorsqu'un nouvel ennemi les menace, ils ne prennent aucune précaution. Les tribuns militaires affectent de mépriser les Gaulois, qui avoient fait des conquêtes sur les Etrusques, & dont le nom seul répandoit l'épouvante. Ils levent des troupes à la hâte: ils négligent de prendre les auspices, & ils marchent avec audace, comme à une victoire assurée. Ils furent défaits près de l'Allia, à onze milles de Rome. La déroute fut entiere. Les Romains firent à peine quelque résistance; & dans leur frayeur, au lieu de regagner Rome dont ils étoient plus près, la plus grande partie s'enfuit à Veïes.

Rome reste sans défense.

Il paroit, par Tite-Live, que leur armée étoit de beaucoup inférieure à celle des Gaulois. Selon d'autres qui la font de quarante mille hommes, elle étoit à peu-près égale. Quand de tous ces soldats, il n'en seroit pas revenu un seul à Rome, il semble que la république ne devoit pas se trouver sans défense: mais il falloit qu'après l'exil de Camille, elle fût aussi impuissante, qu'elle l'avoit été après celui de Coriolan.

Les Gaulois, étonnés du peu de résistance des Romains, paroissoient ignorer qu'ils eussent vaincu. Ils regardoient, comme un piege, une fuite si précipitée: ils craignoient de tomber dans une embuscade, & ils n'osoient avancer. Enfin, après avoir fait reconnoître les lieux, ils se mirent en mouvement.

Lorsqu'ils arriverent sous les murs de Rome, ils eurent un autre sujet de surprise. Ils ne pouvoient croire ce qu'ils voyoient: car les portes de la ville étoient ouvertes, & ils ne découvroient pas une seule sentinelle. Comme le jour étoit sur la fin, ils ne jugerent pas devoir entrer.

Les Romains n'étoient pas moins surpris de voir les Gaulois, tout-à-coup arrêtés devant une place qui ne se défendoit pas. Ils s'attendoient à être assaillis pendant la nuit; & ne l'ayant pas été, ils crurent devoir l'être avec le jour. Ils ne le furent pas encore. Leur conduite paroissoit, sans doute, suspecte aux Gaulois, qui craignoient de se hasarder dans une ville qu'ils ne connoissoient pas.

Il ne s'y trouve que mille soldats qui s'enferment dans le Capitole.

Quoique l'armée qui avoit été défaite, & dont une partie s'étoit retirée à Véïes, n'eût été que de quarante mille hommes, Rome, où trois ans auparavant, il y avoit cent cinquante-deux mille citoyens en âge de prendre les armes, n'eut pas assez de troupes pour penser à se défendre. Il ne s'y trouva, selon Florus, que mille soldats qui se renfermerent dans le Capitole, avec tout ce qu'on put ramasser de vivres. Les vieillards, les femmes, les enfants se disperserent dans les champs, ou se retirerent dans les villes voisines. Les vieux sénateurs, qui ne pouvoient ni prendre les armes, ni se résoudre à fuir, se dévouerent pour la patrie, & attendirent la mort, assis à la porte de leurs maisons.

Massacre des vieux sénateurs.

Voilà, dit-on, ce qui frappa le plus les Gaulois, quand ils se répandirent dans la ville. Ils s'arrêtoient, avec respect, devant ces vieillards; ils n'osoient en approcher; lorsqu'un d'eux, plus hardi, porta familiérement la main à la barbe de M. Papirius. Ce sénateur, offensé, lui donna un coup de bâton, & fut tué. Sur le champ, on massacra tous ceux qui s'étoient dévoués avec lui. On pourroit demander comment ces circonstances ont été transmises à Tite-Live. Il paroît, sur-tout, bien étonnant qu'il ait su jusqu'au nom du sénateur, dont on avoit pris la barbe.

Rome est ruinée.

Quoi qu'il en soit, le Capitole se défendoit par sa situation. Brennus, n'ayant pu l'emporter d'assaut, l'avoit investi. Cependant les flammes consumoient les maisons; on abattoit les temples, & Rome fut ruinée entiérement.

Camille bat les Gaulois.

Maîtres de la ville, les Gaulois dévastoient la campagne : & comme aucun corps de troupes ne se présentoit devant eux, ils s'y répandoient sans précaution. Mais Camille, qui les observe, tombe sur eux pendant la nuit, & en égorge un grand nombre. Il avoit fait prendre les armes aux Ardéates, chez qui il s'étoit retiré.

Il est nommé dictateur.

A la nouvelle de cette victoire, les Romains, qui s'étoient réfugiés à Véïes, se rassemblerent, & avec le secours des Latins, ils formerent une armée, à laquelle il ne manquoit plus qu'un chef. Ils jeterent les yeux sur Camille : mais ils ne croyoient pas pouvoir lui donner le commandement, sans y être autorisés par un sénatus-consulte ; & cependant il ne paroissoit pas possible d'avoir ce décret, puisque le sénat étoit bloqué dans le Capitole. Pontius Cominius fut assez hardi & assez heureux pour pénétrer dans cette citadelle, & il rapporta un sénatus-consulte qui décernoit la dictature à Camille.

Le Capitole est sur le point d'être pris.

L'audace de Pontius exposa le Capitole à être surpris, parce que les traces de son passage découvrirent aux ennemis un chemin, qui les conduisit jusqu'au pied des murailles. La sentinelle étoit endormie, & les Gaulois se croyoient déja maîtres de la place ; lorsque M. Manlius, réveillé aux cris des oies consacrées à Junon, accourut & les précipita.

Les Romains capitulent.

Cependant les vivres commençoient à manquer dans le Capitole, & on n'avoit aucune nouvelle de Camille. Mais la disette n'étoit pas moindre dans le camp des Gaulois, où une maladie contagieuse faisoit de grands ravages. La paix étant donc à désirer pour les deux partis, on se porta de part & d'autre à une négociation

Rome est délivrée.

Camille paroît tout-à-coup au milieu de la conférence, dans le moment que les Romains se racheroient avec de l'or, & que les Gaulois le pesoient avec de faux poids. Reprenez votre or, dit-il aux Romains; & vous, Gaulois, préparez-vous au combat. Aussitôt il les chasse de Rome, il les défait une seconde fois, & il n'en échappe pas un seul. Il est étonnant que Tite Live ait raconté sérieusement une victoire, si dénuée de vraisemblance. Polybe n'en parle pas.

CHAPITRE XIII.

Jusqu'à l'abolissement du tribunat militaire : époque où le consulat devient commun aux deux ordres de la république.

LES tribuns proposerent de transporter à Véïes le sénat & le peuple. En effet, il paroissoit assez raisonnable de préférer une ville bâtie à une ville ruinée. Mais il sembloit que la religion ne permettroit pas d'abandonner le Capitole. Ce motif décida le peuple, & Rome fut rebâtie en moins d'un an. Il y a lieu de présumer qu'en changeant de lieu, les Romains auroient changé de maximes : il est au moins certain que dans des murs étrangers, l'amour de la patrie n'auroit pas été le même que dans les murs où ils étoient nés, & où avoient vécu leurs peres.

Rome est rebâtie.

Av. J. C. 390 de Rome 364.

Depuis la fondation de Rome jusqu'à la prise de cette ville par les Gaulois, l'histoire romaine est fort incertaine ; soit parce que dans les premiers siecles on écrivoit peu, soit parce que les écrits qu'on avoit conservés, ont été con-

Incertitude des premiers siecles de l'histoire romaine.

sumés, pour la plûpart, dans l'incendie de Rome. Le premier soin des magistrats fut de faire une recherche de ce qui avoit échappé aux flammes.

Av. J. C. 389 de Rome 365.

Camille triomphe des ennemis.

Avant que Rome eût pu réparer ses pertes, les Eques, les Volsques & les Etrusques se hâterent de prendre les armes, se flattant de vaincre les Romains, parce que les Gaulois les avoient vaincus. Les Latins & les Herniques, depuis si long-temps alliés de la république, se joignirent à eux. Camille, créé dictateur pour la troisieme fois, triomphe des uns & des autres. Ce général, pendant quatre ans, fut presque seul à la tête des armées, & eut toujours les mêmes succès.

Av. J. C. 385 de Rome 369.

Manlius se met à la tête du peuple.

La gloire dont il se couvroit, excita la jalousie de M. Manlius, surnommé Capitolinus, parce qu'il avoit sauvé le Capitole. C'étoit un consulaire distingué parmi les patriciens. Assez considéré par lui-même pour pouvoir obscurcir la réputation d'un homme dant il étoit jaloux, il déprimoit Camille dans tous ses discours. Mais son ressentiment retomboit principalement sur les sénateurs, qui, à son gré, ne rendoient justice ni à ses talents ni à ses services Déterminé à se venger, il résolut de soulever le peuple, & de changer le gouvernement.

Les malheurs publics avoient augmenté la misere & les vexations. Les pauvres, à qui il ne restoit que des maisons ruinées, des champs dévastés & des dettes, se voyoient sans ressources, exposés à la dureté des créanciers, arrêtés, traînés en prison; les loix encore étoient contre eux. Manlius parut seul occupé de leur soulagement. N'aurai-je donc sauvé le Capitole, disoit-il, que pour voir charger de fers mes concitoyens? Il payoit leurs dettes; pour les acquiter il mettoit ses terres en vente; & il déclaroit que tant qu'il auroit quelque chose, il ne souffriroit point de pareilles oppressions.

Par cette conduite, il s'attachoit les citoyens obérés, qui le regardoient comme leur libérateur. Ils l'escortoient, ils excitoient des tumultes; prêts à tout oser sous un chef qui les avoit soustraits à la domination des Gaulois, & qui paroissoit les devoir soustraire à la tyrannie des patriciens.

Plus Manlius se croyoit assuré de la multitude, plus il se déclaroit ouvertement contre le premier ordre. Il assuroit qu'on avoit trouvé, dans le camp de Brennus, plus d'or qu'il n'en falloit pour payer toutes les dettes du peuple: il parloit de forcer les sénateurs à le restituer, & il promettoit un nouveau partage des terres. On ne parloit plus à Rome que de l'or des Gaulois: on juroit de le retirer des mains des sénateurs: on demandoit où il étoit caché: & Manlius faisoit entendre qu'il le diroit, quand il en seroit temps.

On crée un dictateur.

Dans de pareilles circonstances un dictateur pouvoit seul contenir le peuple. C'étoit un magistrat auquel on obéissoit sans oser demander pourquoi on devoit lui obéir. Comme on le voyoit rarement à la tête de la république, sa présence en imposoit; & son autorité continuoit d'être absolue, parce qu'on étoit encore accoutumé à la respecter. Le sénat résolut donc de créer un dictateur. Mais parce qu'il ne vouloit pas qu'on le soupçonnât de craindre Manlius, il prit pour prétexte une nouvelle guerre des Volsques: peuple qui, tant de fois défait, reparoissoit toujours avec de nouvelles forces; ce qui étonne Tite-Live.

A. Cornelius Cossus, créé dictateur, nomma général de la cavalerie T. Quintius Capitolinus. Quoique sa présence parût nécessaire à Rome, il se hâta de marcher à la tête des légions, soit qu'il voulût confirmer que c'étoit-là l'objet de sa dictature, soit que les progrès des ennemis ne permissent pas de différer.

Quatre ans auparavant, Camille, qui avoit subjugué les Volsques, paroissoit avoir achevé la ruine de cette nation, qui depuis soixante-dix ans armoit continuellement contre Rome. Cependant l'armée que combattit Cornelius, n'en fut pas moins grande. Il la défit; & les Volsques armeront encore.

Le dictateur envoie Man-

Les troubles, qu'excitoit Manlius, rappelerent bientôt à Rome le dictateur. On tint les comices où Cornélius, à la tête du sénat, & Manlius à la tête du peuple, parurent comme deux chefs prêts à en venir aux mains. Mais la multitude craint, quand on ne la redoute pas.

lius en prison.

Le dictateur somma Manlius de nommer ceux qu'il accusoit d'avoir détourné l'or des Gaulois, & de dire dans quels lieux ils le tenoient caché. Il ne l'interrogea que sur ce seul fait, parce que toute autre discussion eût été longue & difficile à éclaircir. Manlius tenta d'éluder la question. Le dictateur l'y ramena; & sur les refus qu'il fit de donner une réponse précise, il ordonna qu'on le menât en prison, comme séditieux & calomniateur. Manlius montroit le Capitole qu'il avoit sauvé, il invoquoit les dieux, il conjuroit le peuple: mais personne n'osa remuer, & les ordres du dictateur furent exécutés.

Mécontentement du peuple.

Le peuple cependant ne cacha pas sa douleur. On prit des habits de deuil, comme dans une calamité. Lorsque Cornélius triompha, on dit qu'il ne triomphoit pas des Volsques, mais d'un citoyen; & parce que les captifs étoient le principal ornement de cette pompe, on ajoutoit que Manlius manquoit au char du dictateur.

Plus hardis, après que Cornélius eut abdiqué, les plébéiens se reprochoient leur foiblesse. C'est le peuple, disoient-ils, qui met lui-même dans les fers Manlius Capitolinus. Coupable de la mort de Sp. Caſſius & de celle de Sp. Métius, il retrouve un nouveau protecteur, & il le livre encore à ſes ennemis. Faut-il donc que ſa faveur précipite ceux qu'elle éleve? & refuſera-t-il toujours ſon ſecours aux défenſeurs de la liberté publique ?

Av. J. C. 384 de Rome 370.

A ces diſcours le peuple s'ameutoit, & paroiſſoit réſolu de forcer les priſons. Le ſénat crut l'appaiſer, en relâchant Manlius : mais il donna un chef aux ſéditieux. Manlius ſe montra avec d'autant plus d'audace, que la timidité du ſénat paroiſſoit l'aſſurer des diſpoſitions du peuple.

Le ſénat rend la liberté à Manlius.

Manlius tente de ſoulever le peuple.

Le peuple, quoique toujours mécontent, ignoroit ſes forces, ou n'oſoit en faire uſage. C'étoit le ſujet des reproches de Manlius. Craindrez-vous toujours, diſoit-il, des tyrans qui ſont faits pour vous craindre ? ou comptez-vous flechir par des plaintes des hommes avides, qui ont pour maxime de vous tenir dans la miſere? non : il faut prendre les armes : vous me verrez à votre tête : je ne veux d'autorité que pour vous ſervir. Je ferai un nouveau partage des terres, j'abolirai les dettes, j'anéantirai le conſulat, la dictature, & j'établirai une égalité parfaite entre tous les citoyens.

On l'accuſe d'aſpirer à la tyrannie.

Le ſénat donna un décret, qui ordonnoit aux tribuns militaires de veiller à ce que la république ne reçût aucun dommage. C'étoit la formule dont il se servoit, lorsque l'état paroissoit en danger. Il étoit embarrassé sur le choix des moyens propres à prévenir les troubles, lorsque les tribuns, jaloux de la faveur de Manlius auprès du peuple, ouvrirent un avis qui entraîna tous les suffrages. Il fut arrêté qu'on accuseroit Manlius d'aspirer à la tyrannie, & que cette accusation seroit faite par les tribuns, ce qui suffiroit pour le rendre suspect. On ne doutoit pas que ce soupçon ne le rendît odieux, & que le peuple, en devenant son juge, ne cessât d'être son protecteur.

Il est condamné à mort

Les comices se tinrent dans le champ de Mars, d'où l'on voyoit le Capitole. A cette vue, quelque coupable que Manlius pût être, le peuple ne pouvoit prendre sur lui de le condamner. Les tribuns, qui remarquerent cette disposition des esprits, rompirent l'assemblée, & la convoquerent quelques jours après, dans un lieu d'où le même objet ne frappoit plus les yeux. Manlius fut condamné à être précipité du haut de la roche Tarpéienne.

Av. J. C. 384 de Rome 370.

Remords du peuple.

Le peuple se reprocha bientôt ce jugement. Il regretta Manlius. La peste qui survint, & qui dura l'année suivante, lui donna de nouveaux remords. Il crut que Jupiter le punissoit d'avoir fait périr le citoyen, qui avoit sauvé son temple. Cependant la république fut sans dissentions pendant trois ans, parce qu'elle eut la guerre avec les Volsques & avec les colonies de Circée & de Vélitre.

Les tribuns déclament contre le sénat. Les guerres suspendent les dissentions.

Lorsque Rome fut prise par les Gaulois, un nouveau censeur avoit été substitué à un censeur, mort l'année précédente, & on s'imagina que cette substitution étoit la cause du malheur arrivé pendant ce lustre. En conséquence, on arrêta, que, lorsqu'un des deux censeurs mourroit, celui qui survivroit seroit obligé d'abdiquer, & qu'il ne pourroit pas se subroger un collegue. Ce cas étant arrivé, on élut deux nouveaux censeurs. Mais comme ils abdiquerent presque aussitôt, parce qu'on trouva quelque vice dans leur élection; le sénat jugea que les dieux ne vouloient pas qu'il y eût de censure pour cette année, & il déclara qu'il n'y en auroit point.

Av. J. C. 380 de Rome 374.

Les tribuns, saisissant cette occasion de déclamer contre le sénat, l'accuserent de ne chercher qu'un prétexte pour empêcher le cens. Les sénateurs, selon eux, n'avoient d'autre dessein que de cacher les richesses, qu'ils avoient acquises par des usures. Ils craignoient que les censeurs ne missent dans un trop grand jour la misere des citoyens, qui avoient été dans la nécessité de faire des dettes; & ils ne suscitoient continuellement des guerres, que parce qu'ils haïssoient la paix, qui permettoit au peuple de s'occuper de ses intérêts, & aux tribuns de faire entendre leurs voix dans les

comices.

comices. Une armée de Prénestins qui s'avança jusqu'aux portes de Rome, fit cesser ces dissentions. Le peuple demanda des armes. T. Quintius Cincinnatus, nommé dictateur, défit les ennemis. En vingt jours, il conquit neuf villes, triompha & abdiqua.

Av. J. C. 379 de Rome 375.

L'année suivante, trois tribuns militaires du second ordre furent défaits par les Volsques, qui ne profiterent pas de la victoire. Le sénat se consola de cet échec, parce que les tribuns militaires eurent assez de crédit pour maintenir la tranquillité au dedans.

Av. J. C. 378 de Rome 376.

Aussitôt qu'ils furent sortis de charge, les troubles recommencerent, & on fut obligé de nommer des censeurs, pour prendre connoissance des dettes, qui en étoient la cause. Mais la guerre ne permit pas de faire le cens. Il fallut armer contre les Volsques, qui avoient fait une nouvelle irruption. Leur pays fut mis à feu & à sang. Cependant la guerre ne finit pas avec la campagne. Les Volsques la continuerent, & les Latins se joignirent à eux. Dans cette circonstance, les censeurs, bien loin de soulager le peuple, mirent un nouvel impôt.

Av. J. C. 377 de Rome 377.

Misere & découragement des plébéiens.

La campagne fut encore heureuse. Elle le fut, sur-tout, pour le sénat qui crut en recueillir tout le fruit. La misere, causée par les impôts & par les usures, avoit répandu un si grand découragement, que le peuple sembloit se faire une nécessité de souffrir. Les principaux plébéiens, las de combattre toujours sans vaincre, paroissoient avoir renoncé à toute ambition. Non seulement ils n'aspiroient pas au tribunat militaire, ils ne se mettoient pas même sur les rangs pour être tribuns du peuple. On eût dit enfin que toute l'autorité étoit passée au sénat, lorsqu'une petite jalousie changea la face des choses.

Fabius, Licinius & Sextius se concertent pour ouvrir le consulat aux plébéiens.

Av. J. C. 377. [illegible] 377.

M. Fabius Ambustus, pere des trois Fabius dont nous avons parlé, avoit donné sa fille cadette à C. Licinius Stolo, riche plébéien, & son aînée à Ser. Sulpicius, patricien, alors tribun militaire. Un jour que les deux sœurs causoient ensemble chez Sulpicius, ce magistrat rentra, précédé d'un licteur qui frappa, suivant l'usage, à la porte, avec le bâton des faisceaux. Surprise par ce bruit, la jeune Fabia parut effrayée: sa sœur la rassura, mais avec un souris qui sembloit lui reprocher qu'elle n'étoit que la femme d'un plébéien. Elle se retira honteuse, le dépit & la jalousie dans l'ame.

Son chagrin parut devant son pere. Elle n'osoit cependant lui faire un aveu, qui n'étoit pas honnête pour son mari, & qui déceloit sa jalousie pour sa sœur. Fabius la devina: il l'aimoit. Résolu de sacrifier à la vanité de sa fille les intérêts des patriciens, il lui promit, qu'avant qu'il fût peu, elle verroit chez elle les mêmes honneurs, qu'elle voyoit dans la maison de son aînée.

Aussitôt il se concerte avec Licinius & avec L. Sextius, jeune plébéien, capable de former un projet hardi, & plus capable encore de le soutenir. Ils considerent que tout dépend de persuader au peuple, qu'il ne peut attendre de justice que de lui-même; qu'il doit, par conséquent, se saisir des grandes magistratures; & ils prennent la résolution de brusquer la chose, au premier moment favorable.

Loix proposées à cet effet par Sextius.

Il étoit d'abord nécessaire que Licinius & Sextius fussent tribuns du peuple, & ils le furent. Alors Sextius fit afficher trois loix: l'une, touchant les dettes, portoit qu'on déduiroit sur la somme principale, les intérêts que les débiteurs auroient déja payés; & que le reste seroit acquitté en trois années, & en trois payements égaux: l'autre, concernant les terres, défendoit que personne en pût posséder plus de cinq cents arpents, la troisieme abolissoit le tribunat militaire : rétablissoit le consulat, & ordonnoit que des deux consuls, l'un seroit toujours tiré du second ordre. Les deux tribuns se proposerent de lier ces trois loix, & de faire passer la troisieme, qui n'intéressoit que les principaux plébéiens, à la faveur des deux autres qui intéressoient le grand nombre.

Troubles.

L'ambition & l'avarice des patriciens s'élevoient contre ces innovations. Le sénat mit toute sa ressource dans le *veto* des collegues des deux tribuns. Il les gagna, & ils arrêterent tout par leur opposition. Sextius ne pouvoit lever cet obstacle, mais il ne se déconcerta pas. *Je le saurai prononcer*, dit-il aux sénateurs, *ce mot que vous entendez avec tant de plaisir; & j'empêcherai que le peuple ne s'assemble pour l'élection des tribuns militaires.* Il tint parole.

Il sut, ainsi que Licinius, se faire continuer pendant cinq ans dans le tribunat plébéien; & pendant cinq ans, ils s'opiniâtrerent l'un & l'autre à s'opposer à l'élection des premiers magistrats. Pendant tout cet intervalle, on ne tint les comices que pour élire les tribuns du peuple & les édiles, & la république fut sans tribuns militaires, comme sans consuls.

Une guerre les suspend.

Jamais Rome n'avoit été si agitée. Sans doute, les Volsques furent enfin hors d'état de profiter de ces divisions, puisqu'ils ne commirent aucune hostilité. Mais les habitants de Vélitre firent des courses sur les terres de la république, & formerent le siege de Tusculum, ville alliée des Romains. Les deux tribuns, voyant que cette insulte humilioit le peuple, comme le sénat, sentirent qu'ils s'exposeroient à l'indignation des deux ordres, s'ils ne levoient leur opposition. Ils la leverent, & on élut des tribuns militaires.

Une seule campagne ne termina pas la guerre. On défit les ennemis, on délivra Tusculum, & on assiégea Vélitre. Mais cette place n'ayant pas été prise par les généraux, qui avoient commencé le siege, il fallut souffrir qu'on élût de nouveaux tribuns militaires. Av. J C. 371 de Rome 383.

Cette nouvelle campagne, pendant laquelle il ne se passa rien de mémorable, fit à peine diversion aux troubles domestiques. Licinius & Sextius, continués dans le tribunat plébéien pour la huitieme année, avoient fait comprendre, dans l'élection des tribuns militaires, M. Fabius Ambustus qui appuyoit ouvertement toutes leurs propositions. De huit de leurs collegues qui s'y étoient opposés, ils en avoient gagné trois, & les cinq autres paroissoient s'y opposer foiblement, se bornant à représenter qu'une grande partie du peuple étant au siege de Vélitre, il falloit différer de porter les nouvelles loix, & attendre que le retour de l'armée permît à tous les citoyens de donner leurs suffrages. Conduite de Sextius. Av. J. C. 370 de Rome 384.

L'entreprise de Licinius & de Sextius souffroit donc de moindres difficultés, & ces deux tribuns n'en étoient que plus audacieux. Sextius, sur-tout, déclamoit hautement contre les principaux sénateurs. Il les apostrophoit: il les interrogeoit sur leurs biens, sur leurs dignités:

il leur reprochoit leurs vexations : leur demandoit si chacun d'eux ne pourroit pas vivre avec cinq cents arpents de terres. Enfin, au tableau de leurs richesses, qu'il exagéroit peut-être, il opposoit celui de la misere du peuple, qu'il ne pouvoit pas exagérer. S'adressant ensuite aux plébéiens, il leur déclaroit qu'ils ne seroient libres, que lorsqu'ils auroient part à tous les honneurs ; & qu'ils n'y auroient part que lorsque la loi ne permettroit pas de les décerner aux seuls patriciens. Il leur faisoit remarquer que depuis l'établissement du tribunat militaire jusqu'à P. Licinius Calvus, le premier plébéien qui eût obtenu cette magistrature, il s'étoit écoulé quarante-quatre ans ; & il concluoit qu'ils parviendroient difficilement au consulat, ou que même ils ne l'obtiendroient jamais, s'il n'étoit ordonné de prendre dans leur ordre l'un des deux consuls. Applaudi par la multitude, il fit encore une nouvelle proposition ; & le sénat ne voyoit plus quel terme ce tribun mettroit à ses entreprises.

Nouvelle loi qu'il propose.

Les livres des Sibylles étoient confiés à la garde de deux patriciens, qu'on nommoit duumvirs. Eux seuls avoient le droit de les consulter, & on pouvoit conjecturer qu'ils les interprétoient toujours conformément aux intérêts de leur ordre. Sextius demanda qu'on leur substituât des décemvirs, dont une moitié seroit prise parmi les patriciens, & l'autre parmi les plébéiens. Déterminé à faire passer ensemble toutes les loix qu'il proposoit, il attendoit le retour de l'armée, afin d'ôter tout prétexte à l'opposition de ses collegues.

Av. J. C. 369 de Rome 385.

Sextius & Licinius veulent faire passer leurs loix malgré les oppositions de leurs collegues.

Ayant repris cette affaire l'année suivante, sous de nouveaux tribuns militaires, les tribuns du peuple, qui persistoient dans leur opposition paroissoient devoir l'arrêter, mais Licinius & Sextius, continués dans leur magistrature, convoquerent les tribus, déclarant qu'ils n'auroient aucun égard au *veto* de leurs collegues.

Av. J. C. 368 de Rome 386.

Dans une conjoncture si critique, le sénat décerna la dictature à Camille: mais cette magistrature, devenue trop fréquente, commençoit à être moins respectée, & c'étoit la compromettre, que de la montrer dans une assemblée tumultueuse. En effet, plus on oppose d'obstacles aux deux tribuns, plus ils se roidissent. Si l'opposition de leurs collegues est contre eux, ils ont pour eux les réglements qu'ils proposent, & qui leur assurent la faveur du peuple. Déja ils prenoient les suffrages des tribus, & il sembloit que le dictateur ne fût present que pour être témoin des loix qu'ils alloient porter.

Cependant leur conduite n'étoit pas réguliere. Il paroissoit fort étrange que des tribuns ne respectassent pas dans leurs collegues le droit d'opposition, puisque ce droit constituoit seul l'essence de la puissance tribunicienne. Mais dans l'état de guerre où se trouvoient les deux ordres, les loix n'étoient plus écoutées; & la force donnoit aux plébéiens le droit de tout oser, & faisoit aux patriciens une obligation de se soumettre.

Dans cette circonstance, Camille prit le seul parti qu'il pouvoit prendre. Il se déclara le protecteur de la puissance tribunicienne contre les deux tribuns qui en violoient les droits. Cependant au mépris de la dictature même, Licinius & Sextius continuoient d'aller aux suffrages.

Alors Camille rompt l'assemblée. Il envoie les licteurs pour forcer le peuple à se retirer: il menace, si on lui désobéit, de lever les légions, & de conduire hors de la ville tous les citoyens en âge de porter les armes. Mais les deux tribuns le menacent lui-même de le mettre à l'amende, s'il entreprend quelque chose en qualité de dictateur. Le tumulte, qu'éleva cette étrange contestation, fit ce que l'autorité ne pouvoit faire: il empêcha de rien terminer, & le peuple se sépara. Cependant Licinius & Sextius n'en étoient que plus animés à poursuivre leur entreprise.

Content d'avoir, pour cette fois, rendu leurs efforts inutiles, Camille abdiqua la dictature, parce qu'on crut remarquer quelque défaut dans la maniere dont on avoit pris les auspices. Il y eut donc un interregne. Le sénat jugeant avoir besoin d'un dictateur, l'entre-roi nomma à cette dignité P. Manlius.

Ce nouveau magistrat choisit, pour général de la cavalerie, un plébéien, nommé C. Licinius, qu'il ne faut pas confondre avec le tribun. Par ce choix, qui étoit sans exemple, il déplut beaucoup au sénat; & ce fut envain qu'il crut se justifier sur ce que Licinius avoit été tribun militaire, & qu'il lui étoit allié.

Pourquoi ces deux tribuns suspendent leur entreprise.

Cependant les deux tribuns suspendirent leur entreprise, parce qu'ils eurent occasion de connoître que la multitude n'étoit pas également favorable à toutes les loix qu'ils proposoient. Si elle desiroit le partage des terres & l'extinction d'une partie des dettes, elle voyoit avec indifférence les tentatives qu'on faisoit pour enlever le consulat aux patriciens. Afin de lui donner d'autres dispositions, Licinius & Sextius feignirent de ne plus vouloir du tribunat où ils se maintenoient depuis neuf ans. Ils parurent las d'avoir toujours à lutter contre leurs collegues ou contre un dictateur. Ils se plaignoient de l'ingratitude du peuple, qui vouloit laisser vieillir sans honneurs les tribuns qui lui auroient donné des champs, & qui auroient brisé ses chaînes: & ils déclaroient que si on vouloit encore d'eux, il falloit absolument se résoudre à porter toutes les loix qu'ils proposoient; & que si, au contraire, on étoit dans le dessein d'en rejeter une seule, on n'avoit qu'à prendre d'autres tribuns.

Les patriciens se défendoient à l'abri des auspices sous lesquels Rome avoit été fondée, & sous lesquels elle avoit de tout temps fait la guerre & la paix. Or, c'étoit à eux seuls qu'appartenoient ces gages de la protection des dieux. Selon eux, il ne pouvoit plus y avoir d'auspices sous des consuls plébéiens, & par conséquent, cette innovation devoit être le renversement de la religion même. Ils raisonnoient sur le consulat commun aux deux ordres, comme ils avoient raisonné sur les alliances de leurs familles avec les familles plébéiennes. Cependant leurs raisonnements étoient encore plus mauvais: car il étoit aisé de leur répondre, que les plébéiens pouvoient participer aux auspices, comme consuls, puisqu'ils y avoient participé comme tribuns militaires. Quelque superstitieux que fût le peuple, l'espérance d'obtenir des terres & une diminution des dettes, prévalut sur les motifs de religion. Pour s'assurer les loix qu'il desiroit, il résolut de passer toutes celles qui avoient été proposées, & il continua dans le tribunat Sextius & Licinius.

Ils font passer une de leurs loix.

Les tribuns reprirent aussitôt la loi qui devoit substituer des décemvirs aux duumvirs. Elle passa, & les livres des Sibylles furent confiés à dix citoyens, cinq de chaque ordre. Le peuple, content de ce succès qui le faisoit participer au sacerdoce, & qui paroissoit lui promettre d'autres avantages, consentit qu'on élût encore pour une fois des tribuns militaires.

Av. J. C. 367 de Rome 387

Le siege de Vélitre duroit encore : mais on prévoyoit que cette place ne tarderoit pas à se rendre. Une guerre, plus faite pour alarmer, suspendit les dissentions. On apprit que les Gaulois avançoient à grandes journées. Cette nouvelle réunit tous les citoyens sous les ordres de Camille, nommé dictateur pour la cinquieme fois, à l'âge de quatre-vingts ans. Ce général vainquit les Gaulois. Vélitre se rendit bientôt après, & les dissentions recommencerent.

Irruption des Gaulois.

Concorde rétablie entre les deux ordres.

Camille qui vouloit abdiquer la dictature, la conserva pour ne pas se refuser aux instances des sénateurs. Mais comme cette magistrature étoit moins respectée depuis quelque temps, il crut devoir se borner à n'être que médiateur entre le sénat & le peuple. Les tribuns ayant donc aboli le tribunat militaire, & arrêté qu'à l'avenir un des deux consuls seroit pris dans le second ordre, Camille proposa de créer un nouveau magistrat pour l'administration de la justice, parce qu'en effet, les guerres ne permettoient pas aux consuls d'y vaquer avec assez de soin. Cette proposition fut acceptée. Alors il invita le sénat, qui refusoit de ratifier la loi portée par les tribuns, à céder au peuple une des deux places du consulat; & il exhorta le peuple à céder aux patriciens la nouvelle magistrature. Ces conditions, acceptées de part & d'autre, rétablirent la paix entre les deux ordres; & en mémoire de cet événement, Camille jeta les fondements du temple de la Concorde.

Edilité curule.

Les édiles ayant refusé de faire célébrer les grands jeux, que le dictateur avoit voués, de jeunes patriciens offrirent de s'en charger. Le sénat, qui les agréa, créa à cette occasion une nouvelle édilité qu'il réserva pour le premier ordre, & qu'on nomma majeure ou curule, pour la distinguer de l'édilité plébéienne. La chaire curule, qu'on accorda aux édiles patriciens, étoit une des marques distinctives des consuls, des censeurs & du dictateur. Ils avoient droit de l'avoir aux spectacles, aux assemblées du peuple, & ils la pouvoient faire porter par-tout où ils alloient.

La préture.

On nomma préteur le nouveau magistrat chargé de l'administration de la justice. On lui accorda la robe prétexte, bordée de pourpre, la chaire curule & six licteurs. Comme cette magistrature étoit un démembrement du consulat, le préteur, en l'absence des consuls, en faisoit toutes les fonctions. Sp. Furius, fils de Camille, a été le premier préteur; & L Sextius a été le premier consul plébéien. Licinius l quelque temps après.

L'ambition des principaux plébeiens satisfaite, & on avoit dédommagé les patric Il restoit à contenter la multitude. C'est à on pourvut par la loi qui concernoit les t de conquête. Elle fut reçue, & on nomma commissaires pour la faire exécuter. Cette appellée Licinia de Licinius Stolo, po qu'aucun citoyen, sous quelque prétexte ce fût, ne pourroit posséder à l'avenir pl cinq cents arpents ; & qu'on distribueroit g tement, ou qu'on affermeroit à vil prix le plus à de pauvres citoyens.

CHAPITRE XIV.

Jusqu'à la création de quatre nouveaux prêtres & de cinq nouveaux augures: époque où les plébéiens sont parvenus à tous les honneurs.

Plaintes & prétentions des tribuns.

LA concorde n'étoit pas si bien rétablie, qu'il ne restât des semences de division. A la vérité, ce n'étoient encore que des murmures: mais enfin les tribuns se plaignoient, que pour un consul accordé aux plébéiens, on eût créé pour les patriciens deux nouvelles magistratures. Selon eux, on n'auroit pas dû leur abandonner la préture, qui les rendoit maîtres de l'administration de la justice, & l'édilité curule qui anéantissoit toute l'autorité des édiles plébéiens. Ils appelloient, en quelque sorte, de tout ce qui avoit été fait; & ils demandoient que, sans distinction de naissance, on choisît indifféremment dans les deux ordres, pour remplir toutes les dignités, tant civiles que sacerdotales.

Av. J. C. 366 de Rome 388.

Mais la peste, qui commença sous le consulat de L. Sextius, & qui faisoit des progrès, donna d'autres soins. On ne fut occupé que des moyens d'arrêter ce fléau. Après avoir essayé sans succès d'un lectisternium, on eut recours à une autre superstition, qui, étant nouvelle, en mérita mieux la confiance.

Superstitions auxquelles la peste donne occasion.

Chez les peuples d'Italie, ainsi que chez les Grecs, les jeux faisoient partie du culte ; & en conséquence, ils paroissoient devoir appaiser la colere des dieux. D'après ce préjugé, les Romains, qui ne connoissoient encore que les combats du Cirque, s'imaginerent que des jeux nouveaux n'en seroient que plus propres à rendre les dieux favorables ; & ils firent venir d'Étrurie des histrions, qui dansoient au son de la flûte. Mais les histrions danserent, & la peste continua. C'est à cette époque que Tite-Live fait commencer les jeux Scéniques chez les Romains.

Enfin, des vieillards conseillerent de créer un dictateur, pour enfoncer solemnellement un clou dans la muraille du temple de Jupiter, du côté du temple de Minerve. Ils se souvenoient d'avoir oui dire, dans leur enfance, que cette cérémonie avoit produit des miracles. L. Manlius Impériosus, nommé dictateur, enfonça le clou. La peste qui duroit depuis deux ans, cessa, parce qu'elle devoit cesser ; & les Romains se crurent guéris d'une maladie contagieuse par une maladie plus contagieuse encore.

La superstition de ce clou venoit d'un usage, qui s'étoit introduit dans les siecles où il étoit rare de savoir écrire. C'étoit d'abord pour marquer le nombre des années, que les Romains, à l'exemple des Étrusques, enfonçoient tous les ans un clou dans les murs d'un temple. Lorsque, dans la suite, ils furent moins ignorants, ils négligerent, sans doute, cette cérémonie; & ils ne s'en seroient peut-être jamais souvenus, si elle n'eût pas dégénéré en superstition. Au reste, il n'appartenoit qu'aux premiers magistrats d'enfoncer ce clou sacré.

Av. J. C. 362 de Rome 392.

M. Curtius.

La peste avoit cessé depuis un an, lorsqu'il s'ouvrit, au milieu de la place, un abyme qui ne put être comblé. Les augures ayant déclaré qu'il ne se refermeroit, qu'après qu'on y auroit jeté ce que Rome avoit de plus précieux, M. Curtius, jeune patricien, convaincu que les Romains n'avoient rien dont le prix ne cédât à celui du courage & des armes, se précipita tout armé dans le gouffre qui se referma aussitôt. Cette fable, que Tite-Live ne croit pas, mérite d'être conservée dans l'histoire d'un peuple superstitieux & crédule.

Les Romains ne savent encore que combattre & vaincre.

Les Romains avoient triomphé bien des fois des peuples qui habitoient le Latium, & de ceux qui en étoient voisins. Mais pour les avoir vaincus, ils ne les avoient pas subjugués; & on voit que s'ils ont su vaincre de bonne heure, ils ont été long-temps avant de savoir assurer leur domination. Ils ne l'assureront même, que parce qu'ils extermineront les nations, les unes après les autres : ils domineront sur les pays, plutôt que ſur les peuples, & quand ils auront conquis l'Italie, les campagnes ne ſeront preſque plus cultivées que par leurs eſclaves, qui auront pris la place des anciens habitants.

Juſqu'à préſent, ils n'ont ſu que combattre & vaincre. Ils étoient ſi peu politiques, que quoiqu'ils euſſent des ennemis à leurs portes, ils ne ſavoient pas ménager leurs alliés. Ils ſe hâterent d'appeſantir le joug ſur les Latins & ſur les Herniques, qui étoient dans leur alliance depuis près de cent ans, & ils les ſouleverent.

Av. J. C. 362. de Rome 392.

Guerre avec les Herniques.

Les Herniques, qui armerent les premiers, ouvrirent la campagne par une victoire. Les Romains tomberent dans une embuſcade, où le conſul Génucius perdit la vie. C'étoit le premier plébéien, qui commandoit les armées.

Jamais les deux ordres n'avoient attendu un événement avec tant d'inquiétude. Le ſénat triomphoit de la conſternation du peuple. *Les dieux*, s'écrioit-il, *ont vengé leurs auſpices profanés. Que les tribuns oſent déſormais propoſer d'élever des plébéiens au conſulat !* Cependant C. Licinius Calvus fut conſul l'année ſuivante. Mais il ne commanda pas. Ap. Claudius, nommé dictateur, marcha contre les Herniques, qui avoient raſſemblé toutes leurs forces, & armé, ſans diſtinction d'âge, tout ce qui pouvoit encore porter les armes. Le combat fut opiniâtre, & la victoire coûta cher aux Romains. Après l'abdication de Claudius, les consuls continuoient cette guerre, lorsque les Gaulois vinrent camper à trois milles de Rome. On nomma dictateur T. Quintius Pennus.

avec les Gaulois.

Av. J. C. 361 de Rome 391.

Le Téveron séparoit les deux armées, qui étoient l'une & l'autre en face du pont, & qui se livroient des combats fréquents pour se saisir de ce poste. Un Gaulois d'une taille extraordinaire s'avança seul sur le pont, & défiant les Romains: que le plus brave, dit-il, se présente, & qu'on juge aux coups que nous nous porterons, laquelle des deux nations est plus guerriere. Les combats singuliers devoient être du goût d'un peuple, qui se regardoit comme le plus courageux, & qui ne connoissoit que le métier des armes.

Les Romains écoutoient en silence, lorsque T. Manlius demanda au dictateur la permission de combattre. Je ferai voir, dit-il, que je suis d'une famille, dont le chef précipita ces barbares du haut du Capitole. En effet, il étendit à ses pieds le Gaulois. On lui donna le surnom de Torquatus d'un collier qu'il prit à ce barbare. Ce combat parut aux Gaulois d'un si mauvais augure pour eux, qu'ils décamperent la nuit suivante avec précipitation. Ils se retirerent d'abord chez les Tiburtins qui leur fournirent des vivres, & avec qui ils firent alliance. Ils passerent ensuite dans la Campanie. Ils revinrent l'année suivante au secours des Tiburtins

Av. J. C. 360 de Rome 394.

leurs alliés, & ils se montrerent jusques sous les murs de Rome. La république, qui se croyoit toujours en danger quand elle avoit la guerre avec eux, nomme dictateur Q. Servilius Ahala. Les Romains combattirent à la vue de leurs femmes & de leurs enfants. La perte fut grande de part & d'autre, & les Gaulois se retirerent à Tibur.

Jusqu'ici j'ai souvent négligé de parler des courses des Romains, parce que les victoires contribuoient rarement à leur agrandissement. Comme ils vont faire des conquêtes, je serai obligé, pour en marquer les progrès, de parler désormais plus souvent de leurs guerres. Je ne me propose pas néanmoins d'entrer à ce sujet dans de grands détails. Je ne dirai que ce qu'il faut pour montrer comment ils s'agrandissent de proche en proche.

Av. J. C. 358 de Rome 396.

La guerre avec les Herniques continuoit, & les Tarquiniens en commençoient une nouvelle. Heureusement les Latins, qui depuis long-temps menaçoient de prendre les armes, demanderent la paix. Ils renouvellerent leur alliance avec la république, & ils lui donnerent des secours. Ce retour, auquel elle ne s'étoit pas attendue, la mit en état de repousser une nouvelle armée de Gaulois, dont le dictateur C. Sulpicius triompha.

Loix contre les brigues &

La même année, le peuple porta une loi pour réprimer les brigues des plébéiens, qui aspi-

contre les usures.

roient au consulat par toutes sortes de voies. Les tribuns la proposerent eux-mêmes avec l'approbation du sénat. Ils sentirent, sans doute, qu'elle intéressoit le second ordre autant que la république.

Av. J. C. 357 de Rome 397.

Une autre loi qu'on porta sous le consulat suivant, réduisit l'intérêt de l'argent, & mit un frein aux usures, qui, dans une ville sans commerce, sont d'autant plus pernicieuses, qu'elles paroissent y devoir être plus arbitraires qu'ailleurs. On remarque encore qu'on tenoit la main à l'exécution de la loi Licinia. Son auteur même, C. Licinius, fut condamné à l'amende pour l'avoir éludée. Ayant mille arpents de terres, il avoit émancipé son fils, afin de les partager avec lui. On regarda cette émancipation, comme faite en fraude de la loi.

Av. J. C. 356 de Rome 398.

Un plébéien dictateur pendant la guerre contre les Etrusques.

La guerre avec les Tarquiniens ayant fait prendre les armes à une partie de l'Étrurie, le sénat ordonna de nommer un dictateur. Il semble que depuis qu'un des deux consuls étoit tiré du second ordre, le sénat ne cherchoit qu'un prétexte pour leur ôter le commandement. Mais ce fut un plébéien, C. Marcius Rutilus, à qui la dictature fut conférée, & il choisit pour général de la cavalerie un autre plébéien, C. Plautius.

Depuis que l'un des deux consuls étoit plébéien, il étoit facile de prévoir que les plébéiens parviendroient à la dictature, puisque les consuls nommoient le dictateur. Cependant le sénat aussi indigné que s'il ne l'eût pas prévu, désapprouva hautement le choix qui avoit été fait. Il tenta même d'empêcher les légions de marcher sous les ordres de Marcius. Mais le peuple n'en montra que plus d'empressement. Le dictateur tailla en pieces l'armée ennemie, fit huit prisonniers, & mille triompha malgré le sénat.

Les plébéiens avoient déja obtenu l'édilité curule.

Les plébéiens ont donc obtenu la premiere magistrature. Il paroît qu'ils étoient déja parvenus à l'édilité curule. Il ne leur manque plus que d'obtenir la censure, la préture & le sacerdoce.

Le sénat tente de les exclure du consulat.

Le sénat, jaloux de leur élévation, tenta de les exclure du consulat. Comme il lui importoit, pour faire réussir ce projet, que ni le consul plébéien ni le dictateur ne présidât aux comices, il en retarda la convocation sous divers prétextes, de sorte qu'elle fut renvoyée à un interregne. Alors maître de l'assemblée, parce que l'entre-roi, qui en étoit le président, & qu'il avoit choisi lui-même, entroit dans ses vues, il fit tomber les suffrages sur deux patriciens. Les deux nouveaux consuls, jaloux de conserver le consulat dans leur ordre, prirent encore à cet effet toutes les mesures nécessaires, & ils eurent le même succès. Il en fut de même de leurs successeurs.

Les tribuns défendent les droits du peuple.

Cette politique avoit un terme. Le sénat néanmoins parloit déja de ne ne plus partager le consulat avec le peuple. Mais les tribuns déclarerent qu'ils s'opposeroient à la convocation des comices, si on ne les tenoit pas pour élire un consul plébéien. Les rétardements qu'apporta cette contestation, renvoyerent l'élection sous un interregne, pendant lequel les dissentions continuerent jusqu'au onzieme entre-roi (a). Comme alors le peuple renouvelloit ses anciennes plaintes sur les usures, le sénat céda, & les comices élurent P. Valérius Publicola & C. Marcius Rutilus.

Av. J. C. 352 de Rome 402.

On assoupit les querelles au sujet des dettes.

Lorsque Sextius & Licinius eurent obtenu ce qu'ils demandoient pour eux, ils oublierent tout-à-fait la loi concernant les dettes. Leurs successeurs dans le tribunat n'y penserent pas davantage, & ce fut le mécontentement du peuple à cet égard dont le sénat profita, pour exclure de trois consulats les plébéiens qui briguoient cette magistrature. Les nouveaux consuls, se proposant d'assoupir au moins les querelles qui s'élevoient continuellement entre les débiteurs & les créanciers, nommerent cinq commissaires pour prendre connoissance des

(*) Les entrerois gouvernoient chacun cinq jours, comme ceux qui s'étoient saisis du gouvernement après la mort de Romulus.

dettes, & pour faire quelques réglements, à ce sujet. Quoiqu'il fût difficile de contenter un parti sans mécontenter l'autre, & que tout tempérament parût même devoir être désagréable aux deux, les commissaires se conduisirent avec tant de sagesse, qu'ils firent cesser les plaintes des débiteurs, sans donner lieu aux créanciers de se plaindre. La paix parut si bien rétablie entre les deux ordres, que dans les comices suivants, le sénat disposa, presque sans résistance, des deux places du consulat, & il fit élire deux patriciens.

Un plébéien élevé à la censure.

Av. J. C. 351 de Rome 403.

Cet avantage ne pouvoit être que passager. En effet, les comices qui se tinrent pour l'élection des censeurs, réveillerent la jalousie entre les deux ordres; & les plébéiens se dédommagerent du consulat qu'on leur avoit enlevé. C. Marcius Rutilus se présenta parmi les candidats qui briguoient la censure. Cette démarche, sans exemple de la part d'un plébéien, paroissoit faite à contre-temps sous le consulat de deux patriciens qui présidoient aux comices. Les consuls, en effet, lui donnerent l'exclusion : mais la considération dont il jouissoit, l'appelloit à tous les honneurs, & le peuple l'élut.

Afin de se rendre maître des comices, le sénat nomme un dictateur pour y présider.

Pour exclure du consulat les plébéiens, le sénat imagina de faire présider aux comices un dictateur, créé uniquement à cet effet. Cependant L. Cornélius Scipio, patricien, eut pour collegue un plébéien, M. Popilius Lénas. Il y

Av. J. C. 350 de Rome 404.

avoit déja, dans le peuple, des hommes, à qui les honneurs & les services commençoient à tenir lieu de naissance. Tel étoit, entre autres, Popilius. Il avoit été deux fois consul; & c'est même lui qui avoit nommé dictateur Marcius Rutilus. Dans ce troisieme consulat, il vainquit les Gaulois, & il en triompha, lorsqu'un dictateur venoit de faire élire deux consuls patriciens. Le peuple applaudit au triomphe, & murmura contre le sénat.

Av. J. C. 349 de Rome 405.

Sous les deux consuls patriciens, des pirates grecs infesterent les côtes, les Gaulois firent encore des irruptions, & les Latins refuserent leurs secours à la république.

Les Gaulois, qui sont encore défaits, cessent leurs hostilités.

Il ne se passa rien de mémorable entre les pirates grecs, qui n'avoient pas assez de forces pour hasarder une action sur terre, & les Romains qui n'avoient point encore de vaisseaux. Quant aux Gaulois, ils furent entiérement défaits. Le combat général fut précédé d'un combat singulier, dans lequel M. Valérius vainquit un Gaulois à la vue des deux camps. On a dit qu'un corbeau, perché sur son casque, combattit pour lui. Le surnom de Corvus qu'il a porté, a pu donner lieu à cette fable. Ce même Valérius fut consul l'année suivante, & eut pour collegue M. Popilius Lénas.

Av. J. C. 348 de Rome 406.

Les Gaulois cesserent enfin leurs hostilités, & les plébéiens, qui avoient un consul de leur ordre, n'éleverent aucune querelle. Mais la tranquillité fut troublée par une peste, pour laquelle on ordonna un lectisternium.

Alliance avec les Carthaginois.

Sous ce consulat, les Carthaginois renouvellerent avec la république l'alliance qu'ils avoient déja faite, lors de l'expulsion des rois. Quelques années après, commença la guerre contre les Samnites : longue guerre qui conduisit les Romains à la conquête de l'Italie.

Origine de la guerre avec les Samnites.

Les Samnites occupoient le pays qu'on nomme aujourd'hui l'Abruzze. Hors d'état par leur situation de s'adonner au commerce, ils n'étoient que soldats, ainsi que les Romains : comme eux, endurcis aux fatigues, accoutumés à une discipline sévere, ils avoient encore le même courage. Auparavant, séparées par le Latium, ces deux nations n'avoient pas eu occasion d'armer l'une contre l'autre : elles s'étoient même liées par des traités. Mais lorsque les Éques, les Herniques, les Latins & les Volsques eurent été subjugués, c'est-à-dire, lorsque ces peuples, après les pertes qu'ils avoient faites, se trouverent sans forces, & se virent réduits à la nécessité de se soumettre à la république, comme alliés ou comme sujets ; alors les Romains, devenus les voisins des Samnites, en devinrent les ennemis. Capoue fut l'occasion de la guerre.

Les Campaniens demandent des se-

La Campanie, dont cette ville étoit la capitale, est un des plus beaux & des plus fertiles pays de l'Italie. Riche par son sol, cette pro-

cours à la république.

vince s'enrichissoit encore par le commerce; & Capoue étoit alors dans son état florissant, c'est-à-dire, dans cet état d'opulence, où les citoyens jugent de leur puissance par leur luxe.

Un peuple opulent invite à le conquérir, & offre une conquête facile. Malheur à lui, s'il a pour voisins des peuples pauvres & guerriers. Les Samnites ne pouvoient donc manquer de porter leurs armes dans la Campanie. Les Campaniens hâterent ce moment, en armant pour les Sidicins, qui étoient prêts à tomber sous la domination des Samnites. Ils furent défaits. Dès la premiere campagne, forcés à se renfermer dans leurs murs, ils n'eurent plus de ressource que dans les secours qu'ils demanderent aux Romains.

Le sénat, touché de leur situation, répondit à leurs députés qu'il accepteroit volontiers leur alliance; mais qu'il ne pouvoit, sans offenser les dieux, violer les engagements qu'il avoit avec les Samnites. Il refusa donc de prendre les armes, & il offrit seulement d'intercéder pour eux auprès de ses anciens alliés & amis.

Si vous ne voulez pas prendre notre défense, repliquerent les députés de Capoue, *prenez donc la vôtre, & défendez vos biens : car nous nous donnons à vous, nous, nos champs, nos villes, nos dieux, tout ce que nous possédons; & de ce jour, c'est contre vos sujets que les Sam-*

nites sont armés. Les Campaniens, qui n'avoient que le choix d'un maître, choisissoient le plus éloigné.

Le sénat ayant accepté la donation de Capoue, envoya des ambassadeurs aux Samnites pour leur signifier, que cette ville appartenoit au peuple romain, & leur enjoindre, en conséquence de leur alliance & amitié, de retirer leurs troupes de dessus les terres de la république. La réponse des Samnites fut telle qu'on avoit dû l'attendre. Ils regarderent la donation acceptée par les Romains, comme une infraction aux traités. Il leur parut étrange que le sénat réclamât une alliance & une amitié, dont il brisoit lui-même les liens; & indignés qu'il en prît encore le langage pour leur enlever leur conquête, ils ordonnerent à leur général, en présence même des ambassadeurs, de mettre la Campanie à feu & à sang. La république, conformément à un ancien usage qu'elle observoit encore quelquefois, déclara la guerre par ses féciales, & on s'y prépara de part & d'autre.

Les Romains declarent la guerre aux Samnites.

Dans la premiere campagne, sous le consulat de M. Valérius Corvus & de Cornélius Cossus, tous deux patriciens, les Samnites perdirent deux batailles sanglantes. Ils laisserent dans une seule trente mille hommes sur la place, & dans l'autre, dont on ne sait pas le nombre des morts, les Romains leur enleverent

Av. J. C. 343 de Rome 411.

Pertes de la part des Samnites. Ils font la paix.

quarante mille boucliers. L'année suivante leur pays, qu'ils n'oserent ou ne purent défendre, fut dévasté impunément ; & lorsque les Romains se préparoient à commencer une troisieme campagne, ils demanderent la paix, & ils renouvellerent leur alliance avec Rome.

Les Latins veulent forcer les Romains à partager l'empire avec eux.

On croiroit que les succès que les Romains venoient de remporter, auroient dû répandre la consternation parmi leurs anciens ennemis. Cependant les Privernates & les Volsques commirent de nouvelles hostilités ; & les Latins, qui, depuis long-temps, méditoient de secouer le joug, faisoient des préparatifs de guerre, sous prétexte de donner des secours aux Sidicins contre les Samnites.

Le sénat, averti de leurs desseins, donna ordre à leurs chefs de venir à Rome, & nommément aux deux préteurs qui gouvernoient la république des villes latines. Il feignit cependant de ne les appeller, que parce que les Samnites avoient porté des plaintes contre eux. Mais les Latins ne s'y méprirent pas, & ils n'en parurent pas intimidés. Ils avoient dans leur parti les Sidicins, les Campaniens mêmes, & plusieurs colonies romaines ; & se croyant des forces égales à celles des Romains, ils vouloient partager l'empire avec eux, ou rendre la liberté au Latium. C'est ce que L. Annius, l'un des deux préteurs, osa déclarer en plein sénat, demandant que désormais un des deux consuls fût toujours latin, & que les membres du sénat fussent pris en égal nombre dans les deux nations. Une pareille proposition ne pouvoit qu'être rejetée.

En s'engageant dans cette guerre, le sénat jugea devoir établir la discipline la plus sévere. Tout étoit commun entre les Romains & les Latins : la langue, les usages, les armes ; &, sur-tout, les institutions militaires, qui étoient absolument les mêmes chez les deux peuples. Cette considération parut demander dans les généraux une grande vigilance & une grande obéissance dans les troupes. Pour prévenir toute confusion entre les soldats romains & les soldats latins, qui avoient auparavant servi sous les mêmes drapeaux, il fut défendu de combattre hors de rang, sans en avoir obtenu la permission.

Vision de T. Manlius & de P. Décius Mus.

Av. J. C. 340 de Rome 414.

Les deux consuls, T. Manlius Torquatus & P. Décius Mus, conduisirent les légions dans la Campanie, où les Latins avoient rassemblé leurs forces. On prétend qu'ils avoient eu chacun la même vision. Un spectre, qui leur apparut pendant le sommeil, leur dit qu'il étoit dû aux dieux Manes, le général de l'un des deux peuples & l'armée de l'autre ; & que la victoire se déclareroit pour la nation, dont le général dévoueroit les légions ennemies en se dévouant lui-même. Manlius & Décius, s'étant communiqués leur songe, convinrent que si une des deux aîles de leur armée venoit à plier, le consul, qui la commanderoit, se dévoueroit pour la patrie. La réponse des aruspices, qu'ils consulterent, fut conforme à la vision qu'ils avoient eue, & les confirma dans leur résolution.

Av. J. C. 340 de Rome 414.

Manlius fait mourir son fils.

Les ennemis étoient campés auprès du mont Vésuve. T. Manlius, fils du consul, envoyé pour les reconnoître, s'approcha, à la portée du trait, d'un corps de cavalerie, dont le chef le provoqua à un combat singulier. Le jeune romain, qui n'écouta que son courage, oublia la défense qui avoit été faite. Il accepta le défi, & sortit vainqueur du combat; il revint au camp avec les dépouilles de l'ennemi.

Vous avez désobéi, dit le consul à son fils, & vous m'avez mis dans la nécessité d'oublier ce que je dois à la république, ou ce que je dois à mon sang. Si je ne punissois pas votre désobéissance, il n'y auroit plus de discipline. Que votre mort répare donc votre faute. Va, licteur. A ce jugement terrible, les soldats, saisis d'étonnement & d'horreur, n'oserent proférer une parole. Ils frémissoient en silence, lorsque la tête abattue du jeune Manlius donna un libre cours aux larmes, aux gémissements & aux exécrations. Mais cet exemple barbare assuroit la discipline.

Décius se dévoue, & les Latins sont défaits.

L'action s'étant engagée, la premiere ligne de l'aîle où commandoit Décius, se replia sur la seconde. Voici le moment, dit ce consul au pontife, où nous avons besoin du secours des dieux. Prononcez les paroles, que je dois répéter d'après vous. Alors, debout, un javelot sous ses pieds, le menton appuyé sur la main droite, & revêtu d'une prétexte dont une partie, rejetée, sur sa tête, lui voiloit le visage, & dont l'autre, retournée autour de son corps, le ceignoit en forme de baudrier, il prononça cette priere : *Janus, Jupiter, pere Mars, Quirinus, Bellone, dieux Lares, dieux Novensiles, dieux du pays, dieux qui nous tenez sous votre puissance nous & nos ennemis, dieux Manes, je vous adore, je vous prie, je vous le demande, je l'attends de vous : donnez la force & la victoire aux Romains, répandez la terreur, l'épouvante & la mort parmi les ennemis. Je le déclare, c'est pour la république romaine, pour son armée, pour ses légions, que je dévoue aux dieux Manes & à la Terre, l'armée des Latins, leurs légions & moi-même.*

Après avoir achevé cette priere, Décius monta à cheval & se précipita au milieu de l'armée ennemie, où il mourut percé de coups. Les Romains persuadés que les Manes & la Terre s'assouvissent de sang, ne doutoient pas que celui qui se dévouoit à de pareilles divinités, n'eût le droit de leur livrer tous ceux qu'il vouloit dévouer avec lui. Les Latins, dans les mêmes préjugés, crurent être devenus, par la mort de Décius, la proie des mêmes dieux. La frayeur devoit donc se répandre parmi eux, & ils furent défaits.

Paix conclue avec les Latins.

Cette guerre finit la troisieme année, sous le consulat de Furius Camillus & de C. Ménius, à qui Rome éleva des statues équestres dans la place publique : honneur qu'elle avoit jusqu'alors rarement accordé. Trois campagnes avoïent absolument ruiné les forces des Latins & celles de leurs alliés. Il ne tient qu'à vous, dit Camillus au sénat, que le Latium ne soit plus. Le sénat le conserva. Mais parce qu'il ne crut pas devoir traiter, avec la même sévérité, ni avec la même indulgence, tous les peuples qui avoient pris les armes, il accorda la paix nommément à chacun d'eux avec des conditions différentes. On apporta à Rome les proues des vaisseaux pris sur les Antiates, & on en décora la tribune aux harangues.

Loix portées par un dictateur plébéien.

Dans la seconde année de cette guerre, Q. Publilius Philo, plébéien, parvint à la dictature ; & fit trois loix en faveur du peuple. La premiere, que les plébiscites obligeroient généralement tous les citoyens. Elle avoit déja été portée ; mais les patriciens avoient, sans doute, trouvé le moyen de s'y soustraire. La seconde que les loix passeroient au sénat, avant d'être portées aux comices, qui auroient le droit de les approuver ou de les rejeter. Auparavant, elles alloient des comices au sénat, & elles n'étoient reçues que de l'aveu de ce corps; ce ce qui lui donnoit la plus grande part à la législation. La troisieme, que l'un des deux censeurs seroit toujours pris dans l'ordre du peuple. Il fondoit la raison de cette loi sur ce que deux ans auparavant, on en avoit fait une, qui permettoit de choisir les deux consuls parmi les plébéiens. Les sénateurs pensoient que les victoires, remportées sur les Latins, ne réparoient pas les torts, que cette dictature avoit faits à la république. Quelque temps après, Publilius obtint la préture.

Femmes punies comme empoisonneuses.

Av. J. C. 331 de Rome 423.

Pendant que la paix duroit encore avec les Samnites, les Romains eurent quelques guerres peu considérables avec les Ausoniens de Cales, les Sidicins & les Privernates. Ils triompherent de tous ces peuples. La peste qui survint, fut un plus grand fléau, & fut suivie d'un autre plus grand encore. Par une espece de frénésie sans exemple, des femmes de tout état parurent avoir conjuré la mort des hommes. Elles firent périr par le poison plusieurs des principaux citoyens. On est aussi étonné du nombre des coupables, que du complot qu'elles avoient formé. Cent soixante-dix furent condamnées à mort, & on ne crut pas devoir rechercher toutes celles qui méritoient d'être punies. Comme on ne sut pas quel pouvoit avoir été leur dessein, leur rage parut un prodige; & pour appaiser les dieux, on nomma un dictateur qui enfonça un clou dans le mur du temple de Jupiter.

Hostilités des Palépolitains.

Sur la nouvelle de la peste qui étoit à Rome, les Palépolitains, peuple voisin de Naples, commirent des hostilités sur les terres des colonies que la république avoit établies dans la Campanie. Ils comptoient sur les habitans de Nole, qui en effet leur envoyerent des secours, & sur les Samnites qui se préparoient à rompre la paix avec les Romains.

Trois manieres de conquérir.

Il y a différentes manieres de conquérir. Nous avons vu qu'en Asie, la conquête de plusieurs provinces étoit souvent l'ouvrage d'une seule victoire. C'est qu'on n'avoit pas besoin de soumettre des peuples, de tout temps soumis à une domination absolue. On n'armoit pas contre eux proprement; on armoit seulement contre le monarque, & il suffisoit de l'avoir vaincu.

Aujourdhui en Europe où les puissances ont élevé des barrieres entre elles, une victoire n'ouvre pas une province. On est arrêté par les places qu'il faut assiéger; & on appelle conquête une ville qu'on a prise après une longue campagne, & qu'on rend à la paix.

On comprend que les peuples d'Italie ne pouvoient conquérir, ni à la maniere des Asiatiques, ni à la maniere des Européens d'aujourd'hui.

Ils ne pouvoient pas conquérir à la maniere des Asiatiques ; parce que les guerres étoient de nation à nation, qui toutes avec la même pauvreté, le même endurcissement aux fatigues & le même courage, se croyoient libres après leurs défaites, si elles pouvoient encore armer.

Ils ne pouvoient pas conquérir à la maniere des Européens d'aujourd'hui ; parce qu'ils n'avoient pas élévé des places fortes sur leurs frontieres. Ils ne défendoient leur pays qu'avec des armées ; & ils avoient des armées, tant qu'ils avoient des soldats, c'est-à-dire, tant qu'ils avoient des citoyens en âge de porter les armes.

Tels étoient, sur-tout, les Samnites, & les Romains. On conçoit donc que l'un des deux peuples ne sera conquis, que lorsqu'il n'aura plus de soldats ; & que par conséquent, le vainqueur ne sera conquérant, que lorsqu'il aura exterminé la vaincu. Voilà les conquêtes que nous admirons.

Premier proconsul.

Av. J. C. 327 de Rome 427.

Pendant que le consul L. Cornélius Lentulus observoit les Samnites qui ne s'étoient pas encore déclarés, son collegue Q. Publilius Philo, assiégea Palépolis. L'année de son consulat s'étant écoulée avant la prise de cette place, il fut continué dans le commandement de l'armée avec le titre de proconsul ; & il est le premier qui ait joui de cette distinction. Je le remarque, parce que cet usage, qui deviendra tous les jours plus fréquent, sera funeste à la république.

La guerre avec les Samnites recommence.

Les Lucaniens & les Apuliens, peuples ennemis des Samnites, offrirent leurs secours au peuple romain qui les reçut dans son alliance; & les consuls porterent la guerre dans le Samnium, où ils se rendirent maîtres de trois places. Palépolis se rendit aussi à Publilius, à qui on accorda les honneurs du triomphe, quoiqu'il fût sorti du consulat: chose jusqu'alors sans exemple, & qui passera désormais en usage.

Av. J. C. 326. de Rome 428.

Guerre dans la grande Grece, où la ville de Tarente avoit appellé le roi d'Epire.

Il y avoit alors une autre guerre dans la grande Grece. Cette province comprenoit l'Apulie, la Calabre, la Lucanie, le pays des Brutiens, & la Campanie.

Tarente, colonie grecque, fondée par les Lacédémoniens, avoit été la capitale de la Calabre, de la Lucanie & de l'Apulie. Située avantageusement pour le commerce, elle s'étoit enrichie, & dans son opulence, elle avoit perdu son empire. Impuissante contre des voisins auxquels elle avoit commandé, elle appella à son secours Alexandre roi d'Epire, frere d'Olympias. Ce prince, après avoir remporté plusieurs victoires sur les Brutiens & sur les Lucaniens, & leur avoit enlevé plusieurs villes, périt misérablement; & cette guerre finit l'année que celle des Samnites recommençoit.

Av. J. C. 326 de Rome 428.

Inquiétude des Tarentins à la vue des progrès des Romains.

Après avoir perdu le roi d'Épire, Tarente trembla, quand elle vit les progrès des Romains dans la Campanie. Elle apprit tout-à-la fois que Palépolis s'étoit rendue à Publilius, que dans le Samnium trois villes avoient été prises par les consuls, & que la république venoit de recevoir dans son alliance les Apuliens & les Lucaniens. Elle voyoit donc les Romains s'approcher d'elle. Menacée de les avoir pour ennemis ou pour maîtres, il ne lui restoit d'espérance que dans les Samnites, qui, seuls, lui paroissoient trop foibles. Dès lors, elle ne s'occupa que des moyens d'armer contre Rome tous les peuples de la grande Grece. Mais elle les entraînera dans sa ruine.

Av. J. C. 326 de Rome 428

Loi qui défend aux créanciers de mettre les débiteurs dans les fers.

Il semble que Rome devenoit plus redoutable, depuis que les plébéiens avoient part au gouvernement. Cependant chez ce peuple, qui menaçoit la liberté de tous les autres, la liberté de chaque citoyen n'étoit pas assurée. Un jeune homme, qui s'étoit engagé pour les dettes de son pere, parut en public, le corps déchiré de coups de verges. Ce spectacle & le récit des outrages qu'il avoit reçus, firent une si grande impression, que les consuls, par ordre du sénat, porterent au peuple une loi, qui défendoit de mettre, pour dettes, aucun citoyen dans les fers. Mais ce réglement, qui parut aux riches un violement de la foi publique, sera mal observé.

Av. J. C. 325 de Rome 429.

Guerre avec les Samnites, les Lucaniens & les Vestins.

La guerre continuoit, & les ennemis se multiplioient. Les Lucaniens, sollicités par les Tarentins, avoient abandonné l'alliance des Romains, & s'étoient joints aux Samnites. Les Vestins étoient entrés dans la même confédération; & la république regardoit déja comme autant d'ennemis, les Marses, les Péligniens & les Maruciniens, peuples voisins des Vestins.

Les consuls ayant, suivant l'usage, tiré au sort le département des provinces, Junius Brutus eut le départament de l'armée contre les Vestins. Il les défit, les força à se renfermer dans leurs murs, dévasta leurs terres, & leur enleva deux places, dont il abandonna le butin aux soldats. Les Samnites ne purent pas leur donner des secours, parce qu'ils avoient eux-mêmes à défendre leurs frontieres contre l'autre armée. Camillus qui la commandoit, étant tombé malade, céda le commandement à L. Papirius Cursor, qu'il nomma dictateur.

Le dictateur Papirius veut punir de mort Fabius, son général de la cavalerie, parce qu'il a combattu contre ses ordres.

Papirius avoit joint l'armée, lorsque celui qui gardoit les poulets sacrés lui donna quelques inquiétudes, qui le forcerent à revenir à Rome pour recommencer les auspices. Avant de partir, il défendit à Q. Fabius Maximus, général de la cavalerie, de combattre en son absence. Fabius n'obéit pas. L'occasion de vaincre se présenta : il n'y put résister, & il défit les ennemis qui laisserent vingt mille hommes sur la place. Ayant ensuite fait brûler les dépouilles, de crainte qu'elles ne servissent au triomphe de Papirius, il dédaigna de lui faire part de sa victoire, & il adressa ses lettres au sénat même. Papirius, moins troublé des auspices, que d'une victoire remportée sans lui, repart aussitôt, & arrive au camp, lorsque Fabius, qui étoit prévenu, avoit harangué les soldats, & que les légions s'étoient engagées à prendre sa défense.

Le dictateur, qui a la discipline & son injure à venger, menace de faire tomber sous la hache la tête du général de la cavalerie. Il lui demande s'il ne lui a pas défendu de combattre, & s'il a pu, au mépris de ses ordres, des auspices & des dieux, hasarder le salut de la république ; & il commande aux licteurs de le dépouiller, & d'apprêter leurs verges & leurs haches. Fabius se retire au milieu des soldats, qui repoussent les licteurs. Ils prient pour lui, ils murmurent, ils menacent, ils sont prêts à se soulever, & la nuit seule met fin au tumulte. Le dictateur, toujours inexorable, ordonne à Fabius de reparoître le lendemain.

Fabius se sauve à Rome, & son pere le conduit au sénat. C'étoit ce même Fabius Ambustus dont nous avons parlé : homme respectable par une dictature & par trois consulats. A peine il commençoit à se plaindre de la sévérité du dictateur, que le bruit des licteurs se fit entendre. Pour cette fois, sans être Fabius, on pouvoit en être effrayé. En effet Papirius, sourd aux prieres des sénateurs, ordonne de saisir Fabius. Le pere en appelle au peuple.

Le peuple demande & obtient la grace de Fabius.

Le peuple s'assemble. Le jeune Fabius a pour lui les vœux de l'armée, le sénat, les tribuns & le peuple entier. Mais ce sont de foibles secours contre une autorité, d'où paroissoit dépendre le maintien de la discipline, & qui se défendoit à l'abri des auspices & des dieux. L'assemblée, en qui résidoit la souveraineté, pouvoit, sans doute, se porter pour juge : mais c'eût été intervertir l'ordre; & si la dictature étoit une fois sans force, elle pouvoit être affoiblie pour toujours. C'est pourquoi le peuple, quoiqu'indigné contre Papirius, respectoit encore le dictateur, qui citant les exemples de Brutus & de Manlius, faisoit voir avec force les conséquences d'une désobéissance impunie. On ne prévoyoit pas quel seroit le dénouement, lorsque tout-à-coup le peuple eut recours aux prieres & aux supplications. Le sénat & les tribuns conjurent le dictateur de se laisser fléchir, & les deux Fabius, qui tombent à genoux, tendent les bras à leur juge. Dès qu'on ne résistoit plus, l'autorité étoit sauvée, & Papirius accorda, comme une grace au peuple suppliant le citoyen qu'il avoit refusé au peuple révolté. Ainsi fut conservé Fabius, qui fut depuis toujours vainqueur, toujours la ressource de la république, & jusques dans sa vieillesse.

Les Samnites, après bien des pertes, demandent la paix, sans pouvoir l'obtenir.

Le dictateur ayant rejoint l'armée, livra une bataille dont l'avantage fut douteux. Il attribua son peu de succès au mécontentement des troupes. Il les gagna par des manieres populaires, & ayant alors engagé une seconde action, il remporta une victoire complete. Les Samnites, affoiblis par tant de pertes, demanderent la paix, & obtinrent une treve d'un an, qu'ils ne garderent pas. Ils comptoient reprendre les armes avec avantage, parce qu'ils venoient de faire alliance avec les Apuliens. Mais ils firent encore deux campagnes malheureuses, dans lesquelles ils perdirent leurs meilleures troupes. Leurs terres & celles de leurs alliés furent ravagées, & ils demanderent la paix, sans pouvoir l'obtenir.

Av. J. C. 321 de Rome 433.

L'armée romaine passe sous le joug.

Forcés à continuer la guerre, ils entrerent en campagne, & ils se virent au moment de réparer leurs pertes, & de n'avoir plus à craindre les Romains. Il fut en leur pouvoir d'exterminer les légions ennemies, que Caius Pontius, leur général, avoit enfermées dans un vallon, nommé les Fourches Caudines, entre Capoue & Bénévent. Il paroît, par Tite-Live, que c'étoit tout ce que la république avoit de troupes, & que si elle les eût perdues, Rome seroit restée sans défenseurs.

Herennius, pere de Pontius, consulté par les Samnites sur le parti qu'il convenoit de prendre, conseilla de renvoyer tous les Romains sains & sauves, afin de s'en faire des amis; ou de donner la mort à tous, afin de n'avoir pas à les craindre de long-temps. Pontius prit un parti mitoyen. Il traita avec les consuls, fit passer l'armée romaine sous le joug, & garda six cents otages. Par le traité, la republique s'engageoit à ne plus faire la guerre aux Samnites, & à retirer les colonies qu'elle avoit établies sur leurs terres. Voyons comment elle se croira libre de tout engagement.

Av. J. C. 320 de Rome 434.

Comment les Romains éludent le traité qu'ils ont fait.

Sp. Posthumius, un des consuls qui avoient commandé cette armée malheureuse, ouvrit un avis, qui ne faisoit honneur qu'à sa générosité. Il conseilla de le livrer aux Samnites, lui & tous ceux qui avoient eu part au traité; assurant, que l'ennemi pouvant tirer d'eux telle vengeance qu'il jugeroit à propos, le peuple romain, qui n'auroit rien ratifié, ne seroit tenu à rien. Cet avis passa. Les victimes, chargées de fers, furent présentées à Pontius, qui les fit délier & les renvoya. Il se plaignit, avec raison, de la mauvaise foi des Romains, qui auroient dû ratifier le traité ou remettre les choses dans l'état où elles étoient auparavant.

La guerre ayant recommencé avec plus de fureur que jamais, les Tarentins offrirent leur médiation, menaçant de tourner leurs armes contre celui des deux peuples qui la refuseroit. Mais au mépris de ces menaces, les consuls qui avoient déja remporté une victoire, attaquerent une seconde fois les Samnites, les massacrerent presque sans résistance, en firent passer sept mille sous le joug, & se rendirent maîtres de Satrique. Après ces succès Rome accorda une treve de deux ans.

Rome accorde une treve de deux ans aux Samnites, qui ont été défaits plusieurs fois.

Av. J. C. 319 de Rome 435.

Il seroit inutile de m'arrêter sur les détails de chaque campagne. Mais il ne l'est pas de remarquer année par année les progrès des Romains & les pertes de leurs ennemis. C'est à quoi je vais me borner.

La guerre recommence.

Progrès des Romains.

L'an de Rome 437 l'Apulie passe sous la domination de la république. Av. J. C. 317

438 Les Samnites, qui veulent secourir Saticule, sont entiérement défaits. Av. J. C. 316

439 Les Romains se rendent maîtres de Saticule, après avoir livré un nouveau combat aux Samnites. Av. J. C. 315

Le dictateur Q. Fabius assiege Sora. Les Samnites tentent deux fois de secourir cette place. On ne sait s'ils eurent quelque avantage dans un premier combat, mais dans un second, leur déroute fut complete.

440 Les consuls se rendent maîtres par trahison de Sora. Ausone, Minturne & Vescia Av. J. C. 314

ſont auſſi priſes de la même maniere, & la nation des Auſoniens eſt abſolument exterminée.

Lucérie, qui s'étoit donnée aux Samnites, eut le même ſort. Tout fut égorgé.

Bataille près de Capoue, où les Samnites perdent trente mille hommes.

Av. J. C. 313 441 Priſe de Nole, d'Atina & de Calatia.

Av. J. C. 311 443 Les Samnites perdent Cluvia, Bovianum & une bataille, où ils laiſſent vingt mille hommes ſur la place.

Combat entre les Romains & les Étruſques. Le ſuccès en eſt douteux, & la perte eſt grande de part & d'autre.

Av. J. C. 310 444 Deux batailles que perdent les Étruſques. La derniere leur coûte ſoixante mille hommes. Combat entre les Samnites & les Romains, avec perte égale des deux côtés.

Av. J. C. 309 445 Fabius défait les Étruſques, & ſe rend maître de Pérouſe. Papirius défait les Samnites.

Av. J. C. 308 446 Les Marſes & les Péligniens, joints aux Samnites ſont battus. Les Ombriens ſe ſoumettent preſque ſans réſiſtance après avoir fait de grands préparatifs de guerre. Treve de deux ans accordée aux Étruſques.

Av. J. C. 307 447 Les Salentins perdent pluſieurs combats & pluſieurs villes. Nouvelle défaite des Samnites.

448 Bataille où les Samnites perdent trente mille hommes. Ils reçoivent des secours, & ils sont encore défaits. Av. J. C. 306

Les Romains renouvellent leur alliance avec Carthage.

449 Les Samnites sont encore défaits plusieurs fois, & on leur enleve plusieurs villes. Av. J. C. 305

450 Paix faite avec les Samnites. Les Eques, à qui la république déclara la guerre sous divers prétextes, perdent en soixante jours quarante villes, que les Romains ruinent pour la plupart, & dont ils égorgent les habitants. Cette politique barbare force les Marses, les Marouciniens & les Péligniens à demander la paix. Rome la leur accorde, & fait alliance avec eux. Av. J. C. 304

453 Les Marses, qui avoient repris les armes, sont battus, perdent leurs villes & se soumettent. Les Etrusques sont défaits. Ils obtiennent une treve de deux ans. Av. J. C. 30[illegible]

Les Romains exterminent pour conquérir.

A la seule inspection de ces guerres, on voit que les peuples, tous également jaloux de leur liberté, ne quittoient les armes que par épuisement, & que Rome exterminoit pour conquérir. Elle n'accordoit d'ordinaire que des treves fort courtes, parce qu'elle ne vouloit pas laisser à ses ennemis le temps de recouvrer de nouvelles forces; & les peuples, auxquels elle donnoit la paix, étoient des peuples ruinés. On leur enlevoit une partie de leurs terres : on y établissoit des colonies ; & les citoyens puissants achevoient peu-à-peu de leur enlever les champs qu'on leur avoit laissés.

Pourquoi les dissentions avoient cessé.

Les guerres avoient suspendu les querelles entre les deux ordres. Les colonies fréquentes, auxquelles le sénat donnoit des terres dans les pays conquis, prévenoient ou faisoient cesser les plaintes du peuple, & purgeoient Rome des citoyens les plus inquiets. Mais aussitôt que la république fut plus tranquille au dehors, les dissentions recommencerent au dedans. Le sacerdoce en fut l'occasion.

Av. J. C. 300 de Rome 454.

Les plébéiens entrent dans le college des pontifes & dans celui des augures.

Il y avoit alors quatre pontifes & quatre augures, tous patriciens. Les tribuns Q. & Cn. Ogulnius proposerent de créer pour les plébeiens quatre places de pontifes & cinq d'augures, parce que le nombre de ceux-ci devoit être impair. Les patriciens qui avoient cédé tant de fois, & qui prévoyoient qu'ils seroient forcés de céder encore, affectoient de n'avoir d'autres intérêts que ceux de la religion, & disoient que c'étoit aux dieux à empêcher la profanation des choses sacrées. Ap. Claudius, qui faisoit valoir leurs raisons, répéta tout ce qui avoit déja été dit dans de pareilles disputes. Mais ces raisons perdoient tous les jours de leurs forces. Il étoit difficile de persuader que le sacerdoce fût profané, pour être communique à des hommes qui étoient parvenus à tous les honneurs, qui avoient triomphé ſous les auſpices des dieux, & à qui le dépôt des livres ſibyllins donnoit déja quelque part au ſacerdoce. C'eſt ce que repréſenta P. Décius Mus, le fils de celui qui s'étoit dévoué; & la loi paſſa. Par cette innovation, le college des prêtres fut composé de huit membres, & celui des augures, de neuf.

Les dignités étant communes aux patriciens & aux plébéiens, les deux ordres de la république ſont d'un côté le ſénat, & de l'autre le peuple.

A cette époque, toutes les dignités ſont communes aux deux ordres. Si les Romains jugeoient auparavant de la nobleſſe par la naiſſance, ils en jugeront déſormais par les magiſtratures. Les patriciens, n'ayant, comme patriciens, aucune diſtinction, ſeront confondus dans le peuple, quand ils n'auront d'autres titres que ceux de la naiſſance; & les plébéiens ſeront de l'ordre du ſénat, quand ils auront obtenu des dignités curules. Cette révolution fait en quelque ſorte ceſſer la diſtinction qui étoit entre les plébéiens & les patriciens; & à ces deux ordres, elle en ſubſtitue deux nouveaux; celui du peuple & celui du ſénat.

CHAPITRE XV.

Jusqu'à la conquête d'Italie.

Av. J. C. 298 de Rome 456.

Fin de la guerre des Samnites.

LA guerre recommence avec les Samnites. Je n'en ferai pas l'histoire, année par année. Il suffit de remarquer qu'elle n'a été pour eux qu'une suite de revers. Après plusieurs défaites, leurs troupes, chassées du Samnium, se réfugient en Étrurie. Tout leur pays est ravagé, & leurs principales villes tombent sous la domination des Romains.

Réunis aux Étrusques, ils n'en sont pas plus heureux. Les consuls remportent de nouvelles victoires sur les deux peuples ligués. Ils dévastent l'Étrurie & forcent les Étrusques à demander la paix. Enfin les Samnites, après avoir fait de nouveaux efforts & de nouvelles pertes, mettent bas les armes, parce qu'il ne leur est plus possible de défendre leur liberté. Cette guerre qui a duré quarante-neuf ans, a donne lieu à vingt quatre triomphes. Dans une des dernieres batailles, Publius Décius Mus, à l'exemple de son pere, se dévoua pour l'armée.

Av. J. C. 290 de Rome 464.

l'armée. La république dut à Fabius ses plus grands succès.

Troubles à l'occasion des dettes.

Av. J. C. 287 de Rome 467.

Il falloit que la fin des guerres fût toujours le commencement des dissentions. Malgré la loi qui défendoit aux créanciers d'attenter à la liberté des débiteurs, l'usage continuoit de livrer aux fers celui qui ne pouvoit pas s'acquitter, & on vit renouveller la même scene qui avoit donné lieu à cette loi. Véturius, fils d'un consul, avoit été réduit à emprunter de C. Plotius. Cet usurier l'ayant mis, par des usures accumulées, hors d'état de s'acquitter, se saisit de sa personne, exigea de lui tous les services qu'on tire des esclaves, & voulut encore lui faire violence. Ce jeune homme s'étant échappé, se présenta devant les consuls, & leur demanda justice. On voyoit sur son corps les vestiges des coups qu'il avoit reçus Les consuls en firent aussitôt leur rapport au sénat, qui fit mettre Plotius en prison, & qui ordonna de rendre la liberté à tous ceux qui étoient arrêtés pour dettes. Le peuple, peu content de ce jugement, demanda une abolition entiere des dettes; & il se retira sur le Janicule, déterminé à ne point rentrer dans la ville, qu'on ne lui eût donné satisfaction. Q. Hortensius, nommé dictateur, fut néanmoins le ramener sans lui accorder tout ce qu'il demandoit. La loi Publilia, qui portoit que tout citoyen seroit tenu d'observer les plébiscites, étoit continuellement violée ; & c'étoit pour le peuple un des principaux sujets de mécontentement. Hortensius la renouvella, & sut persuader au peuple de ne rien exiger de plus pour le moment.

Guerre des Gaulois.

Av. J. C. 283 de Rome 471.

Il y avoit douze ans que les Sénonois, peuple Gaulois établi sur la mer Adriatique, étoient venus au secours des Etrusques : ils avoient été défaits à la journée où Décius se dévoua. Ils reprirent les armes pour porter la guerre en Étrurie, & ils mirent le siege devant Arétium, ville alors alliée des Romains. La république arma & négocia tout-à-la fois : mais les Sénonois égorgerent les ambassadeurs qu'elle leur envoya, & l'armée qu'elle fit marcher au secours des Arétins, fut taillée en pieces. Elle ne tarda pas à se venger. Le consul Cornélius Dolabella s'avança à grandes journées vers la Gaule Sénonoise, qui se trouva sans défense contre une irruption subite & imprévue. Il ravage les terres, il brûle les maisons, il passe au fil de l'épée tout ce qui est en âge de porter les armes, il emmene les vieillards, les femmes & les enfants, & il ne laisse par-tout qu'une affreuse solitude. L'année suivante, les habitants de la Gaule Boïenne, qui venoient d'armer contre les Romains, furent taillés en pieces, & demanderent la paix. Cette guerre des Gaulois finit la troisieme année.

Les Étrusques & les Samnites, par leur longue résistance, avoient enveloppé dans leur ruine tous les peuples voisins qui avoient pris part à leurs querelles ; & depuis les Gaules Boïenne & Sénonoise jusqu'à l'Apulie & à la Lucanie inclusivement, tout étoit subjugué, c'est-à-dire, que tous les peuples étoient réduits à un état d'épuisement & de foiblesse, qui ne leur permettoit plus d'être indépendants. C'est dans cette circonstance que les Tarentins commencerent à commettre des hostilités, quoique jusqu'alors ils n'eussent pas osé se déclarer ouvertement. Ils se saisirent de quelques galeres romaines qui navigeoient sur leurs côtes : ils prirent la ville de Thuries, qui s'étoit mise sous la protection de la république ; & lorsque Rome leur fit porter des plaintes, ils insulterent ses ambassadeurs. Le consul L. Émilius marche contre eux, défait le peu de troupes qu'on lui oppose, prend plusieurs places, & met tout le pays à feu & à sang.

Guerre des Tarentins.

Av. J. C. 281 de Rome 473.

Les Tarentins ne pouvoient se résoudre à subir le joug. Cependant trop foibles pour se défendre par eux-mêmes, ils attendoient peu de secours de leurs voisins. Les plus puissants étoient affoiblis par leurs défaites : les autres, ou n'osoient se déclarer contre les Romains, ou étoient entrés dans leur alliance.

Il y avoit long-temps que les Tarentins étoient dans l'usage d'appeller l'étranger. Archi-

Ils appellent Pyrrhus.

damus, fils d'Agésilas, Cléonime de Sparte, Aghatocles, tyran de Syracuse, & Alexandre, roi d'Épire, étoient venus à leur secours. Ils appellerent Pyrrhus. Ils l'invitoient à la conquête de la république romaine : ils l'assuroient qu'ils n'avoient besoin que d'un général, & qu'en joignant leurs forces à celles des Messaniens, des Lucaniens & des Samnites, ils lui fourniroient trois à quatre cents mille hommes de troupes.

Conversation de Pyrrhus & de Cinéas.

Vous vous souvenez, Monseigneur, que Pyrrhus s'est trouvé à la bataille d'Ipsus. Il avoit appris la guerre sous les généraux d'Alexandre, & il a été regardé comme un des grands capitaines de son siecle. Il ne lui manquoit que d'avoir moins d'inquiétude dans l'esprit & plus de suite dans ses projets. Cinéas, son ministre, qu'il entretenoit de la conquête assurée de l'Italie, lui demanda ce qu'il se proposoit ensuite. De l'Italie en Sicile il n'y a pas loin, dit le roi ; & il nous sera d'autant plus aisé de nous rendre maîtres de cette île, qu'elle est divisée par bien des partis. Et ensuite ? Ensuite, nous passerons en Afrique. Pensez vous que Carthage puisse nous résister ? Et encore, quand vous aurez conquis Carthage ? Nous retomberons avec toutes nos forces sur la Grece & sur la Macédoine, & nous subjuguerons l'une & l'autre. Enfin, quand nous aurons tout dompté ? Alors nous nous reposerons & nous nous amuserons. Hé pourquoi ne pas commencer aujourd'hui à nous reposer & à nous amuser ?

Plutarque, qui rapporte cette conversation, peut l'avoir imaginée : mais elle représente fort bien le caractère d'un héros inquiet, & celui d'un ministre plus sage que son maître.

Tite-Live examine ce qui seroit arrivé, si Alexandre, après la conquête de l'Asie, eût tourné ses armes contre les Romains ; & il présume avec raison qu'il auroit échoué, comme nous allons voir échouer Pyrrhus. En effet, les Romains savoient mieux la guerre qu'aucun peuple, parce qu'ils l'avoient toujours faite. Ils avoient alors un grand nombre d'excellents généraux ; & jamais les soldats n'avoient été plus endurcis aux fatigues, & plus accoutumés à la discipline. Quand Alexandre auroit eu l'avantage dans tous les combats, les victoires lui auroient au moins coûté cher. Il se seroit donc affoibli, & cependant les Romains, qui avoient alors deux cents cinquante mille hommes en âge de porter les armes, auroient reparu avec de nouvelles forces. Ils pouvoient facilement se recruter, & il eût été difficile à Alexandre de faire venir de nouvelles troupes. Comme les Romains n'avoient qu'un moyen pour subjuguer les Samnites, il n'y avoit aussi qu'un moyen pour les subjuguer eux-mêmes. Il falloit, à force de

Alexandre n'auroit pas pu conquérir l'Italie.

les vaincre, exterminer les citoyens, qui pouvoient porter les armes. Alexandre l'auroit-il pu ?

Av. J. C. 280 de Rome 474.

Pyrrhus à Tarente.

Pyrrhus vint au secours des Tarentins avec vingt-cinq à trente mille hommes. Il fut étonné que la guerre ne fît pas diversion aux mœurs de ce peuple efféminé, & qu'on s'occupât de festins & de jeux, avec la même sécurité qu'en temps de paix. On eût dit que c'étoit à lui seul de combattre, & que les Tarentins ne l'avoient appellé que pour écarter l'ennemi, qui auroit pu troubler leurs plaisirs. Il leur fit prendre les armes, les incorpora dans ses troupes, & les assujettit à une discipline sévere. Il parut à leurs yeux un tyran insupportable. Pyrrhus comptoit encore sur les Lucaniens & sur les Samnites, qui portoient impatiemment le joug des Romains, & qui en effet se préparoient à le joindre.

Il est vainqueur près d'Héraclée.

Ayant appris que le consul P. Valérius Lévinus ravageoit la Lucanie, il s'avança jusques dans une plaine, qui est entre les villes de Pandosie & d'Héraclée; & il envoya aux Romains un héraut pour leur offrir sa médiation. Le consul répondit que la république ne prenoit pas Pyrrhus pour arbitre, & qu'elle ne le craignoit pas pour ennemi. Le roi, qui trouva cette réponse fiere, monta à cheval pour aller lui-même reconnoître les Romains, qui campoient de l'autre côté du Siris. *L'or-*

donnance de ces barbares, dit-il, en observant leur disposition, *n'est nullement barbare.*

Il se proposoit de ne rien précipiter, parce qu'il attendoit les troupes des alliés. D'ailleurs il jugeoit qu'un délai pouvoit être funeste aux Romains, qui étoient dans un pays ennemi. Mais le consul ayant passé le Siris, l'action s'engagea. Le combat fut opiniâtre: on plia plusieurs fois de part & d'autre; & on revint à la charge avec le même courage. Enfin les éléphants, que Pyrrhus avoit réservés pour la derniere attaque, déciderent du gain de la bataille. Ces animaux, que les Romains voyoient pour la premiere fois, jeterent l'effroi dans leurs rangs: les chevaux, qui n'en pouvoient souffrir l'odeur, emporterent les cavaliers; alors Pyrrhus, tombant sur les légions avec sa cavalerie thessalienne, acheva de les mettre en déroute, & en fit un grand carnage. Mais il laissa lui-même, sur le champ de bataille, presque autant de morts. *Je suis perdu*, disoit-il, *si je remporte encore une pareille victoire.* Il commençoit à craindre que la conquête de l'Italie ne fût pas aussi facile qu'il l'avoit cru.

Tentative qu'il fait sans succès.

Il fut joint par les Lucaniens, & par les Samnites, qui s'excuserent de n'être pas arrivés plus tôt. Plusieurs villes, auparavant alliées des Romains, se déclarerent pour lui, & il ravagea les terres des peuples qui resterent attachés à la république. Mais il tenta inutilement de surprendre Capoue & Naples; il fut prévenu par Valérius, qui l'observoit, & harceloit son arriere-garde. Ce consul avoit reçu deux nouvelles légions, & son armée étoit aussi forte qu'avant sa défaite.

N'ayant pas réussi dans cette entreprise, Pyrrhus en forme une plus hardie. Il marche tout-à-coup à Rome, & il s'avance jusqu'à Préneste, c'est-à dire, à moins de sept lieues de cette ville. Mais Coruncanius, collegue de Valérius, arrivoit alors d'Etrurie avec une armée victorieuse. Le roi se voyant entre deux armées consulaires, reprit le chemin de Tarente.

Négociation entre Pyrrhus & les Romains.

Quoique Rome eût pour maxime de ne jamais racheter les prisonniers, elle envoya des ambassadeurs à Pyrrhus pour traiter de la rançon de ceux qui avoient été faits à la bataille d'Héraclée. C'est qu'en effet les soldats avoient combattu avec courage, & que le malheur de cette journée ne pouvoit être attribué qu'à l'effroi que les éléphants avoient répandu.

Le roi rendit de grands honneurs à tous les ambassadeurs, &, sur-tout, à C. Fabricius qu'il voulut s'attacher. Le généreux Romain, pauvre & de famille plébéienne, fut insensible à toutes les offres qui lui furent faites. Pyrrhus, qui l'en estima davantage, lui offrit de faire alliance avec les Romains, & de rendre tous les prisonniers sans rançon. Il demanda seulement que les Tarentins fussent compris dans le traité. Lorsque les ambassadeurs s'en retournerent, il permit de les suivre à tous les prisonniers qui voudroient se trouver aux Saturnales, comptant sur la parole qu'ils donneroient de revenir, si la république ne consentoit pas à la paix, & il envoya une ambassade à Rome.

Cinéas étoit le chef de cette ambassade. Disciple de Démosthene, il paroissoit devoir persuader. En effet, les sénateurs penchoient déja tous vers la paix, lorsqu'Ap. Claudius, alors le plus éloquent des Romains, leur inspira d'autres sentiments. On répondit à Pyrrhus, que la république ne traiteroit avec lui, que lorsqu'il seroit sorti d'Italie. Après les Saturnales, le sénat ordonna à tous les prisonniers qui étoient venus à Rome, de retourner à Tarente sous peine de mort.

Le printemps suivant, sous le consulat de P. Sulpicius & de P. Décius, Pyrrhus entra dans l'Apulie, & les deux consuls vinrent au devant de lui, & le joignirent près d'Asculum, où ils lui livrerent bataille. On ne sait laquelle des deux armées eut l'avantage: la nuit les sépara, & la perte fut grande des deux côtés. On ignore si Décius se dévoua: mais Pyrrhus avoit eu la précaution de rassu-

Av. J. C. 279 de Rome 475.

Bataille dont le succès est douteux.

rer ses troupes, dans le cas où il se dévoueroit, comme le bruit s'en étoit répandu.

Av. J. C. 278 de Rome 476.

C. Fabricius & Q. Émilius succéderent aux deux consuls précédents. Le médecin de Pyrrhus offrit au premier d'empoisonner ce prince, si on l'assuroit d'une récompense proportionnée à ce service. Le vertueux Fabricius, frappé d'horreur à cette proposition, avertit le roi d'Épire de la perfidie de son médecin. Pyrrhus, touché de la probité de son ennemi, lui renvoya tous les prisonniers sans rançon, & députa encore Cinéas pour traiter de la paix. Le sénat renvoya un égal nombre de prisonniers: mais il fit, sur la paix proposée, la même réponse qu'il avoit déja faite.

Pyrrhus rend tous les prisonniers.

Il passe en Sicile.

Les pertes des Romains se réparoient: il n'en étoit pas de même de celles du roi d'Épire. Il avoit perdu ses meilleurs troupes; & il se reprochoit la légéreté avec laquelle il s'étoit engagé dans cette guerre, qu'il n'auroit pas pu soutenir, quand même il auroit eu de plus grands succès. Dans cette conjoncture, la Sicile lui offroit une ressource, digne de sa générosité, de son courage, & de son inquiétude. Syracuse, Agrigente & Léontium implorerent son secours contre les Carthaginois. Il saisit ce prétexte, trop heureux d'en avoir un pour quitter l'Italie. Il laissa néanmoins une garnison dans la ville de Tarente.

Pendant son absence qui fut de deux ans, les Romains reprirent la guerre contre les Samnites, les Lucaniens & les Brutiens, alliés du roi d'Épire; & ils la pousserent vivement, quoique la peste, qui survint à Rome, y répandît la consternation. Tous ces peuples, après bien des pertes, se voyant dans l'impuissance de se défendre, députérent à Pyrrhus, & lui représenterent, que s'il ne les secouroit promptement, il leur étoit impossible de ne pas passer sous le joug des Romains. Le roi d'Épire, qui étoit plus embarrassé en Sicile qu'il ne l'avoit été en Italie, revint à Tarente. Il étoit condamné à saisir des prétextes pour abandonner toutes ses entreprises.

Ses alliés le rappellent en Italie.

Il tenta une derniere fois le sort des armes près de Bénévent. Défait par Curius Dentatus, il perdit vingt-six mille hommes. Alors il ne chercha plus de prétexte. Il ne songea qu'aux moyens de tromper ses alliés, pour trouver le moment de s'évader; & lorsqu'on s'y attendoit le moins, il mit à la voile, & retourna en Epire.

Av. J. C. 275 de Rome 479.

Il est défait & retourne en Epire.

Il avoit laissé dans la citadelle de Tarente Milon avec une garnison; & les Tarentins se trouvoient asservis au roi d'Épire. Ils crurent que les Carthaginois pourroient les secourir. Ils les appellerent; & une flotte carthaginoise vint les assiéger par mer, pendant que l'armée romaine les assiégeoit par terre. Menacés de

Les Romains se rendent maîtres de Tarente.

Av. J. C. 272 de Rome 482.

tomber sous la domination de Carthage ou sous celle de Rome, ils n'eurent pas la liberté de choisir. Milon ayant traité avec le consul Papirius Cursor, ils furent dans la nécessité de se rendre aux Romains. Ils livrerent leurs armes, leurs vaisseaux; on abattit leurs murs, & on leur imposa un tribut.

Ils achevent la conquête de l'Italie.

Le Samnium, la Lucanie, le Brutium & les autres provinces, qui avoient autrefois combattu pour la liberté, alors dépeuplées & hors d'état de se défendre, subirent le joug, & les Romains acheverent la conquête de l'Italie. On ne comprenoit pas sous ce nom la Gaule Cisalpine. La république ayant étendu sa domination, on créa quatre nouveaux questeurs, & le nombre en fut porté à huit.

Av. J. C. 265 de Rome 489.

CHAPITRE XVI.

De la constitution de la république à la fin du cinquieme siecle.

Nombre des tribus.

NOUS avons vu que les tribus de Servius Tullius n'étoient qu'une division purement locale. Ce roi divisa Rome en quatre parties, le champ romain en dix-sept ; ce qui fit en tout vingt-une tribus.

Le nombre des tribus de la ville n'a point varié : les rustiques se sont multipliées, à mesure que la république a fait des conquêtes. Après la prise de Véïes, les censeurs en établirent quatre nouvelles, dans les terres qu'on venoit d'enlever aux Etrusques : comme elles avoient été formées sous les consuls, on les nomma consulaires pour les distinguer des anciennes.

Dans la suite, on en créa dix autres en différents temps, pour les provinces nouvellement conquises. Il y eut alors trente-cinq tribus, dont quatorze étoient consulaires. Mais les deux dernieres n'ont été formées que l'an de Rome 515.

Quand les tribus ont eu part à la souveraineté.

Il paroît qu'à la fin du cinquieme siecle, la souveraineté avoit passé presque entiérement des comices par centuries aux comices par tribus. Il n'y avoit plus que quelques cas particuliers, où l'on prenoit encore les suffrages par centuries: on voit des consuls élus dans des assemblées par tribus (*a*).

Les historiens ne nous éclairent pas sur la maniere dont cette révolution s'est faite. Elle a été lente, sans doute. Autant les plébéiens auront fait d'efforts pour attirer toutes les affaires aux comices par tribus, autant les patriciens en auront fait pour les ramener aux comices par centuries. Mais enfin cette révolution s'est achevée, lorsque les dignités ont été communes aux deux ordres.

Comment la république formoit & composoit les tribus.

Dès que les tribus commencerent à avoir quelque influence dans le gouvernement, elles ne purent plus être regardées comme une division purement locale, & elles devinrent une distribution politique. C'est sous ce point de vue qu'il faut désormais les considérer. Voyons dans quel esprit la république faisoit cette distribution.

(*) Voyez Mém. de l'Acad. des belles lettres t. 4. Dissertation de Mr. Boindin sur les tribus.

Lorſqu'elle formoit des tribus dans les pays conquis, elle les compoſoit d'anciens citoyens; & elle tranſportoit à Rome ou dans les tribus ruſtiques de Servius Tullius, les habitants qu'elle dépouilloit, pour donner un établiſſement aux nouvelles tribus.

D'un côté, ces nouveaux citoyens, qui ſe trouvoient ſous les yeux des magiſtrats, avoient peu d'influence; parce qu'étant diſtribués dans vingt-une tribus, ils étoient en petit nombre dans chacune.

De l'autre côté, les nouvelles tribus ſervoient, non-ſeulement, à contenir les provinces, elles y portoient encore l'eſprit & l'amour du gouvernement romain.

Ces tribus n'étoient pas contiguës, comme celles de Servius Tullius. Situées dans différentes provinces, elles étoient ſéparées les unes des autres.

Lorſqu'un peuple obtenoit le droit de ſuffrage, au lieu de le réunir à une des tribus conſulaires dont il étoit voiſin, on le diſtribuoit dans les anciennes tribus ruſtiques. Par cette diſtribution qui ne lui étoit pas commode, il avoit moins d'autorité dans les comices.

Les citoyens, qui n'avoient pas de champs, furent répandus dans les quatre tribus de la ville, qui, par cette raiſon, ſe trouverent fort mal compoſées. Elles comprenoient les affranchis &

tout ce que nous nommons populace. Il fut honteux d'être de ces tribus. Les rustiques, dans lesquelles passerent les principales familles, parurent seules honorables; & parmi celles-ci les consulaires, quoique créées les dernieres, étoient les plus considérées, parce qu'elles se trouvoient composées d'anciens citoyens.

Comment les censeurs distribuoient le peuple dans les tribus.

Dès que les tribus n'étoient plus une division purement locale, ce fut naturellement aux censeurs à distribuer le peuple par tribus. En faisant cette distribution, ils avoient attention de donner, autant qu'il étoit possible, plus d'influence aux riches qu'aux pauvres, & aux anciens citoyens qu'aux nouveaux. Aucune loi ne limitoit, ne régloit même leur puissance à cet égard. L'abus qu'un d'eux a fait de la censure, en est la preuve.

Censure d'Ap. Claudius.

L'an de Rome 442, Ap. Claudius élu censeur, abusa insolemment de son pouvoir. Pour se faire un parti dans le sénat, il le composa indignement, jusques-là qu'il y fit entrer des fils d'affranchis. Son collegue, C. Plautius, abdiqua, honteux d'une élection qui avoit été faite sans son aveu, & qui fut régardée comme irréguliere.

Les consuls de l'année suivante, C. Junius Bubulcus & Q. Émilius, porterent au peuple leurs plaintes contre Claudius. Ils déclarerent qu'ils n'auroient aucun égard au choix qu'il avoit

avoit fait : & tout aussitôt ils convoquerent l'ancien sénat.

Claudius voyant que cette tentative ne lui avoit pas réussi, en fit une autre. Il distribua toute la populace de Rome dans les tribus rustiques. Cette multitude, ainsi répandue, eut la plus grande influence dans les comices. Ce fut une faction puissante dont Claudius étoit le chef, & qui prostituoit les honneurs à ses créatures. Elle donna l'édilité curule à C. Flavius, fils d'un affranchi.

Nous avons vu qu'on avoit porté une loi, qui ordonnoit que si un censeur restoit seul, il abdiqueroit. Claudius, par conséquent, auroit dû abdiquer, lorsque Plautius se retira. On ne put pas l'y coutraindre.

Il fit plus : il conserva la censure pendant cinq ans, quoiqu'il eût dû s'en démettre au bout de dix-huit mois. Il prétendoit que la loi Émilia ne concernoit que les censeurs qui étoient en magistrature, dans le temps que le dictateur Émilius l'avoit fait passer. Le tribun Publius Sempronius le cita. Il lui reprocha la haine que sa famille avoit toujours eue pour le peuple, & l'esprit de tyrannie qui lui étoit commun avec ses ancêtres. Il voulut l'envoyer en prison : mais trois autres tribuns s'y opposerent, & Claudius continua d'être censeur au mépris des loix.

Q. Fabius & P. Décius lui succéderent. Ils rétablirent l'ordre en rejetant toute la populace dans les quatre tribus de la ville. Ce fut principalement l'ouvrage de Fabius; & ce service parut si important, que ce fut à cette occasion qu'on lui donna le surnom de *Maximus*. Claudius au reste fit des ouvrages utiles, qu'il n'auroit pu achever en dix-huit mois; la voie Appia, qui fut le modele des chemins faits depuis, & un aquéduc pour conduire à Rome des eaux plus saines que celles du Tibre, les seules qu'on eût bues jusqu'alors. Cet homme, pendant sa censure, s'est rendu célebre par le bien, comme par le mal qu'il a fait.

Politique des censeurs.

Les censeurs, dit M.r de Montesquieu, *jettoient les yeux tous les cinq ans sur la situation actuelle de la république, & distribuoient de maniere le peuple dans ses diverses tribus, que les tribuns & les ambitieux ne pussent pas se rendre maîtres des suffrages, & que le peuple même ne pût pas abuser de son pouvoir* (*). Voilà en effet quelle étoit la politique des censeurs; & on conçoit pourquoi les tribuns avoient souvent tant de peine à réussir dans leurs entreprises. Comme la loi Agraire & la suppression des dettes n'interessoient particuliérement que la po-

(*) Grandeur & décadence des Romains c. 8.

pulace de Rome, quand cette populace étoit renfermée dans quatre tribus, elle n'assuroit aux tribuns que quatre suffrages. Il nous reste à considérer la conduite de la république avec les peuples d'Italie.

Conduite de la république avec les peuples d'Italie;

Elle n'accordoit pas à tous les mêmes privileges. Très sévere envers ceux qui avoient renoncé à son alliance, elle traitoit favorablement ceux qui lui restoient fideles. Elle avoit deux sortes d'alliés : les uns qu'on nommoit *socii*, associés; les autres, *fæderati*, confédérés.

avec les associés;

Parmi les premiers étoient les peuples libres, qui avoient préféré l'amitié de la république à la gloire d'en arrêter les progrès. Ils étoient associés à ses armes, & ils partageoient le fruit des conquêtes. Tels ont été les Latins & les Herniques jusqu'en 365, qu'ils se liguerent avec les Eques, les Volsques & les Etrusques.

avec les confédérés;

Parmi les autres étoient les peuples qu'on avoit soumis; mais ceux-là seulement pour qui on avoit eu quelque indulgence, à qui on avoit permis de se gouverner par leurs loix, & qu'on nommoit *municipes*. La république leur accordoit des privileges, à proportion qu'elle en étoit plus contente : privileges, qui étoient une concession des droits de citoyen en tout ou en partie. Aux uns, elle accordoit le droit de suffrage, & ils pouvoient parvenir aux charges civiles & militaires. Les autres, beaucoup plus bornés dans leurs privileges, n'avoient, dans la qualité de citoyens, qu'un titre honorifique qui ne leur donnoit aucune part au gouvernement.

avec les peuples conquis.

Quant aux peuples conquis, qu'on traitoit à la rigueur, ils étoient gouvernés par des préfets qu'on leur envoyoit tous les ans, & qui leur donnoient des loix. Il y avoit deux sortes de préfectures: les unes auxquelles le peuple nommoit; les autres qui étoient à la disposition du préteur.

Sort des colonies.

Le sort des colonies n'étoit pas égal. On ne leur conservoit aucun privilege, quand elles étoient composées indifféremment de citoyens romains & d'alliés du Latium. Quand au contraire, elles n'étoient formées que de citoyens romains, tantôt on en faisoit des tribus, & elles jouissoient, par conséquent, de tous les droits: d'autres fois, on ne leur laissoit que les titres honorifiques avec le pouvoir de se choisir des magistrats, & elles n'avoient point de voix dans les comices.

La république récompensoit & punissoit.

Cependant l'état de tous ces peuples n'étoit pas si arrêté, qu'il ne pût changer, & qu'il ne changeât souvent. Les uns perdoient des privileges, les autres en acquéroient. Les droits de municipes devenoient une récompense pour ceux qui étoient gouvernés par des préfets; & les préfectures devenoient une punition pour les municipes. Mais la plus grande faveur étoit d'être compris dans les tribus. La république avoit pour maxime de récompenser, &, surtout, de punir, & elle punissoit sévérement.

CHAPITRE XVII.

Caractère des Romains.

Toujours forcés à vaincre, les Romains se croient nés pour commander.

ROME, élevée sur un sol étranger, subsista de pillage, & se défendit par la valeur brutale d'environ trois mille brigands. Ils enleverent des moissons, des bestiaux, des champs, des femmes. Dans la nécessité de vaincre ou de périr, ils se défendirent avec avantage contre des peuples qui n'étant pas dans la même alternative, se conduisirent avec plus d'animosité que de sagesse. Bientôt la victoire fit oublier ce qu'ils avoient été : ils se trouverent tout-à-coup citoyens ; & le brigandage, qui les avoit armés, prit le nom d'amour de la patrie, lorsqu'ils eurent qu'elque chose à perdre. Cependant ils ne se tinrent pas sur la défensive. Ils avoient attaqué, il fallut attaquer encore. Forcés à chercher au dehors une diversion aux dissentions qui les troubloient au dedans, ils étoient continuellement entraînés d'une guerre dans une autre. Pour achever de subjuguer les peuples déja conquis, il falloit en subjuguer d'autres, & les exterminer tous en quelque sorte, pour ôter à tous le pouvoir de recouvrer leur liberté. La nécessité de vaincre ne cessant donc pas, les Romains continuerent d'avoir des succès, & se crurent enfin nés pour commander.

Les patriciens, naturellement durs & injustes, se laissent tout ravir.

Le gouvernement n'étoit pas purement monarchique, parce qu'il ne fut pas au pouvoir du souverain de s'arroger toute l'autorité. Tant que le peuple eut part à la puissance, il eut part au butin & aux conquêtes. Dans la suite, devenu pauvre, il fut moins craint, moins respecté, & la souveraineté passa toute entiere aux patriciens, qui se croyant souverains par droit de naissance, furent naturellement durs & injustes.

La puissance consulaire n'offrit qu'une ombre de liberté & fit naître plusieurs tyrans pour un qu'elle avoit détruit. La guerre ne se fit plus que pour les patriciens. Si les plébéiens étoient hors d'état de fournir aux frais de chaque campagne, ils contractoient des dettes; & s'ils devenoient insolvables, ils tomboient dans les fers de ceux pour qui ils avoient conquis des terres.

Voilà la source des dissentions. Les patriciens, durs & aveugles, ne cedent rien, & se laissent tout ravir. Un premier avantage est pour les plébéiens un droit de demander de d'obtenir encore. Le tribunat militaire s'établit: le consulat se partage entre les deux ordres : tous les honneurs enfin deviennent communs à l'un & à l'autre.

Les dettes & les loix Agraires sont le grand instrument des tribuns du peuple. Elles sont le prétexte des démarches, dont l'ambition est le motif. Les pauvres restent pauvres, & les tribuns parviennent aux dignités.

Les Romains n'écoutent la justice ni dans les dissentions qu'ils ont entre eux, ni dans les guerres qu'ils font aux autres peuples.

Au milieu des troubles, on demande des loix. On en fait, on les élude, on les oublie, on les enfreint. Rien n'est réglé, ni les droits des patriciens, ni ceux des plébéiens, ni même ceux des magistrats. L'avidité est la regle des citoyens puissants ; ils se font des droits de leurs prétentions, & ils usurpent. L'autorité est donc en quelque sorte au pillage. Comme le même esprit conduit les citoyens au dedans & au dehors, on n'écoute pas plus la justice dans les dissentions que dans les guerres. Dans celles-là, les plébéiens sont traités de séditieux, & les patriciens de tyrans : dans celles-ci, les Romains sont traités d'usurpateurs, & leurs ennemis de rebelles. Malheur, sur-tout, aux peuples alliés : s'ils ne se croient pas sujets, Rome se croit souveraine : & elle punit en eux, comme une révolte, l'amour qu'ils montrent pour la liberté.

Le courage est le plus beau côté des Romains. Admirons leur valeur, mais apprécions la. Ils ne pouvoient pas ne pas être courageux, puisqu'ils se voyoient toujours dans la nécessité de vaincre ou de tomber en esclavage. D'ailleurs, un peuple doit tout oser, lorsqu'il se croit assuré de la victoire, sur la foi des auspices qui lui déclarent que les dieux sont pour lui. Son courage devient alors un vrai fanatisme. En combattant pour ce qu'il appelle la patrie, il croit combattre pour les dieux, qu'il rend complices de toutes ses entreprises, même des plus injustes. Mais les vertus, ce me semble, perdent beaucoup de leur prix, lorsqu'elles ont pour principes des préjugés qui deshonorent la raison.

Le courage des Romains est un vrai fanatisme.

Il seroit fâcheux pour nous que les Grecs n'eussent pas existé. Mais que devons nous aux Romains? qu'ont-ils inventé? qu'ont-ils perfectionné? ils ont eu de grands hommes, sans doute: mais enfin un pareil peuple est un fléau pour la terre.

Les Romains étoient avares

On loue leur frugalité, leur désintéressement & leur pauvreté. On cite Cincinnatus qui cultivoit son champ, Fabricius qui se refusoit aux offres de Pyrrhus, & Curius Dentatus qui répondoit aux Samnites, *j'aime mieux commander à ceux qui ont de l'or que d'en avoir moi-même*. Cependant ce n'est pas d'après quelques citoyens, qu'on doit juger d'une nation : il faut considérer l'esprit qui la gouverne. Or, c'est l'avarice des riches qui jetoit le peuple dans la misere : c'est elle, qui donnoit naissance aux usures les plus criantes : c'est elle, qui chargeoit de fers les citoyens insolvables : c'est elle, en un mot, qui a été le principe de tous les troubles domestiques. A la vérité, tant que les Romains n'ont pas connu l'argent, ils n'en ont pas été avares : mais ils l'ont été du cuivre, & le métal ne fait rien à la chose.

Cause du désintéressement de quelques citoyens.

Les exemples de désintéressement qu'on voit dans le cinquieme siecle, sont uniquement l'effet de la jalousie qui regnoit entre les deux ordres. Les plébéiens, tels que les Fabricius & les Curius, aimoient leur pauvreté, parce qu'elle les mettoit à l'abri de l'envie, & ils l'aimoient d'autant plus que les patriciens se rendoient odieux par leur avarice. Cette façon de penser devoit être commune à tous les plébéiens, qui, pouvant se distinguer par leurs services, n'avoient pas besoin de la considération que donnent les richesses.

Les citoyens riches ne pensoient pas de même. On n'a jamais pu réprimer leurs usures, ni empêcher leurs usurpations. Quoique la loi Licinia ne permît pas de posséder au-delà de cinq cents arpents, ils s'approprierent, pendant les dernieres guerres, des provinces entieres :

ils en chasserent les anciens habitants, & ils les peuplerent de leurs esclaves. Tel est l'état où l'avidité avoit réduit plusieurs des pays conquis, lorsque Rome acheva la conquête de l'Italie.

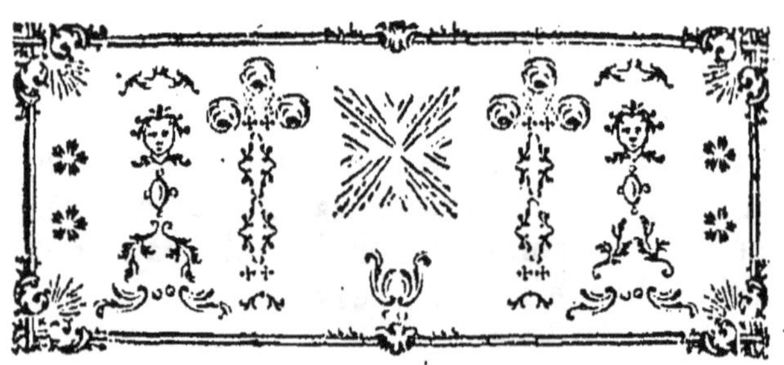

LIVRE SEPTIEME.

POUR suivre le progrès des armes des Romains, il est necessaire de connoître les Carthaginois & les peuples de Sicile, dont l'histoire d'ailleurs mérite d'être connue. Ce sera le sujet de ce livre.

CHAPITRE I.

Des Carthaginois jusqu'à leur alliance avec Xerxès.

Didon conduit en Afrique une colonie d'hom-

ELISSE, plus connue sous le nom de Didon, est la fondatrice de Carthage. Pigmalion, son frere, regnoit à Tyr: prince avare, cruel, né pour le malheur de ses sujets, & par conséquent, malheureux lui-même. Sichée, son oncle & son beau-frere, fut une des victimes de son avarice. Il le fit mourir pour en avoir les biens. mes industrieux.

Sichée étoit extraordinairement riche. Par conséquent, il est à présumer que la plus grande partie de ses biens n'étoit pas de nature à être transportée à l'insu du roi de Tyr. Il n'est donc pas vraisemblable, quoi qu'en disent les historiens, que Didon ait dérobé à Pigmalion tout le fruit de son crime. Il paroît seulement qu'elle s'enfuit avec des trésors, & qu'elle aborda sur les côtes d'Afrique, près d'Utique, colonie phénicienne.

Vous connoissez, Monseigneur, l'ancienneté de Tyr, & vous savez que cette ville a étendu sur mer son commerce & sa puissance. L'industrie enrichit ses citoyens : le luxe qui suit les richesses, fit prendre un nouvel essor à l'industrie; & les arts furent cultivés, ainsi que les sciences relatives aux besoins d'un peuple florissant.

Ceux qui suivirent Didon n'étoient pas, sans doute, ce qu'il y avoit de moins estimable à Tyr : car ce sont les arts, les sciences & les vertus, sur-tout, qui fuient les tyrans. Il ne faut donc pas juger des commencements de Carthage par ceux des villes de la Grece, encore moins par ceux de Rome. Ce ne sont pas des aventuriers qui s'établissent parmi des sauvages : ce ne sont pas des brigands, qui ramassés de toutes parts, s'arment contre les villes où l'on n'a pas voulu d'eux pour citoyens. Ce sont des hommes industrieux, qui cherchent un pays où il leur soit permis de jouir des fruits de leurs talents.

Carthage peut avoir été fondée vers le temps, où Lycurge donna ses loix.

Les auteurs ne s'accordent pas sur le temps où Carthage fut fondée. Les uns veulent que ce soit 142 ans avant Rome, d'autre 65 seulement ; & entre ces deux opinions, il y en a plusieurs encore, qui diffèrent toutes de quelques années. Mais l'intervalle de 65 à 142 est peu de chose pour nous, qui cherchons moins des dates, que des faits instructifs. Je supposerai seulement que la fondation de Carthage répond au temps où Lycurgue donna ses loix, c'est-à-dire, à l'année 885 av. J. C. Si c'est une erreur, elle n'est pas grande. Elle liera cet événement à une époque que nous connoissons déja, & ce sera un secours pour notre mémoire.

Didon paroît s'être établie sans obstacle.

Didon acheta le sol, sur lequel elle bâtit Carthage, & s'assujettit à payer un tribut aux Africains qui le lui vendirent. Il se peut, comme on le dit, qu'elle se soit établie sans obstacle : car dans ces siecles où l'hospitalité étoit, sur-tout, la vertu des nations pauvres, autant les peuples faisoient la guerre avec férocité, autant ils se montroient humains, lorsqu'on n'employoit pas la violence contre eux. D'ailleurs les Africains, qui ne s'adonnoient ni au commerce ni à la navigation, n'avoient aucun intérêt à défendre leurs côtes. Comme ils n'en faisoient aucun usage, ils n'avoient pas de répugnance à en abandonner quelques parties; & il est vraisemblable, que voyant l'établissement d'une colonie nouvelle avec curiosité plutôt qu'avec jalousie, ils étoient plus portés à concourir aux desseins de Didon, qu'à s'y opposer. Il se pourroit néanmoins que cette princesse n'eût été regardée comme la fondatrice de Carthage, que parce qu'elle augmenta considérablement cette ville: car il paroît, que plus de trois siecles auparavant, des Phéniciens en avoient déja jeté les premiers fondements.

Les Phéniciens dont les Carthaginois étoient une colonie.

Nous avons vu que, lors de la conquête du pays de Canaan par les Hébreux, Sidon ouvrit un asyle aux Phéniciens; & que leur ayant fourni des vaisseaux, elle forma plusieurs établissements pour son commerce. Elle répandit des colonies dans les îles de la Méditerranée, sur les côtes d'Afrique, sur celles d'Espagne, & c'est à ce siecle que remontent la fondation d'Utique & celle de Cadix. Vers le temps de la guerre de Troye, les Phéniciens passerent le détroit de Gibraltar, & fonderent plusieurs villes sur les côtes occidentales de l'Espagne & de l'Afrique. Enrichis par le commerce, ils cultiverent de bonne heure les arts; & toute la tradition dépose que les lettres, à leur naissance, leur durent, au moins autant, qu'elles pouvoient devoir aux Egyptiens & aux Chaldéens. Plus libres que ces peuples, puisque le commerce florissoit parmi eux, ils pensoient avec plus de liberté.

Nous ne savons pas l'histoire des premiers temps de Carthage.

Tout étoit commun entre les Tyriens & les Carthaginois : la langue, les usages, les loix, la réligion, l'industrie, les arts & les sciences. On ne peut donc pas douter que les Carthaginois n'aient eu des historiens, puisque les Phéniciens en avoient eux-mêmes plusieurs siecles auparavant. Cependant, les premiers temps de leur histoire sont tout-à-fait inconnus. Les Romains, qui ont détrüit Carthage, semblent avoir voulu que cette ville ne fût comptée que parmi leurs conquêtes; & ils ont effacé tous les monuments, qui pouvoient nous apprendre ce qu'elle a été.

Carthage a fait des progrès rapides.

Les colonies, transplantées sur les côtes de la Grece, ont été lentes dans leurs progrès. Il n'en a pas été de même de Carthage. Ses citoyens, plus industrieux, s'adonnerent à la navigation & au commerce, avec d'autant plus de succès qu'ils n'avoient qu'à marcher sur les traces des Tyriens. Situés avantageusement pour cultiver l'un & l'autre, c'est en se rendant puissants sur mer, qu'ils pouvoient le devenir dans le continent de l'Afrique, & tout concouroit à faire des Carthaginois un peuple de commerçants. Dès les temps de Cyrus, ils

ils étoient redoutables par leur marine. Un des plus anciens combats de mer, dont il soit parlé dans l'histoire, est celui que leur flotte, combinée avec celle des Étrusques, livra aux Phocéens d'Ionie, qui fuyoient la domination du roi de Perse. Ceux-ci se flatterent d'avoir remporté la victoire : mais leur perte fut si grande, qu'ils abandonnerent Cirne, aujourd'hui l'île de Corse. Forcés à se réfugier à Rhege, ils se réunirent ensuite à deux de leurs colonies qui s'étoient établies auparavant, l'une à Marseille, & l'autre dans une petite île vis-à-vis de la Lucanie.

Nous en connoissons mal le gouvernement.

Il ne reste aucune trace du premier gouvernement des Carthaginois. Il est vraisemblable qu'il étoit monarchique, puisque les Tyriens n'en connoissoient pas d'autre. Mais la monarchie ne subsistoit plus dans les siecles, où nous commençons à connoître l'histoire de Carthage. Aussi haut que nous pouvons remonter, nous y voyons une république, dont nous ne saurions nous faire une idée exacte, & dont nous ignorons tout-à-fait les révolutions.

Avec quelle facilité les Carthaginois ont fait des établissements pour le commerce.

Je conjecture qu'on se trompe, quand on regarde, comme des conquêtes, les premiers établissements des Carthaginois dans les îles de la Méditerranée & sur les côtes d'Espagne. Dans les commencements ; ils n'étoient pas soldats, & ils n'en soudoyoient point, c'étoient des marchands, qui abordoient par tout où ils pouvoient faire des échanges avec avantage. Ils avoient appris à Tyr que les peuples d'Espagne, sans arts & sans connoissances, avoient en abondance de l'or & de l'argent, & n'attachoient aucun prix à ces métaux. Ils allerent donc, à la suite des Tyriens, offrir aux Espagnols des choses de peu de valeur, & ils en rapporterent de l'or & de l'argent. Ces richesses n'étoient pas les seules que produisoit l'Espagne. On en tiroit encore du fer, du plomb, du cuivre, de l'étain; & cette branche de commerce n'étoit pas la moins considérable.

Les choses n'ont de prix que par l'usage qu'on en fait. Les Espagnols gagnoient donc eux-mêmes aux échanges qu'ils faisoient avec les Carthaginois. Il étoit par conséquent de leur intérêt des les attirer chez eux; & il est vraisemblable, que, bien loin de s'opposer à leur établissement, ils offroient de leur vendre des terres, ou que même ils leur en abandonnoient. Voilà comment Carthage établit des colonies chez les peuples qui recherchoient le commerce avec l'étranger. Il lui fut aussi facile d'en établir chez les nations sauvages, qui se refusant à toute espece de commerce, se retiroient dans leurs bois & dans leurs montagnes, lorsque des étrangers abordoient sur leurs côtes.

Tyr & Carthage faisoient,

C'est par les commerçants de Tyr & de Carthage, que l'orient communiquoit avec l'occident. Ils étoient les commissionnaires de toutes les nations, & ils gagnoient sur toutes. Ils pouvoient faire ce commerce sans se nuire. Ils se donnoient même des secours: car Tyr & Carthage, par leur situation, servoient d'entrepôt l'une à l'autre. La concurrence n'élevoit point de guerres entre ces villes; & on remarque qu'elles ont toujours été fort unies. La colonie n'oublia jamais la métropole, d'où elle tiroit son origine. Toutes les années elle y envoyoit des présents, & elle y faisoit offrir des sacrifices aux dieux tutelaires des deux peuples.

Sans se nuire, tout le commerce de l'orient avec l'occident.

Enrichis par le commerce avec autant de promptitude que de facilité, les Carthaginois eurent de bonne heure des flottes & des soldats. Alors trop resserrés dans les terres qu'ils avoient achetées, ils armerent contre les Maures, les Numides & les Africains: ils s'affranchirent du tribut qu'ils payoient; & ils firent des conquêtes en Afrique. On peut conjecturer que leurs colonies entreprirent aussi de s'agrandir, & que par conséquent, ils eurent des guerres par-tout où ils avoient fait des établissements.

Enrichis par le commerce, les Carthaginois font la guerre à leurs voisins.

Les nations contre lesquelles ils avoient à combattre, sans être puissantes, paroissoient difficiles à subjuguer. C'étoit une multitude de petites cités, peu capables, à la vérité, de se réunir pour leur défense commune; mais toutes

Ils s'agrandissent lentement par la voie des armes.

belliqueuses, & toutes également jalouses de leur liberté. Voilà ce qu'offroient l'Espagne, la Sicile & l'Italie, où les Carthaginois ont fait leurs premiers établissements; & c'est ainsi que toute l'Europe étoit alors divisée. Une victoire ne soumettoit donc qu'un petit canton. On trouvoit au de-là de nouveaux ennemis; & quelque supérieures que fussent les forces d'une colonie carthaginoise, elle ne pouvoit subjuguer les cités que les unes après les autres; & par cette raison, elle s'agrandissoit lentement.

De toutes ces guerres, les plus intéressantes pour les Carthaginois étoient celles qu'ils faisoient en Afrique, où il leur importoit, surtout, de reculer leurs frontieres. Ils y étoient puissants, lorsque leurs colonies paroissoient plutôt des entrepôts pour le commerce, que des places élevées pour ouvrir un pays à leurs armes.

Ils n'avoient que des troupes mercenaires, & ils pouvoient lever de grandes armées.

Occupés de leur commerce, les Carthaginois n'avoient guere que des troupes mercenaires. Ils levoient des soldats en Afrique, en Espagne, en Italie, dans les îles de la Méditerranée, dans les Gaules & dans la Grece. Ils pouvoient avoir de grandes armées, parce qu'ils étoient riches, & que d'ailleurs l'entretien des troupes n'étoit pas dispendieux, puisqu'alors les choses absolument nécessaires étoient à bas prix.

La guerre n'étoit pas encore un art. On la faisoit avec plus de courage que de méthode. Le nombre, par conséquent, décidoit du sort des combats, & les grandes armées avoient ordinairement l'avantage. Les Carthaginois devoient donc avoir des succès, & ils en eurent.

C'en étoit assez pour avoir des succès.

L'argent étoit pour eux le nerf de la guerre. Toujours en état d'acheter des troupes, ils pouvoient toujours réparer leurs pertes, & retomber sur leurs ennemis avec de nouvelles forces.

Ils jugeoient de leur puissance par leurs richesses.

Dans cette position, ils s'accoutumoient à juger de leur puissance par leurs richesses. Parce qu'ils soudoyoient de grandes armées, ils croyoient s'assurer la victoire. Ils ne comprenoient plus qu'ils dussent éprouver des revers; & rejetant sur leurs généraux les mauvais succès d'une campagne, ils les en punissoient.

La guerre qu'ils ont faite aux Grecs établis dans la Sicile, est la premiere dont l'histoire ait conservé les détails. Il y avoit, sans doute, long-temps qu'ils avoient fait des établissements dans cette île: mais on n'en sait pas l'époque. On voit seulement par le traité qu'ils firent avec Rome, l'année de l'expulsion des rois, qu'ils avoient quelques places sur la côte méridionale de la Sicile.

Ils étoient établis en Sicile depuis long-temps, lorsqu'ils firent un traité avec Xerxès.

On les regardoit alors comme la principale puissance d'occident. Darius leur envoya des ambassadeurs, & leur proposa de s'allier avec lui contre les Grecs ; & ils conclurent ce traité avec Xerxès, lorſque ce prince entreprit d'exécuter les projets de ſon pere. Ils s'engagerent à tomber avec toutes leurs forces ſur les Grecs de Sicile & d'Italie, pendant que Xerxès marcheroit contre la Grece.

CHAPITRE II.

De Carthage & de la Sicile jusqu'à la fin de la guerre que les Athéniens ont portée dans cette île.

LA Sicile, la plus grande des îles de la Méditerranée, a eu, comme la Grece, des temps fabuleux qui ne sont connus que par les poëtes, & qu'on doit mettre parmi les temps inconnus. Les Lestrigons & les Cyclopes ont paru aux Grecs en être les premiers habitants, parce que ce sont les premiers que des rélations fabuleuses leur ont fait connoître. Mais ils n'ont entendu parler de cette île, que depuis la guerre de Troye, lorsque des Troyens, qu'on dit avoir bâti Érix & Égeste, s'y furent établis.

Temps inconnus & obscurs de l'histoire de Sicile.

La Sicile, qu'on nommoit Trinacrie, parce qu'elle est triangulaire, prit le nom de Sicanie des Sicaniens, qui se disoient naturels du pays, & qu'on croit Espagnols d'origine, parce qu'il y a en Espagne un fleuve qu'on nommoit Sicanus. Dans la suite, les Siciliens, venus d'Italie, s'emparerent d'une grande partie de cette île, à laquelle ils donnerent leur nom, & ils forcerent les Sicaniens à se retirer dans la partie méridionale.

Ces commencements sont très-obscurs. Ce qu'il y a de certain, c'est que dans les temps où la navigation n'étoit pas connue, les peuples d'Italie ont seuls pu passer en Sicile.

Gouvernement des plus anciens peuples de cette île.

Il semble que la premiere peuplade, aussitôt qu'elle y arriva, dût naturellement se disperser sous différents chefs. Chacun s'établit dans le lieu qui lui convenoit; & il se forma plusieurs cités, qui se gouvernerent séparément.

Ces cités étoient autant de petites monarchies, qui ayant une origine commune, s'intéressoient les unes aux autres, & paroissoient former une espece de confédération. Plus ou moins unies, tant qu'elles conserverent le souvenir de leur origine, il est vraisemblable qu'il ne fut jamais en leur pouvoir de se gouverner par les mêmes magistrats, & de ne faire toutes ensemble qu'une seule république. Il en a été d'elles, comme des cités que nous avons vues dans la Toscane, dans le Latium, & dans toutes les parties de l'Europe, que nous avons observées.

Il étoit facile aux étrangers d'y faire des établissements.

Cette forme de gouvernement ouvroit leur pays à l'étranger. De nouvelles peuplades pouvoient donc s'y établir facilement; & par conséquent, la Sicile a dû être exposée à bien des révolutions.

Elle est située si avantageusement pour le commerce, qu'on ne peut pas supposer que les Phéniciens aient négligé d'y envoyer des colonies. Il est même vraisemblable qu'ils s'y sont établis avant la guerre de Troye, puisque dès-lors ils navigeoient déja jusques dans l'Océan. Les Grecs n'y sont venus qu'après les Carthaginois. Ils y apporterent la démocratie, l'amour de la liberté, les talents, & ils y firent fleurir les arts & les sciences. Ils s'emparerent d'une grande partie des côtes, & ils chasserent dans l'intérieur les anciens habitants, c'est-à-dire, les Sicaniens & les Siciliens.

Colonies grecques en Sicile.

Leurs premieres colonies arriverent en Sicile, vers le temps de la fondation de Rome. Les Calcidiens d'Eubée fonderent Naxe, Léontium & Catane. Archias de Corinthe bâtit Syracuse; & les Mégariens, ayant été reçus par Hiblon, un des rois de Sicile, bâtirent Mégare, à laquelle on donna le nom d'Hibla. Nous avons vu que les Messéniens, chassés du Péloponese par les Spartiates, s'établirent dans la ville de Zangle, à laquelle ils donnerent leur nom. Une de leurs colonie fonda Himere. Les Syracusains fonderent Acre, Casmene, Camarine & Géla. Une colonie, sortie de cette derniere ville, bâtit Agrigente; & une autre, sortie d'Hibla, fonda Sélinonte. Telles étoient les villes grecques de la Sicile.

L'histoire de Syracuse commence à Gélon,

Syracuse a été la plus florissante. Mais il n'est pas possible de développer les causes de son agrandissement, & nous n'en pouvons commencer l'histoire qu'au regne de Gélon : temps où elle se mêle avec celle de Carthage.

qui est d'abord général du tyran de Géla,

Cléandre, tyran de Géla, ayant été assassiné par un Gélois, laissa la couronne à Hippocrate, son frere. Celui-ci donna le commandement de ses troupes à Gélon. Ce général étoit d'une famille que la sacrificature rendoit respectable, & avoit un mérite qui le fit plus respecter encore. Il soumit plusieurs peuples, enleva Camarine aux Syracusains, & se fit, par une suite de succès, une réputation brillante.

puis tyran de Géla,

Hippocrate, en mourant, laissa deux fils qui ne lui succéderent pas. Un peuple, jaloux de sa liberté, ne s'accoutume point à regarder la couronne comme un bien héréditaire. Le courage & les talents sont à ses yeux des droits supérieurs à ceux de la naissance. Gélon fut roi.

& enfin de Syracuse.

Av. J. C. 491 de Rome 263.

Année de l'exil de Coriolan.

Sur ces entrefaites, quelques citoyens de Syracuse avoient été bannis par une faction. Il s'en déclara le protecteur, & marcha pour les faire rentrer dans leur patrie. Les Syracusains ouvrirent leurs portes, vinrent au devant de lui, reçurent les bannis, & l'inviterent lui-même à les gouverner. S'il avoit dû jusqu'alors des conquêtes à ses armes, il dut cette derniere à ses vertus. C'étoit le vrai moyen de les conserver toutes. Syracuse devint pendant son regne une puissance formidable.

Il regnoit depuis dix ans, lorsqu'Athènes & Lacédémone lui demanderent des secours contre Xerxès qui menaçoit la Grece. Il paroît qu'auparavant il avoit été en guerre avec les Carthaginois, & qu'il avoit inutilement eu recours aux Athéniens & aux Spartiates. Il leur offrit néanmoins deux cents galéres, vingt mille hommes de pied, deux mille chevaux, deux mille hommes de trait, & deux mille frondeurs. Il s'engageoit même à faire les frais de la guerre: mais il vouloit le commandement en chef de toutes les troupes. Cette proposition ayant été rejetée, il se relâcha, & consentit à ne commander que la flotte ou l'armée de terre. Il jugeoit que les Athéniens & les Spartiates, devenant ses alliés, devoient être sous ses ordres, parce qu'il fournissoit plus de troupes qu'aucun de ces deux peuples. Cette façon de penser, qui n'est pas toujours juste, l'étoit de la part de Gélon, digne en effet de commander. Les Grecs répondirent qu'ils avoient besoin de soldats, & non de généraux.

Secours qu'il offre aux Grecs contre les Perses.

Gélon, inquiet sur le succès qu'auroit l'entreprise des barbares, fit partir trois vaisseaux, chargés de magnifiques presents; & ordonna à Cadmus, à qui il les confia, de faire hommage de ces trésors à Xerxès, supposé que ce

Cadmus chargé par Gélon de présents pour Xerxès.

roi fût vainqueur. Cadmus rapporta toutes ces richesses à Gélon ; & Hérodote l'en loue. C'étoit lui faire un mérite de n'avoir pas commis la plus basse infidélité. Il y a dans la vie de Cadmus un trait plus digne d'éloge. Affermi sur le trône dans l'île de Cos, il abdiqua la couronne, parce que ses peres l'avoient mal acquise.

Les Carthaginois portent la guerre en Sicile.

Il paroît qu'en Sicile on n'avoit aucune connoissance du traité de Xerxès avec les Carthaginois. Car les écrivains siciliens, selon Hérodote, assuroient que Gélon étoit résolu à donner des secours aux Grecs ; & qu'il eût même servi sous leurs généraux, si dans ces circonstances, les Carthaginois n'eussent pas porté la guerre en Sicile.

Ils y avoient été appellés par Térillus, tyran d'Himere, qui avoit été dépouillé par Théron, tyran d'Agrigente. Celui-ci d'une ancienne famille de la Grece, descendoit de Cadmus. Il étoit allié de Gélon, à qui il avoit donné sa fille, & dont il avoit épousé la niece. Le roi de Syracuse, qui arma pour son beau-pere, leva cinquante mille hommes de pied & cinq mille chevaux.

Les préparatifs des Carthaginois étoient terribles. Amilcar partit avec une flotte de deux mille vaisseaux de guerre, de trois mille de transport & de trois cents mille hommes de débarquement. Il descendit à Panorme, & mit le siege devant Himere.

Il ne faut pas, Monseigneur, que cette armée vous surprenne. Il n'en est pas de Carthage ainsi que de Rome. Comme elle pouvoit faire des recrues dans tous les pays, où elle étendoit son commerce, elle avoit des soldats avec de l'argent; & elle ne l'épargnoit pas, persuadée que les succès suivent les grandes armées. Ces marchands pensoient-là-dessus, comme Xerxès: ils se tromperent de même.

Ils sont entiérement défaits.

Av. J. C. 480 de Rome 274.

Année de la bataille de Salamine.

Amilcar avoit formé deux camps. Dans l'un étoient ses vaisseaux de ligne, qu'il avoit tirés sur le rivage, & qu'il faisoit garder par ses troupes de mer. Dans l'autre étoient les troupes de terre. Il les avoit tous deux parfaitement bien retranchés; car il passoit pour le plus grand capitaine des Carthaginois. Mais il n'y a point de retranchements contre le courage, quand la sagesse le guide, & que la présence d'esprit saisit le moment d'agir.

La cavalerie de Gélon se présenta au premier camp, à peu-près dans le temps que l'ennemi attendoit un pareil corps, qu'on lui envoyoit de Sélinonte. Cette troupe pénétré, comme amie, poignarde Amilcar qui faisoit un sacrifice, & met le feu à la flotte. Voilà ce que fit le stratagême. Le courage força le second camp, & mit trois cents mille hommes en déroute.

Une moitié périt dans le combat, ou dans la fuite; l'autre porta les fers. Jamais victoire n'éleva des trophées sur tant de morts & sur tant de prisonniers. Il n'échappa qu'une vingtaine de vaisseaux, qui se trouverent par hasard en mer. Mais battus par la tempête, ils furent submergés. A peine se sauva-t-il quelques matelots, pour porter à Carthage cette nouvelle si inattendue & si funeste.

Ils obtiennent la paix.

Tous les tyrans de Sicile, ceux, sur-tout, qui avoient été jusqu'alors le plus opposés à Gélon, rechercherent son amitié; & les Carthaginois, qui crurent déja le voir à leurs portes, se hâterent de lui demander la paix. Ils l'obtinrent. Une des conditions fut, qu'ils n'offriroient plus de victimes humaines à leurs divinités. Il est beau de vaincre, quand on impose de pareilles loix aux vaincus. Dans ce traité, Gélon est au dessus de sa victoire.

Il n'avoit pas oublié le danger où étoit la Grece, & il y vouloit conduire une puissante armée, dût-il servir sous les ordres d'un Spartiate ou d'un Athénien. Dans cette circonstance, il apprit la victoire de Salamine. N'ayant plus alors de motif pour prendre les armes, & se sentant des talents dans la paix comme dans la guerre, il préféra les plus estimables aux plus brillants, & il s'occupa du bonheur de ses sujets.

Il voulut s'assurer de l'amour des Syracusains, ou plutôt il voulut se procurer une occasion d'en jouir. Dans cette vue, il convoqua une assemblée générale, où il ordonna que tout le peuple se rendroit en armes. Il y parut lui-même, désarmé, sans suite, sans appareil, & il rendit compte de sa conduite. Vous imaginez quels furent les effets de cette démarche. Vous entendez les noms de bienfaiteur, de sauveur, & toutes les acclamations d'un peuple heureux. Non-seulement, on lui confirma la puissance: on arrêta encore, à sa considération, qu'après lui la couronne passeroit à ses freres. Les Syracusains néanmoins étoient idolâtres de leur liberté. Mais, Monseigneur, quand les rois sont justes, les peuples chérissent les rois; & quelque jaloux qu'ils soient de se gouverner eux-mêmes, ils aiment encore mieux être bien gouvernés.

Les Syracusains confirment la souveraineté à Gélon.

On érigea une statue à Gélon. Vous croyez peut-être, qu'on le représenta foudroyant les Carthaginois. Non, Monseigneur; on le représenta seulement en habit de simple citoyen, tel qu'il avoit paru dans l'assemblée du peuple. C'est ainsi que les Syracusains louoient leur roi, & que leur roi aimoit à être loué.

Ils lui élevent une statue.

Gélon, desirant d'attirer les étrangers dans ses états, donna les droits de citoyens à dix mille. Cependant ce n'étoit pas assez pour lui que son peuple fût nombreux: il vouloit en-

Soins de Gélon pour le gouvernement.

core qu'il s'occupât, & qu'il s'endurcît au travail & à la fatigue. Il donnoit des soins particuliers à l'agriculture. On le voyoit souvent se promener dans la campagne, & préférer la conversation de ses laboureurs à celle de ses courtisans. Il regardoit la couronne comme une obligation de défendre l'état, de rendre la justice, de protéger les foibles, d'encourager les talents utiles, & de donner à ses sujets l'exemple des vertus. Malheureusement il mourut deux ans après sa victoire. Il fut enterré sans pompe, comme il l'avoit ordonné, ou plutôt sans dépense extraordinaire : car c'étoit une grande pompe que les peuples, en larmes, qui le suivirent jusqu'à son tombeau, à vingt milles de Syracuse. Les Syracusains éleverent dans cet endroit un monument magnifique.

Sa mort.

Av. J. C. 477 de Rome 277.

Guerres des Carthaginois.

Les Carthaginois, après avoir fait la paix avec le roi de Syracuse, armerent contre les Numides & contre les Cyrénéens. Cyrene avoit été fondée par Battus, Lacédémonien, plus de cent ans avant le regne de Gélon. On ne sait point le détail de ces guerres.

Regnes d'Hiéron & de Thrasybule, freres de Gélon

Les historiens ne s'accordent pas dans les jugements qu'ils portent sur Hiéron, qui succéda à Gélon, son frere: Il parut rechercher les hommes de mérite, & il attira auprès de lui des poëtes, tels que Pindare & Simonide. D'ailleurs, il ne fit rien de remarquable. Il regna onze ans, & laissa la couronne à son frere Thrasybule, tyran tan cruel & sanguinaire, qui força ses sujets à la lui ôter. Thrasybule se retira, après onze mois de regne, à Locres, dans la grande Grece.

A cette occasion toutes les villes grecques secouerent le joug de la tyrannie, & formerent une confédération entre elles pour assurer leur liberté. Une assemblée, à laquelle chacune envoya ses députés, ordonna qu'on éleveroit une statue colossale à Jupiter Libérateur, & que chaque année on célébreroit cet événement par des sacrifices & par des jeux.

Confédération des villes grecques de Sicile pour la liberté commune.

Av. J. C. 466 de Rome 288.

Cette assemblée, qui fit elle-même le choix des magistrats, donna l'exclusion aux étrangers, parce qu'elle les jugea plus faits pour obéir à des tyrans, que pour servir dans une république. Cette exclusion odieuse les souleva. Syracuse eut bien de la peine à les réduire. Enfin toutes les villes confédérées ayant conspiré contre eux, on les força de se retirer à Messine.

Pétalisme.

Tout parut alors tranquille. Mais bientôt après, il naquit des troubles, sur-tout, à Syracuse, & ce fut à cette occasion qu'on imagina le pétalisme. Les citoyens écrivoient sur une feuille d'olivier, le nom de celui dont ils craignoient le crédit, & il étoit banni pour cinq ans. Cet usage écarta des affaires les plus honnêtes gens, livra la république aux hommes les moins capables de gouverner, & les desordres vinrent au point, qu'on fut obligé d'abolir le pétalisme.

Deucétius ennemi des Syracusains.

A l'avantage de la situation, la Sicile joignoit la fertilité du sol. La liberté donna l'essor à l'industrie. L'agriculture & le commerce furent plus cultivés que jamais, & les villes grecques devinrent florissantes en peu de temps.

Cependant, les Siciliens proprement dits ne permettoient pas aux Grecs de jouir de la paix. Deucétius, leur général, eut même des avantages sur plusieurs républiques, & particuliérement sur Syracuse. Mais lorsqu'il formoit de nouveaux desseins, une défaite, suivie de l'abandon de ses troupes, le laissa tout-à coup sans ressources.

Dans son désespoir, il osa chercher son salut chez ses ennemis mêmes. Il vient de nuit à Syracuse; & s'étant rendu dans la place publique, il se prosterne aux pieds des autels, & offre au peuple sa vie & son pays. Les Syracusains pouvoient se venger: ils eurent la générosité de lui pardonner. Jugeant que c'étoit assez de l'éloigner, ils l'envoyerent à Corinthe pour y passer le reste de ses jours, & ils lui assurerent un revenu convenable. Mais le repos étoit trop opposé à son caractère. Il revint en Sicile, dans l'espérance d'y former un nouvel établissement; & il réussissoit déja, lorsque la mort l'arrêta au milieu de ses succès.

Les Syracusains veulent subjuguer la Sicile.

Les Syracusains faisoient alors la guerre aux autres villes grecques. Une victoire, remportée sur les Agrigentins, ne paroissoit plus laisser d'obstacle à leur ambition. Ils traitoient déja leurs alliés avec hauteur, & ils se regardoient comme les maîtres de la Sicile. Plus un peuple est jaloux de sa liberté, plus son empire est tyrannique. Les Léontins qui se défendoient encore, demanderent des secours à la république d'Athènes.

Les Athéniens appellés par les Léontins, envoient une flotte sur les côtes de Sicile.

Av. J. C. 427 de Rome 327.

Nous avons vu que les Athéniens se proposoient la conquête de la Sicile, & que ce fut même par ce motif qu'ils se déclarerent pour les Corcyréens contre les Corinthiens. Ils saisirent donc le prétexte des secours qu'on leur demandoit, & ils équiperent une flotte, qui se montra dans les mers de Sicile. Mais comme leur dessein ne pouvoit être secret, les Léontins, qui se reprochoient de les avoir attirés, firent la paix avec Syracuse; & les Athéniens en furent pour les frais de leur armement.

Av. J. C. 415 de Rome 339.

Ils portent la guerre en Sicile.

C'est environ douze ans après que les Athéniens envoyerent une nouvelle flotte, sous les ordres de trois généraux, Alcibiade, Nicias & Lamachus. Les Égestains, en guerre avec les Sélinontains que Syracuse soutenoit, s'étoient engagés à soudoyer leurs troupes, & leur avoient promis les secours de plusieurs villes. Mais

Athènes ne devoit pas compter sur de pareilles promesses.

Persuadés que cette république, qui avoit été trompée quelques années auparavant, ne tenteroit pas une nouvelle entreprise sur la Sicile, les Syracusains ne prenoient aucunes mesures pour leur défense ; & il est vraisemblable que cette sécurité leur eût été funeste, si les ennemis, qui s'étoient rassemblés à Corcyre, se fussent hâtés de passer en Sicile.

Athènes, dans sa confiance, avoit négligé de s'assurer des peuples de la grande Grece. Tarente & Locres lui refuserent leurs secours ; & Rhege, où la flotte s'arrêta, se déclara pour la neutralité. On avoit néanmoins compté sur les habitants de cette ville, parce qu'ils étoient originaires de Calcide, ainsi que les Léontins, ennemis de Syracuse.

Les généraux ne s'accorden pas sur le plan qu'ils veulent se faire.

Ils s'agissoit de savoir par où on ouvriroit la campagne. Les généraux ne s'accorderent pas. L'avis de Nicias fut de marcher à Sélinonte. Comme il avoit toujours été contraire à cette guerre, il vouloit se borner à rétablir la paix entre les Sélinontains & les Égestains.

Alcibiade, qui avoit promis de plus grands succès aux Athéniens, proposoit de rechercher l'alliance des Siciliens, des Grecs, &, sur-tout, des Messéniens, dont la ville & le port ouvriroient la Sicile à de nouveaux secours. Il pensoit qu'il falloit, avant tout, s'assurer de la plus grande partie des peuples de cette île, parce qu'alors on seroit maître de porter la guerre où l'on jugeroit à propos.

C'étoient là des mesures qu'il auroit fallu prendre avant de partir d'Athènes; mais dès qu'on étoit à Rhege, il ne restoit plus d'autre parti que d'attaquer promptement Syracuse. C'étoit l'avis de Lamachus: on ne le suivit pas.

La flotte fit voile pour la Sicile, & Alcibiade se rendit maître de Catane par surprise. C'est toute la part qu'il eut à cette expédition, qu'il avoit conseillée. Il fut alors rappellé.

Syracuse assiégée, & réduite à l'extrémité.

Après son départ, Nicias resta seul chargé de la conduite de cette guerre, son collégue, qui étoit pauvre, étant peu considéré. On reprochoit à ce général de la timidité. Il est vrai qu'il étoit lent à se décider: mais il exécutoit avec courage tout ce ce qu'il entreprenoit. Il remporta une victoire, & il mit le siege devant Syracuse.

Les Syracusains députerent aux Corinthiens & aux Spartiates, pour leur demander des secours & pour les engager à faire une diversion. Alcibiade, qui étoit à Sparte, appuya les députés: ils obtinrent ce qu'ils demandoient: les Lacédémoniens porterent leurs armes dans l'Attique, & envoyerent à Syracuse un corps de troupes sous les ordres de Gilippe. Les Corinthiens se préparoient aussi à secourir incessamment cette ville.

Cependant Syracuse étoit bloquée. La flotte des Athéniens fermoit l'entrée du port: un mur de contrevallation, que Nicias avoit presque achevé, alloit bientôt enfermer la ville du côté de la terre: les peuples de Sicile commençoient à se déclarer pour les Athéniens : ils apportoient l'abondance dans leur camp : & les Syracusains, qui avoient été défaits dans plusieurs sorties, & qui souffroient beaucoup de la disette, se voyoient sans ressources, si les secours de Sparte & de Corinthe se faisoient attendre quelque temps.

Secours qui lui arrivent.

Ils songeoient à capituler, & ils faisoient déja des propositions, lorsque Gilippe arriva. Il avoit peu de vaisseaux, & Nicias auroit pu s'opposer à son débarquement : mais aveuglé par ses succès, il affecta de le mépriser. L'arrivée d'une flotte des Corinthiens acheva bientôt de rendre le courage aux assiégés.

Nicias, général des Athéniens, demande des secours.

Alors les choses changerent de face. Gilippe, qui eut l'avantage dans plusieurs actions, ramena, dans le parti des Syracusains, plusieurs villes de Sicile; & cependant les forces des Athèniens diminuoient d'un jour à l'autre. Nicias, qui avoit perdu son collegue dans un combat, écrivit à sa république. Il représenta la nécessité de rappeller l'armée, ou d'envoyer de nouveaux secours: il demanda, sur-tout, qu'on lui donnât un successeur ; son âge & sa santé ne lui permettant pas de conserver le commandement.

Les Athéniens nommerent Eurimédon & Démosthene pour remplacer Alcibiade & Lamachus. Le premier partit sur le champ avec dix galeres, & le second attendit qu'on eût équipé une flotte, qui devoit porter de plus grands secours. On conserva le commandement à Nicias, & on arrêta, qu'en attendant les collegues qu'on lui envoyoit, il s'aideroit de Ménandre & d'Euthydeme, deux officiers qui servoient dans son armée.

L'armée des Athéniens est exterminée.

Cependant il avoit été chassé de plusieurs forts. Avec des troupes inférieures en nombre & fatiguées, il étoit comme assiégé dans son camp, où les vivres n'arrivoient qu'avec beaucoup de difficulté. Dans cette situation, il se proposoit de ne rien hasarder avant l'arrivée de Démosthene. Ménandre & Euthydeme, jaloux de signaler le temps de leur commandement, ne furent pas de cet avis ; & ils le forcerent d'accepter le combat que Gilippe leur offroit. Le Spartiate vouloit ruiner leur flotte avant qu'ils eussent reçu de nouveaux secours. Il la ruina entiérement, & Démosthene arriva le lendemain.

Av. J. C. 413 de Rome 341.

Cette guerre ne fut plus pour les Athéniens qu'une suite de revers. Ils perdirent sur mer une seconde bataille, dans laquelle Eurimédon fut tué. Ayant ensuite tenté de se retirer par terre à Catane, ils furent poursuivis par les ennemis, qui s'étoient saisis de tous les passages. Ils combattirent avec courage jusqu'à la derniere extrémité : mais enfin il fallut succomber, & ils se rendirent à discrétion. Les Syracusains userent de la victoire en barbares. Ils condamnerent tous les Athéniens aux carrieres ; & après avoir battu de verges les deux généraux, Nicias & Démosthene, ils les mirent à mort. Telle fut la fin de cette guerre, dans laquelle Athènes perdit plus de quarante mille hommes.

CHAPITRE III.

De la Sicile & de Carthage jusqu'à la mort de Denis l'Ancien.

LES hostilités ayant recommencé entre Égeste & Sélinonte, les Égestains, qui craignoient que Syracuse ne les punît de leur alliance avec les Athéniens, demanderent des secours aux Carthaginois, & allumerent une nouvelle guerre, qui causa la ruine de plusieurs villes.

Av. J. C. 410 de Rome 344.

Guerre des Carthaginois en Sicile.

Annibal, petit-fils d'Amilcar, descendit en Sicile avec une puissante armée, & assiégea Sélinonte. Pendant que les Agrigentins & les Syracusains faisoient avec lenteur des préparatifs pour secourir cette place, elle fut prise d'assaut, & les habitants perdirent la vie ou la liberté. Il n'en échappa que deux mille six cents, qui se réfugierent à Agrigente. Sélinonte fut détruite.

Av. J. C. 409 de Rome 345.

Himere subit un sort plus barbare encore. Tous les habitants périrent. Annibal ne sauva que les femmes & les enfants qu'il mit dans les fers. Au lieu même où Amilcar, son grand-pere, avoit été tué, il fit égorger trois mille prisonniers, & il rasa la ville. Après avoir immolé tant de victimes aux manes de son grand-pere, il repassa la mer, & fut reçu à Carthage avec de grandes acclamations. Mais, Monseigneur, ne frémissez-vous pas, quand vous voyez les dévastations que la guerre cause de toutes parts? & la joie cruelle des conquérants ne vous fait elle pas horreur?

Av. J. C. 406 de Rome 348. Les Carthaginois, qui ne doutoient plus de se rendre maîtres de toute la Sicile, leverent bientôt une nouvelle armée. Annibal s'excusoit, sur son grand âge, d'en prendre le commandement: on lui donna, pour collegue, un homme de sa famille, Imilcon, fils d'Hannon. Les deux généraux firent le siege d'Agrigente, ville où l'on comptoit deux cents mille habitants.

La peste se mit dans le camp, & Annibal en périt. Les Carthaginois, qui crurent que les dieux les punissoient d'avoir démoli plusieurs tombeaux, immolerent un enfant à Saturne, & pour appaiser Neptune, ils jeterent plusieurs victimes dans la mer. Cependant un des deux camps fut forcé par les Syracusains, qui vinrent au secours des assiégés; & si l'autre eût été attaqué avec le même courage, les Carthaginois auroient été réduits à lever le siege. Les Agrigentins se défendirent, jusqu'à ce que, pressés par la famine, ils n'eurent plus d'autre ressource que d'abandonner leur ville. Ils se retirerent à Géla à la faveur de la nuit. Tous ceux qui resterent furent livrés à la mort ou aux fers.

Agrigente cultivoit les arts de luxe. C'étoit, après Syracuse, la ville la plus opulente de toute la Sicile. Le temple consacré à Jupiter Olympien renfermoit seul des richesses immenses; il avoit trois cents quarante pieds de longueur, soixante de largeur, & cent vingt de hauteur. On peut juger par-là, de la magnificence de cette ville. Imilcon la ruina entiérement.

Denis, citoyen de Syracuse, aspire à la tyrannie.

Toute la Sicile reprochoit aux Syracusains la ruine d'Agrigente: on les accusoit d'avoir manqué de diligence & de courage. Denis né dans un état obscur, saisit cette occasion pour rendre suspects les magistrats qui gouvernoient Syracuse. Il les accusa hautement de trahison. Il invectiva contre les riches. Il déclama sur la misere des pauvres. Il tint, en un mot, le même langage, que les tribuns tenoient à Rome; & il conclut, comme eux, à donner l'autorité à des hommes tirés du peuple. On suivit cet avis, & Denis fut choisi pour être le chef des nouveaux magistrats.

Les factions, qui divisoient Syracuse, en avoient exilé un grand nombre de citoyens, qui attendoient avec impatience l'occasion de revenir dans leur patrie. Ils avoient leurs injures à venger, & ils devoient naturellement s'attacher à un chef, qui leur offriroit les dépouilles de leurs ennemis. Denis travailla à leur retour.

Dans cette vue, il fit un état des forces dont la république avoit besoin, pour soutenir la guerre contre les Carthaginois ; & lorsqu'il vit que le peuple se prêtoit avec peine aux nouvelles dépenses, auxquelles il paroissoit forcé, il proposa, comme pour le soulager, le rappel des bannis : représentant qu'il étoit absurde de faire venir à grands frais des troupes étrangeres, lorsqu'on pouvoit avoir de meilleurs soldats dans des citoyens attachés à leur patrie. Les bannis furent rappellés.

Denis se fit ensuite une étude de rendre ses collegues suspects d'intelligence avec l'ennemi. On parloit sourdement d'une conspiration qu'ils tramoient, & il affectoit de ne point se trouver avec eux.

Comme les Carthaginois menaçoient d'ouvrir la campagne prochaine par le siege de Géla, les habitants de cette ville demanderent des secours, & Denis y conduisit deux mille hommes de pied & quatre cents chevaux.

Les richesses causoient, dans cette république, les mêmes désordres que nous avons vus ailleurs, & il y avoit alors deux factions cruellement animées l'une contre l'autre. Denis, conformément au plan qu'il s'étoit fait, se déclara pour les pauvres, & livrant à leur avidité les citoyens riches, il tint une assemblée, qui condamna ceux-ci à mort, & qui confisqua leurs biens. Les pauvres, qui s'étoient saisis des dépouilles de leurs concitoyens, ne savoient comment reconnoître le service que Denis leur avoit rendu. Ils vouloient le retenir à Géla, il leur promit de revenir bientôt avec de nouveaux secours.

A son arrivée à Syracuse, le peuple, qui dans le moment sortoit du théâtre, lui demanda des nouvelles des Carthaginois. Ils se préparent à la guerre, répondit Denis, pendant qu'ici on vous occupe de jeux. Pourquoi demander, ajoutoit-il, ce que font les Carthaginois? Les vrais ennemis de la république sont ces magistrats, qui dissipent en spectacles le trésor public; & qui, sous prétexte de vous donner des fêtes, détournent à leur profit la paye de soldats. Mes collegues vendent la patrie. Il y a long-temps que je le soupçonnois, & je n'en puis plus douter: Imilcon m'a fait faire à moi-même des propositions. Mais si je ne puis pas défendre la république contre des traîtres, au moins ne veux-je pas qu'on puisse me soupçonner d'être leur complice. Je ne suis revenu que pour renoncer au commandement ; & je déclare que j'abdique.

Ces discours répandirent l'alarme, & le peuple s'assembla. Il étoit naturel de commencer par faire le procès aux magistrats, que Denis accusoit. C'est ce que ses partisans ne vouloient pas. Ils représenterent qu'on seroit toujours à temps de les juger ; que la guerre, dont on étoit menacé, ne permettoit aucun délai ; & qu'il falloit se hâter de donner un chef à la république. Le choix tomba sur Denis, à qui le peuple confia toute l'autorité.

Denis s'assure la couronne. Fin de la guerre.

Av. J. C. 405 de Rome 349.

Premiere année du siege de Véïes.

A peine les Syracusains furent revenus à eux-mêmes, qu'ils reconnurent qu'ils venoient de se donner un maître. Leur inquiétude commençoit à se montrer. Denis, pour en prévenir les suites, prit une garde, sous prétexte que des ennemis du bien public avoient voulu attenter à ses jours.

Alors Imilcon assiégeoit Géla. Denis tenta, ou parut tenter de faire lever le siege. On l'accusa du moins de trahison pour n'avoir pas réussi. Sa cavalerie, qui le devança, répandit ces soupçons dans Syracuse, pilla son palais, insulta sa femme. Mais le tyran arrivant bientôt avec d'autres troupes, immola les révoltés à son ambition, & joignit à ces victimes les citoyens qu'il jugea lui être contraires. Tout ce qu'il fit dans son expédition de Géla, fut de favoriser la retraite des habitants qui abandonnerent leur ville. Ceux de Camarine, craignant d'être assiégés, se retirerent aussi avec les effets qu'ils purent emporter. Les fugitifs de ces deux villes trouverent un asyle chez les Léontins. Tout ce qui ne put pas fuir, fut égorgé.

Sur ces entrefaites, la peste ayant enlevé une partie de l'armée des Carthaginois, Imilcon fit des propositions de paix, que Denis accepta. Par le traité, Carthage acquit le territoire des Sicaniens, de Sélinonte, d'Agrigente, d'Himere. Les citoyens de Géla & de Camarine eurent la permission d'habiter ces villes, moyennant un tribut. Les Léontins, les Messéniens & les Siciliens proprement dits, furent déclarés libres & indépendants; & Carthage reconnut Denis pour souverain de Syracuse.

Maître dans sa patrie, ce tyran disposa de tout en despote. Il distribua les meilleures terres à ses soldats & à des étrangers. Il accorda les droits de cité à des esclaves: & prenant contre ses sujets les précautions qu'on prend contre des ennemis, il fortifia le quartier de la ville dans lequel il bâtit son palais, & il en donna les maisons aux créatures intéressées à sa fortune. C'étoit une île, qui communiquoit au continent par un pont. Elle étoit au midi, & par sa situation, elle le rendoit maître des deux ports. On la nommoit Ortyge ou l'île.

Les Syracusains se soulevent contre Denis.

Av. J.C. 404 de Rome 350.

Derniere année de la guerre du Péloponese.

Après avoir pris des mesures si différentes de celles de Gélon, il tenta de subjuguer les peuples, qui avoient donné des secours aux Carthaginois, & il marcha contre Herbesse. Mais à peine ses sujets ont des armes, qu'ils les tournent contre lui. Forcé de revenir à Syracuse, il y est poursuivi par les troupes. Le soulévement est général : on l'assiége dans la citadelle qu'il a bâtie, & on met sa tête à prix.

Ils se soumettent.

Dans cette extrémité, il dépêcha un courier aux Campaniens qu'Imilcon avoit laissés en Sicile, & il leur fit des offres capables de les faire venir à son secours. Cependant, pour ralentir les efforts des assiégeants, il feignoit de vouloir renoncer à la tyrannie, & il paroissoit ne demander que la permission de se retirer. Les Syracusains, se croyant déja libres, commençoient à suspendre les attaques. Ils ne veilloient point à la garde de la ville, parce qu'ils ne savoient pas que les Campaniens approchoient. Ceux-ci étant donc entrés sans trouver de résistance, ils se rendirent maîtres de Syracuse, & tout le peuple se soumit au tyran.

Pour prévenir de nouveaux soulévements, Denis ajouta encore des fortifications à la citadelle de l'île. Il équipa un grand nombre de vaisseaux : il prit à sa solde de nouvelles troupes

pes étrangeres; & il se saisit de toutes les armes des citoyens.

Denis se rend maître de plusieurs villes.

Rassuré contre ses sujets, il reprit ses projets de conquête. Il lui importoit de s'attacher les soldats par l'espoir du butin, & d'occuper au dehors les Syracusains, afin de les distraire de la perte de leur liberté.

Il se rendit maître par trahison de Catane, de Naxe & de quelques autres villes. Il eut même la barbarie de vendre des citoyens, qu'il n'avoit pas eu la gloire de vaincre. Les Léontins, épouvantés, subirent le joug, & il les transporta à Syracuse.

Ses préparatifs de guerre contre Carthage.

Parce que les Grecs, qui fuyoient la tyrannie, se réfugioient dans les villes que Carthage conservoit sous sa domination; il arma contre cette république, comme si l'unique moyen de s'attacher ses sujets, eût été de leur ôter tout asyle. Il fit des préparatifs étonnants. Il remplit la ville d'ouvriers, qu'il avoit fait venir de Grece & d'Italie, & qu'il encourageoit par sa présence & par ses bienfaits. On fabriqua une grande quantité d'armes de toutes especes. On construisit des galeres à trois rangs de rames & à cinq. En peu de temps, Syracuse eut une flotte de plus de trois cents vaisseaux. Une forte paye attira de toutes parts des matelots & des soldats.

Sa conduite pour intéres-

Denis n'ignoroit pas combien il avoit besoin d'intéresser à ses succès les peuples de Siſer ſes peuples à ſes ſuccès.

cile, &, ſur-tout, les Syracuſains. Il affecta des manieres populaires. Il ſe montra affable, bienfaiſant, & il ne parut occupé qu'à faire oublier la conduite, qui juſqu'alors l'avoit rendu odieux.

Pour faire entrer dans ſes vues les Meſſeniens, dont la ville ouvroit la Sicile aux ſecours de la Grece, il leur donna des terres qui étoient à leur bienſéance. Il envoya des ambaſſadeurs à ceux de Rhege; & leur témoignant la conſidération qu'il avoit pour eux, il leur demanda en mariage une fille de leur ville. Cette négociation ne réuſſit pas: on ne lui offrit que la fille du bourreau. Il n'oublia pas cette injure. Les Locriens, à qui il fit la même demande, lui accorderent Doride, fille d'un de leurs premiers citoyens. Il épouſa en même temps Ariſtomaque, ſœur de Dion & fille d'Hipparinus, le plus puiſſant citoyen de Syracuſe. Comme cette polygamie, qui étoit ſans exemple, pouvoit devenir une ſource de diſſentions par la jalouſie de ces deux femmes, Denis ne marqua aucune préférence, & parut les aimer également. Les Syracuſains cependant vouloient qu'Ariſtomaque fût préferée. Mais Doride eut l'avantage de donner la premiere un fils au roi.

Mot de Dion à Denis.

Dion eut beaucoup de crédit à cette cour; il ſut plaire, quoiqu'il eût l'ame élevée, & qu'il ne cachât pas ſa haine pour la tyrannie. *Vous regnez*, diſoit-il à Denis, *& on ſe fie à vous à cauſe de Gélon: mais à cauſe de vous, on* *ne se fiera plus à personne.* Rempli des maximes de Platon, dont il étoit devenu l'ami & le disciple, il eut la simplicité de croire que les discours de ce philosophe feroient sur le tyran la même impression qu'ils avoient faite sur lui. Nous avons vu combien il se trompa.

Trahison de Denis envers les Carthaginois.

Il semble que les peuples n'avoient pas encore appris à s'observer. Sans précaution contre l'ambition de leurs voisins, ils étoient presque toujours pris au dépourvu. Les Carthaginois n'auroient pas dû ignorer les préparatifs du tyran de Syracuse : cependant ils commerçoient sans méfiance dans toute la Sicile, lorsque les villes grecques se souleverent toutes à la fois contre eux. On les assaillit dans leurs maisons, sur leurs vaisseaux, on pilla leurs biens, on les égorgea.

Cette trahison forçoit les villes grecques à se réunir contre l'ennemi commun, & c'est vraisemblablement ce que Denis avoit eu en vue. Les Syracusains se prêtoient d'autant plus volontiers à cette guerre, qu'elle pouvoit leur offrir l'occasion de recouvrer la liberté. Mais la conjoncture étoit funeste pour Carthage que la peste venoit de ravager.

Il arme ouvertement.

Denis ouvrit la campagne par le siege de Motia qu'il prit, & qu'il livra au pillage. Il avoit quatre-vingts mille hommes de pied & trois mille chevaux, deux cents galeres,

Av. J. C. 397 de Rome 357.

un grand nombre de vaisseaux chargés de vivres & de machines de guerre. La plus grande partie des villes qui étoient dans l'alliance des Carthaginois, se rendirent à son approche.

Il est assiégé dans Syracuse.

Av. J. C. 396 de Rome 358.

Année de la prise de Véies.

L'année suivante, les Carthaginois débarquerent à Palerme trois cents mille hommes sous les ordres d'Imilcon. Cette armée étoit soutenue par une flotte de quatre cents galeres, qui côtoyoit la Sicile. Imilcon se rendit maître d'Érix par trahison. Il reprit Motia: & ayant mis le siege devant Messine, il la força & la rasa entiérement. Il marcha ensuite à Syracuse, où Denis abandonné de la plus grande partie de ses troupes, s'étoit retiré. Il parut devant cette place, lorsque sa flotte, qui avoit défait celle des Syracusains, entroit dans le port. Mais il ne sut pas profiter de l'alarme, que son arrivée avoit répandue, & le siege traîna en longueur.

Cette ville est délivrée.

La fortune changea. La flotte des Carthaginois fut entiérement défaite: la peste survint dans leur camp: bien loin de pouvoir continuer le siege, ils se trouverent trop foibles pour se défendre: & il y avoit du danger pour eux à faire une retraite. Imilcon, n'ayant de ressources que dans la paix, fut donc réduit à recevoir la loi. Il obtint la permission de se retirer avec les Carthaginois, qu'il embarqua sur quarante vaisseaux; & il fut obligé d'abandonner à la discretion du tyran de Syracuse, les Africains qui servoient dans son armée, les Siciliens & toutes les troupes étrangeres. On attribua ses mauvais succès à la profanation des temples & des tombeaux, qu'il avoit démolis pour fortifier son camp. Il ruina entre autres le tombeau de Gélon.

Soulévement des Africains contre Carthage.

Lorsque les Africains apprirent que leurs compatriotes avoient été abandonnés, ils se souleverent, & marcherent contre Carthage, au nombre de plus de deux cents mille. Les Carthaginois crurent que Cérès & Proserpine les armoient, parce qu'Imilcon avoit pillé les temples de ces divinités, adorées chez les Syracusains, comme chez tous les Grecs, & inconnues jusqu'alors à Carthage. Ils leur éleverent des autels, leur donnerent pour prêtres les citoyens les plus distingués, leur offrirent des sacrifices : ils n'oublierent rien pour se les rendre favorables. Cependant l'armée nombreuse des Africains, sans provisions, sans machines de guerre, & sans chef, se dissipa, comme elle s'étoit ramassée; & les Carthaginois s'imaginerent devoir leur salut au nouveau culte, qu'ils venoient d'instituer en l'honneur de Cérès & de Proserpine. Pendant le regne de Denis, ils firent encore sur la Sicile plusieurs tentatives, dont les détails sont peu intéressants.

Denis fait la guerre aux habitants de Rhege.

Il y avoit long-temps que Denis attendoit le moment de tirer vengeance de l'outrage, que les habitants de Rhege lui avoient fait. Il y trouva plus de difficultés qu'il n'avoit prévu : car il eut à combattre contre une ligue puissante des peuples de la grande Grece. Il recommença cette guerre à plusieurs reprises. Il la fit même d'abord avec peu de succès, & il fut obligé de repasser en Sicile, où les Carthaginois avoient fait une descente. Mais ayant remporté une victoire sur les peuples ligués, il renvoya sans rançon les prisonniers qu'il avoit faits sur les alliés de Rhege. Par cette conduite, il dissipa la ligue. Rhege, abandonnée à ses propres forces, succomba; & il la traita cruellement.

Av. J. C. 389 de Rome 365.

Rome avoit été prise par les Gaulois l'année précédente.

Denis veut remporter le prix aux jeux Olympiques.

Dans un des intervalles que lui laissa cette guerre, il envoya son frere Théoride aux jeux Olympiques, jaloux d'y remporter le prix de la course des chars & celui de la poësie. On admira la beauté des chevaux, la magnificence des chars, & la richesse des tentes sous lesquelles on s'assembla pour écouter les vers. Dans les poëmes on n'admira rien. Les écuyers de ce prince n'eurent pas même un heureux succès: leurs chars, emportés au-delà de la borne, se briserent les uns contre les autres.

Il se piquoit d'être poëte.

Denis aimoit les lettres: il recherchoit ceux qui s'y distinguoient : il se piquoit, sur-tout, de cultiver la poësie. Mais le goût des lettres, louable dans un prince qui les protege, devient un ridicule qui l'avilit, s'il se croit des talents qu'il n'a pas; & il lui est bien difficile d'éviter ce ridicule, parce que la flatterie semble se concerter avec son amour propre, pour le lui donner. Or, Denis vouloit être flatté. Il a banni de sa cour plusieurs personnes, parce qu'il soupçonnoit qu'elles ne faisoient pas cas de ses vers: on l'accuse même d'en avoir condamné à mort sous différents prétextes.

Quoique ce fût une nécessité d'applaudir à ses poëmes, le poëte Philoxene osa lui parler avec franchise. Il fut envoyé aux carrieres. Il est vrai que dès le lendemain, il recouvra la liberté à la sollicitation de ses amis. Il mangea même avec le roi: mais il entendit encore des vers, & il étoit le seul qui n'applaudît pas. Il se tut, jusqu'à ce que forcé de rompre le silence, il répondit, en regardant les gardes du tyran qui l'interrogeoit, *qu'on me remene aux carrieres*. Denis rit de cette saillie. Il y en avoit néanmoins qu'il ne pardonnoit pas. Un jour qu'on parloit des différentes sortes d'airain, il demanda quel étoit le meilleur? *Celui*, répondit Antiphon, *dont on a fait les statues d'Harmodius & d'Aristogiton*. Ce mot lui coûta la vie.

Pirateries de Denis.

Souvent dans ces siecles, le butin étoit pour les souverains, comme pour les peuples, le motif d'une entreprise. Dans une descente en Toscane, Denis pilla un des temples de la ville d'Agille. Une autre fois, il pilla celui de Proserpine chez les Locriens. Il commettoit les mêmes brigandages en Sicile, & il se proposoit d'enlever les trésors du temple de Delphes. Pour se préparer à cette entreprise, il établit des colonies en Italie sur la côte qui regarde l'Épire, il s'allia des Illyriens, & fit la guerre aux Molosses.

Av. J. C. 383 de Rome 371.

Enrichi par ses pirateries, il résolut de chasser de Sicile les Carthaginois; il remporta sur eux une victoire: mais ayant été défait la même année, il fut forcé à céder de nouvelles places.

Av. J. C. 379 de Rome 375.

Peuples qui se révoltent contre Carthage.

Quelques années après, une armée que les Carthaginois envoyerent en Italie, au secours des Hipponiates, rapporta la peste qui fit d'étranges ravages dans leur ville. La Libye & la Sardaigne se souleverent. Ils firent rentrer l'une & l'autre sous leur domination: mais ils commençoient à peine à se rétablir, lorsque Denis arma de nouveau contre eux.

Denis remporte le prix aux fêtes de Bacchus, & meurt.

Av. J. C. 368 de Rome 386.

Il n'eut aucun succès dans cette guerre. Il s'en consola par une victoire d'un autre genre. Les Athéniens donnerent le prix à une tragédie qu'il fit représenter aux fêtes de Bacchus. Mais sa joie fut courte, parce que dans les premiers transports il se livra à des excès de table dont il mourut. Il étoit dans la trente-huitieme année de son regne.

A Rome l'année suivante les plébéiens parvinrent au consulat.

Diodore de Sicile prétend qu'un oracle avoit marqué la mort de ce tyran, au temps où il auroit vaincu des adversaires qui lui seroient supérieurs ; & que Denis, jugeant que ces adversaires étoient les Carthaginois, avoit plus d'une fois abandonné ses avantages, & s'étoit même laissé enlever la victoire. Il seroit bien étrange qu'il eût si souvent déclaré la guerre à des ennemis qu'il n'auroit pas osé vaincre.

Bruits peu vraisemblables au sujet de ce prince.

On a dit encore qu'il prenoit des précautions étonnantes pour sa sureté ; qu'il portoit toujours sous sa robe une cuirasse d'airain ; qu'il ne haranguoit jamais le peuple que du haut d'une tour ; que n'osant livrer sa tête au rasoir d'un barbier, il se faisoit brûler la barbe par ses filles ; qu'il s'enfermoit chez lui comme dans une prison ; & que personne n'y entroit, ni son frere, ni son fils même, sans avoir été fouillé. Mais il paroît que ce sont-là des bruits, répandus par les Grecs en haine des tyrans. Dès les commencements de son regne, c'est-à-dire, dans le temps où l'on n'étoit pas encore accoutumé à la tyrannie, on l'a vu au milieu des ouvriers dont il avoit rempli Syracuse. Pendant les guerres qui étoient fréquentes, il se montroit à la tête de ses armées ; & pendant la paix il ouvroit son palais aux gens de lettres, avec qui il vivoit familiérement. Il est impossible de concilier cette conduite avec les frayeurs continuelles, dont on veut qu'il ait été tourmenté. Il étoit cruel, avide, pirate, brigand: mais il avoit, sans doute, la confiance que donne le courage.

CHAPITRE IV.

De la Sicile & de Carthage jusqu'à la mort de Timoléon.

DENIS, qu'on nomme l'Ancien, laissoit en mourant une nouvelle génération, qui n'avoit pas connu la liberté. C'est pourquoi la couronne passa, comme un patrimoine héréditaire, à son fils Denis, qu'il avoit eu de Doride, & qu'on surnomme le Jeune.

Caractère de Denis le Jeune, qui succede à Denis l'Ancien.

Av. J. C. 368 de Rome 386

Ce nouveau tyran assembla les Syracusains, & les conjura d'avoir pour lui les bontés qu'ils avoient eues pour son pere. On se flattoit d'être heureux sous son regne, parce qu'il avoit dans le caractère une nonchalance, qu'on prenoit pour de la douceur. On en jugea différemment, lorsqu'on vit son oisiveté, sa mollesse, ses frivolités & ses débauches. Dans la crainte que s'il acquéroit des talents, il n'acquît aussi des amis, & qu'il ne fût tenté d'usurper le trône, son pere, à ce qu'on prétend, n'avoit rien négligé pour le tenir dans une profonde ignorance, & il y avoit réussi. Denis le Jeune rechercha néanmoins les gens de lettres. Il étoit entouré de poëtes & de philosophes qui le flattoient. Dès les premieres années de son regne, Aristippe vint à sa cour,

Il exile Dion.

Denis aimoit la paix, parce qu'elle s'accordoit avec ses goûts, & il se hâta de la donner à la Sicile. Dion eût voulu le rendre vertueux : mais ses manieres austères étoient un sujet de raillerie pour les courtisans, & d'ailleurs il paroissoit difficile qu'il gagnât la confiance du prince. On l'accusoit d'avoir une préférence marquée pour les fils d'Aristomaque, sa sœur. On n'ignoroit même pas qu'il avoit parlé en leur faveur à Denis l'Ancien. Puissant par ses biens & par sa naissance, allié du tyran dont il avoit épousé la sœur, Aréta, fille d'Aristomaque, il avoit trop d'avantages sur les courtisans, pour ne pas exciter leur jalousie. Ils conspirerent sa perte, & son zele même servit à leur dessein. Lorsque la paix n'étoit pas encore assurée avec les Carthaginois, il offrit d'armer & d'entretenir à ses frais cinquante galeres à trois rangs de rames. Une pareille offre, qui montroit sa puissance, servit à le rendre suspect.

Il inspira néanmoins au tyran le desir de voir Platon, ou peut-être ne fit-il que réveiller en lui une curiosité, que faisoit naître la célébrité de ce philosophe. Les courtisans, qui redoutoient la présence du chef de l'académie, firent rappeller Philiste que Denis l'Ancien avoit exilé. Homme d'esprit, & versé dans les lettres, Philiste s'étoit fait une réputation par ses écrits. Il falloit qu'il eût de la considération, puisqu'il avoit contribué à l'élévation de Denis l'Ancien. Flatteur des tyrans, il étoit l'ennemi de Dion; il concerta avec les courtisans les moyens de le perdre. Dion fut accusé d'être d'intelligence avec les Carthaginois pour mettre sur le trône le fils d'Aristomaque.

Tel étoit l'état des choses, lorsque Platon arriva. Il n'y changea rien. Peut-être ne fit-il qu'avancer la disgrace de son ami. Dion fut banni de Sicile, & Platon se crut trop heureux d'obtenir, quelque temps après, la permission de se retirer.

Il attire les gens de lettres.

Denis, qui recherchoit & craignoit tout-à-la fois les gens de lettres, parut plus empressé que jamais à les attirer, songeant à réparer dans leur esprit les torts qu'il avoit eus avec Platon. Peut-être avoit-il remarqué qu'ils flattoient mieux que les courtisans. Il les admettoit dans sa familiarité, moins parce qu'il aimoit les savants, que parce qu'il le vouloit paroître. On lui reproche de s'être cru le plus bel esprit de sa cour.

Cependant, parce que Platon étoit absent, il crut que ce philosophe lui manquoit. Il desira de le revoir. Il employa tous les moyens pour l'engager à revenir, & Platon fit un troisieme voyage en Sicile. Accueilli, comme la premiere fois, il se flatta d'obtenir le rappel de Dion. Il en parla ; mais il vit vendre les biens de son ami. Bientôt après il douta s'il recouvreroit sa liberté, & sa vie même fut en danger. Ce fut à la sollicitation des philosophes pythagoriciens, qu'il obtint la permission de retourner en Grece.

Dion est invité à armer contre Denis.

Après son départ, Dion reçut encore une nouvelle injure. Aréta, sa femme, fut forcée d'épouser Timocrate, favori du tyran. Cependant Syracuse, qui portoit impatiemment le joug, appelloit Dion à son secours. Toutes les villes grecques de Sicile, prêtes à se soulever, le sollicitoient. Assuré de cette disposition des esprits ; il n'hésita pas : soit pour se venger, soit pour affranchir sa patrie, il résolut de détrôner le tyran.

Puissance de Syracuse.

Denis paroissoit le prince le plus puissant de l'Europe. Il avoit quatre cents vaisseaux de guerre, cent mille hommes d'infanterie, dix mille chevaux ; & Syracuse étoit la ville la plus grande, la plus riche & la mieux fortifiée de toutes celles des Grecs. Mais cette puissance appartenoit plus aux Syracusains qu'au tyran qui n'étoit pas aimé.

Av. J. C. 357 de Rome 397.

Dion arriva sur les côtes de Sicile, lorsque Denis étoit en Italie. Il débarqua près d'Agrigente, à Minoa, petite ville qui appartenoit aux Carthaginois, & dont le gouverneur étoit son ami. Il n'avoit que mille hommes, & cependant il arriva dans la place de Syracuse à la tête de cinquante mille. Les troupes du tyran se retirerent dans la citadelle, & Timocrate, qui les commandoit, lui dépêcha un courier.

Dion fo Denis à qu ter la cour ne.

Cependant Dion assemble le peuple. Il lui déclare qu'il n'est venu que pour lui rendre la liberté : il l'invite à se nommer des chefs ; & il est élu lui-même avec son frere Mégaclès.

Denis, qui revint peu de jours après, débarqua dans l'île Ortyge. Il entra d'abord en négociation : il parut même vouloir abdiquer, & lorsqu'il crut avoir répandu la sécurité, il fit une sortie à la tête de toutes ses troupes. Le combat fut vif : Dion y reçut une blessure : cependant les Syracusains eurent tout l'avantage, & forcerent le tyran à se renfermer dans sa citadelle.

Denis, dans l'espérance de diviser ses ennemis, reprit la négociation. Il se proposoit, sur-tout, de rendre Dion suspect au peuple. La vertu austère du disciple de l'académie n'étoit que trop propre à donner cours à des soupçons. Elle paroissoit hauteur, ambition de commander ; &, on appréhendoit que celui qui avoit vécu avec les tyrans, & qui leur étoit allié, ne haït la tyrannie que pour se venger du tyran.

Ces inquiétudes divisoient les esprits, lorsque Héraclide arriva du Péloponese avec quelques vaisseaux. Il étoit un de ceux que Denis avoit exillés, & il paroissoit n'avoir d'autre intérêt que de se joindre à Dion, dont il se disoit l'ami : mais en secret, il songeoit à l'écarter, pour se saisir lui-même de l'autorité. Quoique sans talents, il avoit les dehors qui en imposent à la multitude. Il sut donc séduire le peuple, & il obtint le commandement de la flotte.

Avant son arrivée, Dion lui même avoit été déclaré généralissime des troupes de terre & de mer. On lui faisoit donc une injure. Il s'en plaignit, & ayant eu assez de crédit pour se faire rendre ce commandement, il le céda aussitôt à Héraclide. Il comptoit par sa générosité s'attacher ce traître. Il auroit dû prévoir qu'il l'humilioit au contraire, & qu'il allumoit sa jalousie. En effet, Héraclide ne songea qu'à le traverser en tout. Si Dion paroissoit écouter les propositions du tyran, qui offroit de se retirer, Héraclide l'accusoit de le vouloir ménager : s'il se refusoit à des propositions qu'il ne croyoit pas devoir accepter, il lui reprochoit de tirer à dessein la guerre en longueur, afin de conserver l'autorité.

Av. J. C. 356 de Rome 398. Sur ces entrefaites, Philiste, qui venoit de l'Apulie avec plusieurs galeres, fut entiérement défait, & se tua. Denis, qui ne comptoit plus

plus sur aucun secours, passa en Italie, laissant dans la citadelle Apollocrate, son fils aîné, avec une garnison.

Comme on faisoit une crime à Héraclide d'avoir laissé échapper le tyran, il proposa un nouveau partage des terres, afin de regagner la faveur du peuple. Peut-être avoit-il prévu que Dion s'y opposeroit & que ce seroit une occasion de le perdre. En effet, Dion par ses oppositions, souleva contre lui les Syracusains qui le déposerent. Chassé, poursuivi, il se retira chez les Locriens avec trois mille soldats étrangers qui lui resterent fideles.

Aprés son départ, tout changea. Nipsius, que Denis envoya de Naples, apporta l'abondance dans la citadelle, au moment que manquant de tout, elle songeoit à se rendre. Ce général, dans une premiere sortie, livra la ville au pillage; & dans une seconde, il mit le feu à différents quartiers, Les Syracusains reconnurent combien ils étoient devenus foibles, en perdant le seul chef capable de les conduire, & Dion fut rappellé. Alors les choses changent encore: les troupes du tyran sont vaincues; forcées de capituler, elles rendent la citadelle, & se retirent.

Troubles à Syracuse après la retraite de Denis.

Les Syracusains, qui devoient leur salut à Dion, avoient à réparer l'injure qu'ils lui avoient faite; & il paroît que dans cette circonstance, ce général auroit dû citer devant le peuple Héraclide, qui étoit la cause des dernieres dissentions. Il falloit punir ce traître : il falloit au moins le mettre hors d'état de troubler. On le conseilloit à Dion : mais il aima mieux pardonner. C'étoit une imprudence.

Cependant quoique Denis fût chassé, les Syracusains ne s'appercevoient pas qu'ils fussent libres. En effet, Dion ne vouloit pas rétablir la démocratie. Il y trouvoit trop de vices : il songeoit à mettre un frein à la multitude, & il commença par casser le décret qui avoit ordonné un nouveau partage des terres.

Cette démarche excita un mécontentement général. Héraclide, qui la blâmoit, remua de nouveau ; & comme il parut assez puissant pour empêcher ce qu'il n'approuvoit pas, Dion permit d'assassiner cet homme, qu'il n'avoit pas voulu punir par les loix. Ce fut une nouvelle imprudence. Le peuple regretta Héraclide, qu'il regardoit comme le protecteur de sa liberté, & crut avoir retrouvé dans Dion un nouveau tyran.

Mort de Dion

Av. J. C. 354 de Rome 400.

De nouvelles factions se formerent. Callipse, Athénien à qui Dion avoit donné sa confiance, lui offrit de se mettre à la tête des mécontents, pour être instruit de tout ce qui se trameroit, & pour l'en avertir. C'étoit un artifice. Il vouloit pouvoir remuer impunément. En effet, quelques jours après, il assassina Dion. Ce scélérat ne jouit pas long-temps du fruit de son crime. Chassé de Syracuse au bout de treize mois, & ne trouvant d'asyle dans aucune des villes de Sicile, il se retira à Rhege, où il fut assassiné.

Denis recouvre le trône.

Av. J. C. 347 de Rome 407.

Les troubles, qui continuerent pendant plusieurs années, replacerent Denis sur le trône. Il le recouvra dix ans après l'avoir abandonné. Mais aigri par ses malheurs, il en devint plus méfiant & plus cruel. Il obligea une partie de ses sujets de se mettre sous la protection d'Icétas, Syracusain qui avoit usurpé la tyrannie à Léontium, & qui n'étoit pas moins odieux. En un mot, il fit naître une multitude de factions, & il excita un mécontentement général. Les Carthaginois, qui entretenoient ces divisions, armerent. Ils se flattoient d'achever la conquête de la Sicile: mais Syracuse demanda des secours aux Corinthiens.

Corinthe envoie Timoléon au secours des Syracusains.

Corinthe conservoit la haine des tyrans. Peu ambitieuse d'étendre son empire, elle préféroit à cet avantage la gloire de donner la liberté. Qu'étoit-ce néanmoins que cette ville comparée à Carthage ? Quelle proportion y avoit-il entre les richesses de ces deux républiques, & entre les armées qu'elles pouvoient mettre sur pied ? Mais la puissance consiste moins dans le nombre des hommes que dans le choix ; & chez un peuple libre tous semblent en quelque ſorte avoir été choiſis. Corinthe nomma Timoléon pour commander les troupes qu'elle envoyoit au ſecours des Syracuſains.

Grand capitaine, grand homme d'état, excellent citoyen, Timoléon prit Épaminondas pour modele, & il lui fut facile de l'imiter. En lui, comme dans le Thébain, les vertus & les talents paroiſſoient plutôt des dons de la nature que des qualités acquiſes. Partiſan zélé de la liberté, il avoit ſacrifié à ſa patrie un frere qu'il aimoit tendrement. Timophane, c'eſt ainſi qu'on nommoit ſon frere, uſurpa la tyrannie à Corinthe. Timoléon, qui lui avoit ſauvé la vie au péril de la ſienne, la lui ôta, ou du moins le fit poignarder en ſa préſence. Mais à peine l'eut-il immolé, qu'il ne vit plus dans la victime qu'un frere dont il ſe reprochoit la mort. Trop malheureux d'avoir ſervi Corinthe à ce prix, il vouloit mourir lui-même, & il fut difficile à ſes amis de lui faire abandonner cette funeſte réſolution. Depuis vingt ans, il vivoit retiré, & ne prenoit aucune part au gouvernement, lorſque les Corinthiens le choiſirent pour l'envoyer en Sicile. Il n'accepta cette commiſſion, que parce qu'il ne la pouvoit pas refuſer, après le ſacrifice qu'il avoit fait à la liberté. Il aborda à Rhege avec dix galeres.

Icétas, alors maître de la plus grande partie de Syracuſe, aſſiégeoit l'île Ortyge, où Denis s'étoit renfermé. Il se proposoit de partager la Sicile avec les Carthaginois, dont la flotte fermoit le port de Syracuse, & qui avoient débarqué dans l'île cinquante mille hommes. Il paroissoit difficile que Timoléon abordât quelque part; & s'il abordoit, on ne prévoyoit pas de quel secours il seroit aux Syracusains: il n'avoit que mille soldats.

Les ambassadeurs d'Icétas, qui vinrent à Rhege avec vingt galeres des Carthaginois, inviterent Timoléon à s'en retourner à Corinthe, l'assurant que la guerre étoit sur le point de finir, & lui déclarant qu'on ne lui permettroit pas de débarquer en Sicile avec des troupes. Timoléon, sans paroître s'opiniâtrer, demanda seulement que la proposition qu'on lui faisoit, fût agitée devant les habitants de Rhege, qui, étant amis des Corinthiens, pouvoient seuls l'autoriser à prendre un parti si contraire à sa destination.

Timoléon débarque en Sicile.

Pendant que les orateurs se succédoient dans la tribune, & qu'ils examinoient, si Timoléon devoit ou ne devoit pas aller en Sicile, il donnoit secrétement des ordres pour faire partir neuf de ses vaisseaux; & lorsqu'il apprit qu'ils avoient mis à la voile, il s'échappa, monta sur le dixieme, arriva heureusement à Tauromene, où Andromachus, qui commandoit dans cette place, le reçut. Cependant le peu de troupes qu'il avoit amenées, n'invitoit pas les villes de

Sicile à se déclarer pour lui. Lasses de la guerre, elles paroissoient préférer la servitude à une liberté qu'elles ne se flattoient plus de recouvrer.

Il défait Icétas.

Sur ces entrefaites, Timoléon apprend qu'Icétas vient d'établir son camp aux pieds des murs d'Adranum. Il marche aussitôt avec sa petite troupe, surprend l'ennemi, le met en déroute, arrive, par une marche forcée, à Syracuse, & se loge dans un des quartiers.

Denis lui livre la citadelle. Il est envoyé à Corinthe.

Av. J. C. 343. de Rome 411.

Cette année commence la guerre des Samnites.

Ce premier succès fit une révolution. Adranum & plusieurs autres villes se déclarerent pour les Corinthiens. Denis lui-même, voyant qu'il ne pouvoit manquer de succomber sous le nombre de ses ennemis, préféra de se rendre à Timoléon, & lui livra la citadelle, où il y avoit deux mille hommes de troupes réglées, & une grande quantité d'armes de toute espece. Ce tyran fut envoyé à Corinthe, où il devint l'objet des mépris d'un peuple libre, qui l'avoit précipité du trône. Il y porta la nouvelle des succès de Timoléon, qu'on savoit, à peine être arrivé en Sicile. Ce général n'y étoit que depuis cinquante jours.

Magon, général des Carthaginois, abandonne la Sicile.

Ayant reçu de Corinthe un nouveau secours, il marcha, à la tête de quatre mille hommes, contre Icétas, qui avoit réuni ses forces à celles de Magon, général des Carthaginois. Trop foible contre les deux armées, il songea d'abord à diviser les deux généraux ; & il fit passer dans le camp ennemi quelques-uns de ses soldats, qui, faisant honte aux Grecs de combattre pour livrer la Sicile aux barbares, rendirent Icétas même suspect d'intelligence avec les Corinthiens. Magon, qui se crut trahi, se retira, & s'embarqua avec toutes ses troupes. De retour à Carthage, il prévint, par une mort volontaire, le supplice dont il étoit menacé, pour avoir si mal réussi dans son expédition.

Icétas est défait une seconde fois, & Timoléon rétablit la démocratie.

Icétas resté seul, fut défait une seconde fois, & renonça à tous ses projets sur Syracuse. Alors Timoléon, ne voulant laisser aucun vestige de la tyrannie, invita le peuple à raser toutes les forteresses. On démolit jusqu'aux tombeaux des tyrans. On fit même le procès à leurs statues. On ne conserva que celle de Gélon, parce que ce roi avoit été citoyen ; & on vendit toutes les autres. En même temps, Timoléon rétablit la démocratie, & travailla à un corps de loix avec Céphale & Denis qu'il avoit fait venir de Corinthe.

Les Carthaginois vaincus demandent la paix.

Av. J. C. 340 de Rome 414

Les Carthaginois, peu faits pour conquérir des peuples qui savoient se défendre, firent un nouvel effort. Amilcar & Annibal débarquerent à Lilibée avec plus de soixante-dix mille hommes. Mais Timoléon, quoiqu'il n'en eût que six à sept mille, remporta sur eux une victoire complete ; & forçant Carthage à demander la paix, il fit la loi à cette république. Elle ne conserva que les terres qui étoient au delà du fleuve Halicus. Ceux qui les habitoient eurent même la liberté de s'établir ailleurs ; & elle abandonna les tyrans qu'elle avoit soutenus.

Timoléon chasse de Sicile tous les tyrans.

Les villes de Sicile recherchèrent à l'envi l'alliance de Syracuse. Timoléon chassa tous les tyrans. Il démolit leurs forteresses. Il envoya à Corinthe Leptine, tyran d'Apollonie ; & il punit de mort Icétas, coupable de trahison & de plusieurs crimes.

Il travaille à rétablir la population.

Les guerres & les bannissements avoient fort diminué la population. Syracuse étoit presque déserte, & il en étoit à peu-près de même des autres villes. Timoléon en écrivit à Corinthe. Cette république, toujours généreuse, donna tous ses soins à repeupler la Sicile. Elle fit publier, dans la Grece & en Asie, qu'elle déclaroit libres tous les peuples de cette île. Elle offrit d'y conduire à ses frais les Siciliens qui en avoient été bannis, & les étrangers qui voudroient s'y établir ; & elle fournit des vaisseaux à plus de dix mille personnes qui s'embarquerent pour Syracuse. Le concours fut grand. Les peuplades abordoient en Sicile de toutes parts. Il en arriva, sur-tout, d'Italie ; & on prétend que la population de Syracuse s'accrut tout-à-coup de quarante à cinquante mille habitants. Timoléon donna des terres à tous. Le gouvernement, qui fit fleurir l'agriculture, le commerce & les arts, acheva de réparer les pertes que la Sicile avoit faites.

Timoléon passe le reste de ses jours à Syracuse.

Après avoir assuré la paix & la liberté, Timoléon abdiqua la puissance, persuadé que c'est aux loix seules à gouverner des hommes libres. Devenu simple citoyen, il résolut de passer le reste de ses jours chez le peuple qu'il venoit de sauver; & les Syracusains ne regarderent pas cette préférence, comme le moindre de ses bienfaits. Vous imaginez leur empressement pour le voir, pour le montrer aux étrangers. Vous concevez que ce grand homme attiroit tous les yeux sur la Sicile & sur lui. Quel spectacle en effet! La Grece en servitude, l'Asie menacée d'une grande révolution, l'Italie déchirée par des guerres continuelles; & cependant la Sicile jouit de la liberté & de la paix. Elle en jouira encore, lorsque par-tout ailleurs l'ambition portera le fer & le feu: & cette liberté & cette paix sont l'ouvrage d'un seul homme.

Considération dont il jouit jusqu'à sa mort.

Av. J. C. 337 de Rome 417.

L'année précédente est celle

Timoléon conserva toute sa considération jusqu'au dernier moment. Les Syracusains n'entreprenoient rien sans le consulter. Invité aux assemblées, il y arrivoit au milieu des acclamations, & les mêmes acclamations le reconduisoient chez lui. Simple citoyen, mais plus qu'un roi, il mourut, regretté comme le pere de la

de la bataille de Chéronée & de l'entiere défaite des Latins.

patrie, & respecté comme un dieu tutélaire. On décerna des jeux annuels en son honneur. Malheureusement pour la Sicile, il ne la gouverna que pendant huit ans.

CHAPITRE V.

Considérations sur le gouvernement de Syracuse.

Temps où les Syracusains paroissoient faits pour obéir à un monarque.

LA démocratie, orageuse par sa nature, ne l'a été nulle part autant que dans la république de Syracuse. Je me propose d'en rechercher les causes.

Les deux premiers siecles de cette république sont très obscurs, & son histoire, comme nous l'avons déja remarqué, ne commence à être connue qu'au regne de Gélon. Alors gouvernés par un prince sage, les Syracusains paroissoient faits pour obéir à un monarque. Ils le crurent eux-mêmes : c'est pourquoi ils renoncerent à leur liberté ; & ils assurerent la couronne dans la famille de Gélon.

Comment la démocratie s'établit, & se maintient quelque temps.

La tyrannie de Thrasybule leur donna d'autres sentiments. En devenant libres, ils paroissoient faits pour l'être. Ils chassent les tyrans de plusieurs villes, & ils conservent leur liberté pendant près de soixante ans.

Nous ne savons pas exactement la forme que prit la démocratie à Syracuse, & dans les autres villes qui se liguerent alors pour la liberté commune. Mais on peut juger, que s'étant liguées contre les tyrans, elles porterent toute leur attention à se garantir de la tyrannie. En effet, nous avons vu qu'elles chasserent les étrangers, & que le pétalisme s'établit à Syracuse. Il y a donc lieu de croire que la multitude s'arrogea la principale autorité.

Quoique la confédération de ces villes fût un obstacle à la tyrannie, elle n'en étouffa pas le germe. Elles nourrissoient chacune des citoyens, qui aspiroient secrétement à se saisir de l'autorité. Il en naquit des troubles : mais dans les commencements, ces troubles mêmes assuroient la liberté de ces républiques, parce qu'ils les rendoient plus vigilantes. La guerre de Deucétius, qui survint dans le temps où elles venoient de conjurer contre les tyrans, produisit le même effet; & les Athéniens, lorsqu'ils porterent leurs armes en Sicile, firent cesser les dissentions qui menaçoient la liberté des républiques de cette île.

Alors Syracuse étoit la principale puissance, & elle paroissoit devoir soumettre toutes les autres à sa domination. Mais la confiance, que lui donnoient ses richesses & ses succès, aveugloit la multitude qui la gouvernoit; & dans une pareille conjoncture, il est difficile qu'une république conserve sa liberté. Lorsqu'elle eut triomphé des Athéniens, elle eut plus de confiance encore. Cependant le moment approchoit, où elle devoit cesser d'être libre. Peu d'années après, Denis usurpa la tyrannie.

Causes des dissentions à Syracuse.

A Syracuse, comme à Rome, les dignités & les richesses étoient deux sources de dissentions. Les pauvres demandoient des terres, & les riches vouloient réserver pour eux tous les honneurs. Les citoyens ambitieux pouvoient donc, dans l'une & l'autre de ces républiques, s'élever par les mêmes moyens. Les dissentions néanmoins ne produisoient pas à Rome les mêmes effets qu'à Syracuse. C'est que les circonstances avoient introduit dans ces deux républiques des mœurs & des usages tout-à-fait différents.

Pourquoi les dissentions ne produisoient pas les mêmes effets à Rome & à Syracuse.

Comme à Rome, les richesses n'étoient qu'en fonds de terres, les citoyens les plus riches n'avoient pas assez d'argent pour acheter les suffrages des autres ; &, par conséquent, les citoyens les plus pauvres ne pouvoient pas se vendre. Il n'en étoit pas de même à Syracuse, où le commerce avoit rendu l'argent fort commun. Nous avons vu que Dion pouvoit équiper & entretenir cinquante galeres à trois rangs de rames. Comment une république conserveroit-elle sa liberté, lorsqu'elle a des citoyens si puissants ?

Rome n'armoit jamais que ses citoyens & ses alliés, parce qu'elle n'étoit pas assez riche pour soudoyer des soldats étrangers. D'ailleurs où les auroit elle pris ? Elle n'étoit entourée que de peuples ennemis, aussi jaloux de la liberté qu'elle pouvoit l'être elle-même.

Ayant pour soldats ces citoyens, elle assuroit sa liberté, parce que cette liberté étoit à ceux-mêmes qu'elle armoit. C'est un dépôt qu'elle leur confioit, & qu'ils avoient le même intérêt à conserver. Tout romain qui aspiroit à la tyrannie, couroit à sa perte.

L'Italie & la Grece envoyoient continuellement en Sicile des soldats, qui, cherchant de l'emploi, s'offroient indifféremment à toutes les puissances. Syracuse les pouvoit soudoyer. Elle trouvoit commode de lever des troupes avec de l'argent. Elle y étoit même forcée, parce que ses grandes flottes & ses grandes armées auroient enlevé à l'agriculture & au commerce trop des citoyens, si elle avoit pris parmi eux tous ses soldats & tous ses matelots. Enfin, il étoit naturel que les Syracusains, amollis par le luxe, se dégoûtassent du métier des armes, & que s'accoutumant à regarder l'argent comme le nerf de la guerre, ils se crussent puissants, parce qu'ils étoient assez riches pour entretenir des flottes & des armées. Mais si une république n'a des soldats que parce qu'elle les paye, elle court risque de n'en point avoir, puisqu'un tyran peut les mieux payer. L'usage des troupes étrangeres, contraire à la constitution du gouvernement républicain, est donc par sa nature un principe de révolutions.

Lorsque Gélon se rendit maître de Syracuse, il y avoit été appellé par une faction. Or, une république ne peut pas subsister, lorsque ses dissentions invitent les puissances étrangeres à s'ingérer dans son gouvernement. Dans le moment même qu'elle compte sur un secours, elle doit être subjuguée.

La Sicile étoit, par sa position, entourée de nations, qui épioient l'occasion de s'y établir; & cette occasion se présentoit continuellement, parce que les peuples de cette île, toujours divisés, la faisoient naître. La Sicile tombera donc sous une domination étrangere.

Si Tarquin le Superbe eût remonté sur le trône, & s'y fût maintenu, c'eut été avec des secours étrangers. Dans cette supposition la faction contraire, toujours foible par elle-même, eût été forcée de recourir à de semblables secours. Les Romains auroient donc accoutumé leurs voisins à prendre parti dans leurs dissentions, & cet usage, qui les eût exposés à des révolutions continuelles, eût été un obstacle à leur agrandissement.

Pourquoi la république de Syracuse a été fort orageuse.

La république de Syracuse n'a donc été si orageuse, que parce qu'elle étoit opulente, qu'elle armoit pour sa défense des troupes étrangeres, & qu'elle invitoit les étrangers à s'ingérer dans son gouvernement. Voilà pourquoi les Syracusains, toujours légers & inconstants, ne paroissent faits ni pour la liberté ni pour la servitude.

Syracuse ouvroit la Sicile aux puissances étrangeres.

S'il y eût eu en Sicile une autre république, capable de balancer la puissance de Syracuse, cette île nous auroit offert à peu près les mêmes scenes que la Grece. Nous aurions vu les peuples passer de l'alliance de l'une dans l'alliance de l'autre, former des ligues pour maintenir entre elles une espece d'équilibre, se réunir contre l'ennemi étranger, & lui fermer la Sicile. Mais dès que la puissance dominante de Syracuse étoit sans rivale, elle ouvroit le pays aux Carthaginois & aux Grecs, parce qu'elle mettoit les autres villes dans la nécessité de chercher des secours au dehors.

CHAPI-

CHAPITRE VI.

De la Sicile & de Carthage jusqu'à la premiere guerre punique.

Troubles à Carthage.

Av. J. C. 332 de Rome 422.

LA Sicile, qui jouissoit encore du repos que Timoléon lui avoit donné, venoit de perdre ce vertueux citoyen, lorsqu'Alexandre passa en Asie. Les Tyriens, qui succomberent sous les armes de ce conquérant, avoient envoyé leurs femmes & leurs enfants à Carthage, qui leur promettoit des secours, & qui ne leur en donna point. Peut-être cette république formoit-elle des projets sur la Sicile, qui avoit perdu son défenseur. Il se peut encore que ce soit alors qu'elle ait été troublée par l'ambition d'un de ses principaux citoyens. Hannon, ayant conspiré contre le sénat, & ayant été découvert, arma vingt mille esclaves, & sollicita les Africains à se soulever. Il fut pris, & les Carthaginois, assez barbares pour confondre les innocents avec les coupables, le firent mourir lui & tous ses enfants.

Agathocles devient tyran de Syracuse.

Av. J. C. 317 de Rome 437.

Il y avoit environ vingt ans que Timoléon étoit mort, lorsque Syracuse reperdit sa liberté. Agathocles, fils d'un potier banni de Rhege, après s'être élevé de simple soldat aux premiers grades militaires, épousa une riche héritiere, & devint, par ce mariage, un des plus puissants citoyens de Syracuse. Exilé par la faction de Sosistrate, qui aspiroit, comme lui, à la tyrannie, il se retira successivement à Crotone & à Tarente; & ayant encore été chassé de ces deux villes, il se mit à la tête d'une troupe de brigands.

Sur ces entrefaites, Sosistrate, banni aussi de Syracuse, s'allia avec les Carthaginois. Alors la faction, qui favorisoit Agathocles, le fit rappeller. On lui donna le commandement des troupes. Il vainquit, & il usurpa la tyrannie.

Les villes de la Grece, en proie aux successeurs d'Alexandre, étoient plus troublées que jamais. Ou elles étoient asservies, ou elles n'avoient qu'une liberté précaire, qu'on leur enlevoit & qu'on leur rendoit tour-à-tour. Dans cette situation, Corinthe voulut encore secourir les Syracusains: elle leur envoya Acestoride.

Ce général tenta de faire assassiner Agathocles: mais le tyran lui échappa, & se retira dans l'intérieur de la Sicile, où il leva une armée. Les Syracusains, effrayés, offrirent de le rappeller, pourvu qu'il s'engageât par serment à ne rien entreprendre contre la démocratie. Il promit tout, & ne tint rien. Il se rendit d'abord le peuple favorable, en se déclarant contre le sénat. Bientôt après, maître de l'armée, il fit périr les citoyens qui lui étoient contraires. Ensuite, pendant deux jours & deux nuits, il livra la ville au pillage des troupes. Le troisieme, il assembla le peuple. Il déclara qu'il n'avoit eu d'autre dessein que d'exterminer les tyrans, & d'assurer la liberté : & il ajouta qu'il vouloit se retirer, & mener désormais une vie privée. Il savoit bien que ses soldats ne le souffriroient pas, & que d'ailleurs il ne restoit personne capable de lui résister. Il vouloit donc qu'on lui offrît une couronne, qu'il usurpoit, & qu'on ne pouvoit lui ôter. Elle lui fut offerte.

Pour affoiblir les riches & pour s'attacher les pauvres, il commença par l'abolition des dettes, & par un partage des terres. Il parut ensuite occupé des soins du gouvernement, faisant des loix assez sages, rendant la justice, & montrant beaucoup d'humanité. Par cette conduite, il se concilia ses sujets : il les fit concourir à ses vues, & il conquit une grande partie de la Sicile.

Il est assiégé dans Syracuse

Av. J. C. 311 de Rome 443.

Cependant les Carthaginois voulurent s'opposer à ses progrès. Ils armerent. Agathocles força leur camp aux environs d'Himere. Mais pendant que ses troupes s'abandonnent au pillage, un nouveau corps ennemi se montre tout-à-coup, profite du désordre, & enleve la victoire au tyran Agathocles se réfugie à Syracuse, où il est assiégé.

Il porte la guerre en Afrique.

Av. J. C. 310 de Rome 444.

Abandonné de ses alliés, privé de tout secours, & renfermé dans une ville qu'il ne paroissoit pas pouvoir défendre, il n'étoit pas encore sans ressources. Il déclara qu'il avoit un moyen de faire lever le siege, & de réparer ses pertes; & sans déclarer son dessein, il fit monter sur soixante vaisseaux tout ce qu'il avoit de soldats plus déterminés.

On ne devinoit rien encore: car l'entrée du port étoit fermée par la flotte des Carthaginois, bien supérieure à celle des Syracusains. Quelque temps après parurent des vaisseaux, qui apportoient des vivres aux assiégés. Les ennemis firent, pour les enlever, des mouvements, qui donnerent au tyran l'occasion de sortir. Ils crurent qu'il venoit au secours des vaisseaux qui arrivoient, & cependant il prit une route contraire. Étonnés, ils voulurent d'abord aller après lui: ils voulurent ensuite revenir aux vaisseaux de transport: mais pendant qu'Agathocles leur échappoit, les vaisseaux étoient entrés dans le port, & Syracuse se trouva abondamment fournie de tout.

Les Carthaginois, honteux d'avoir manqué leur proie, & inquiets des projets que méditoit Agathocles, mirent à la voile, & le joignirent après six jours de navigation. Il les défit, & débarqua sur la côte d'Afrique. Alors il représente à ses soldats, que le vrai moyen de délivrer Syracuse est de porter la guerre dans le pays ennemi ; qu'ils vont combattre contre des hommes amollis par le luxe ; que la seule hardiesse de son entreprise suffit pour les épouvanter ; que l'Afrique, qui porte impatiemment le joug, ne manquera pas de se soulever ; & qu'ils peuvent déja se regarder comme maîtres des richesses que renferme Carthage.

Ce discours ayant été reçu avec de grands applaudissements, Agathocles prend une torche allumée ; & disant qu'il a promis à Proserpine & à Cérès de brûler sa flotte, s'il échappoit aux Carthaginois, il exhorte les soldats à remplir son vœu. Aussitôt il marche, & met le feu à son vaisseau. Étourdis, entraînés par cet exemple, tous saisissent des torches, & ils brûlent leurs vaisseaux avec autant de joie qu'ils eussent brûlé ceux des ennemis. Tel est l'empire des ames fortes sur la multitude. Agathocles vouloit que ses soldats n'eussent d'espérance que dans la victoire. D'ailleurs il ne pouvoit pas conserver sa flotte, sans affoiblir trop son armée, qui n'étoit que de quatorze mille hommes. Il ne laissa pas à ses troupes le temps de réfléchir sur une démarche si hasardeuse. Il marche, se rend maître de Tunis & d'une autre ville, & il abandonne tout le butin aux soldats.

Avantages qu'il remporte.

Carthage fut dans une alarme d'autant plus grande, qu'elle crut d'abord que la flotte & l'armée qu'elle avoit envoyées en Sicile, étoient défaites & ruinées. Elle arma à la hâte quarante mille citoyens, qui marcherent sous les ordres d'Hannon & de Bomilcar, & qui furent battus. La victoire livra toute la campagne au vainqueur, & plusieurs peuples se joignirent à lui.

Superstition barbare des Carthaginois.

La superstition, qui croît avec la frayeur, persuada aux Carthaginois que les dieux, qu'ils avoient irrités, combattoient pour Agathocles. On prétend que pour appaiser Saturne, trois cents personnes offrirent de laver dans leur sang l'impiété qu'elles avoient commise, en immolant à cette divinité des enfants achetés au lieu des leurs; & qu'on ajouta encore à ces victimes deux cents enfants, pris dans les meilleures familles. A quelque excès d'absurdité & de cruauté que puisse porter la superstition, j'ai peine à croire que les historiens n'aient pas exagéré ces horreurs: car, en général, on aime à exagérer le mal comme le bien. Quoi qu'il en soit, après des sacrifices de cette espece, les Carthaginois presserent Amilcar, qui commandoit en Sicile, de venir au secours de leur ville.

Autres avantages d'Agathocles.

Amilcar fit publier dans son camp & dans la ville que l'armée d'Agathocles avoit été taillée en pieces. Les Syracusains, d'abord effrayés, songeoient à se rendre : mais bientôt après mieux instruits, ils se défendirent avec un nouveau courage ; & Amilcar étant tombé entre leurs mains, ils envoyerent sa tête en Afrique.

Av. J. C. 309 de Rome 445.

Agathocles assiégeoit Adrumete. Il étoit arrêté devant cette place, lorsque le camp qu'il avoit sous les murs de Tunis fut forcé par les Carthaginois, & cette ville se trouva réduite aux dernieres extrémités. Il avoit trop peu de forces pour les partager. Cependant il résolut de faire lever le siege de Tunis & de continuer tout-à-la fois celui d'Adrumete. A cet effet, il conduisit un petit corps de troupes sur le sommet d'une montagne, d'où on découvroit les deux villes, & il y fit allumer de grands feux. D'un côté, la garnison d'Adrumete crut qu'un nouveau renfort arrivoit aux assiégeants, & elle capitula : de l'autre, les Carthaginois s'imaginerent qu'Agathocles alloit tomber sur eux avec toutes ses forces, & ils décamperent avec tant de précipitation, qu'ils abandonnerent toutes leurs machines. Peu après le roi de Syracuse remporta une victoire complete sur un roi de Libye qui vint au secours de Carthage. Telle étoit sa position, lorsqu'il reçut la tête d'Amilcar. Il la fit jeter dans le camp des Carthaginois, qui à cette vue furent dans une si grande consternation, qu'Agathocles, se seroit rendu maître de Carthage, sans un accident qu'il n'avoit pas été possible de prévoir.

Accident qui l'arrête au milieu de ses succès.

Dans la chaleur du vin, Liciscus, capitaine aimé des soldats, fut tué par Archagathe, un des fils d'Agathocles, & ce meurtre ayant causé un soulévement général, les troupes se nommerent des chefs, & menacerent de se donner aux Carthaginois, si le tyran ne leur livroit son fils. Agathocles dépouillé de toutes les marques de la royauté, parut sans armes au milieu de ses soldats; & les ayant touchés par cette démarche, il recouvra son armée. Mais Carthage avoit eu le temps de se reconnoître. Cependant des troubles qui s'éleverent dans cette ville, la lui auroient livrée, s'il en avoit eu connoissance. Ils furent dissipés par la mort de Bomilcar, qui avoit aspiré à la tyrannie.

Il passe en Sicile, où les peuples vouloient se soustraire à sa domination.

Av. J. C. 308. de Rome 446.

Pendant cette guerre qui parut aux peuples de Sicile une occasion favorable au recouvrement de la liberté, plusieurs villes s'associérent pour secouer tout-à-la fois le joug de Carthage & celui de Syracuse. Une pareille révolution paroissoit demander la présence d'Agathocles, & l'état des choses en Afrique sembloit lui permettre de s'absenter pour quelque temps. Il passa donc en Sicile, laissant le commandement de son armée à son fils Archagathe.

Ce nouveau chef eut des succès brillants, mais inutiles & même dangereux. Ayant eu l'imprudence de porter la guerre dans l'intérieur de l'Afrique, il ne fit des conquêtes que pour les abandonner, parce qu'il ne fut plus en état de faire face à tous les ennemis qu'il suscita contre lui. Les Carthaginois profiterent de la conjoncture embarrassante où il étoit. Une de ses armées fut défaite, une autre le fut encore, & il se trouva lui-même enfermé dans son camp.

Il revient en Afrique où ses affaires sont dans un état désespéré.

Av. J. C. 307 de Rome 447.

Agathocles revint alors de Sicile, où il avoit fait rentrer presque toutes les villes sous sa domination. Aussitôt qu'il eut rejoint son armée, il offrit la bataille aux Carthaginois, qui n'eurent garde d'en courir les hasards, & il tenta inutilement de les forcer dans leur camp. Bientôt après, abandonné des Africains, il se trouva sans ressource.

Malgré ces revers, le succès de son expédition auroit encore été brillant, s'il eût été en son pouvoir de reconduire son armée en Sicile. Mais il n'avoit point de vaisseaux, & les Carthaginois étoient maîtres de la mer. Il se sauva avec un petit nombre de personnes, abandonnant ses fils aux soldats qui les massacerent, & qui traiterent avec l'ennemi. Lâche déserteur de son armée, & traître envers ses enfants, à peine fut-il de retour à Syracuse, qu'il se vengea, sans distinction d'âge ni de sexe, sur les

Il abandonne ses soldats, & se sauve. Sa cruauté.

Av. J. C. 337 de Rome 447.

parents & sur les amis des soldats qu'il avoit abandonnés.

Différentes expéditions d'Aghatocles.

Cette barbarie, qui souleva les peuples, le mit dans la nécessité de faire la paix avec les Carthaginois. Il leur céda toutes les places, qu'ils avoient possédées en Sicile: Il marcha ensuite, avec cinq à six mille hommes, contre Dinocrate qui étoit à la tête de vingt-trois mille révoltés, & il le défit. Tout alors étant soumis, il fit quelques autres expéditions, qui méritent peu de nous arrêter. Il tomba sur les peuples de Lipari, dont il pilla les temples, mais la tempête fit périr sa flotte qu'il ramenoit chargée de butin. Il fit lever le siege de Corcyre à Cassandre, dont il brûla tous les vaisseaux. Il passa plusieurs fois en Italie, ravagea la Campanie, & soumit les Brutiens, qui secouerent le joug, aussitôt qu'il se fut retiré. Enfin il mourut empoisonné & ce fut son petit fils Archagathe, qui lui fit donner le poison par Menon. On est fâché que ce monstre ait eu des talents.

Sa mort.

Av. J. C. 269 de Rome 465.

Pyrrhus en Sicile.

Av. J. C. 278 de Rome 476.

Année où Démétrius Poliorcetes, dépouillé de ses états en Europe, passe en Asie.

Vers le temps où les Achéens commençoient à renouveller leur ancienne association, plusieurs tyrans aspirerent à se rendre maîtres de Syracuse; & les Carthaginois ayant profité de ces divisions, assiégerent cette ville par terre & par mer. Ce fut alors que les Syracusains appellerent Pyrrhus, qui étoit en Italie. La réputation de ce prince commença ses succès. Son nom soumit les Grecs, son courage dompta les Carthaginois. Il ne restoit plus à ceux-ci que Lilibée, lorsque Pyrrhus voulut forcer les peuples de Sicile à le suivre en Afrique. Il employa la violence pour obliger les villes à lui fournir des matelots; & croyant pouvoir disposer de tout en despote, il abandonna à ses créatures les dignités, les magistratures & même les biens des citoyens. Par cette conduite, il aliéna les esprits, & il vit que la Sicile alloit lui échapper avec la même facilité quelle s'étoit livrée. Dans l'impuissance de conserver cette conquête, il repartit pour l'Italie sous prétexte d'aller au secours des Tarentins. *Quel champ de bataille nous laissons aux Romains & aux Carthaginois!* dit-il, en quittant la Sicile.

Après son départ, Syracuse est déchirée par des factions.

Après le départ de Pyrrhus, Syracuse, déchirée par une multitude de factions, tomba dans un anarchie d'autant plus cruelle, que les troupes, composées en partie de soldats étrangers, trouvoient dans le plus grand désordre leur plus grand avantage. Il n'étoit plus possible de rétablir la démocratie, qui d'ailleurs ne se fût pas maintenue. Il falloit un maître aux Syracusains: il importoit seulement qu'il eût des vertus & des talents.

L'armée donne le commandement à Hiéron.

Av. J. C. 275 de Rome 479.

L'armée s'arrogea le droit de nommer deux chefs. Elle choisit Hiéron & Artémidore, & les conduisit à Syracuse. Hiéron, qui n'avoit encore que vingt-cinq ans, venoit de se distinguer dans la derniere guerre, où il avoit fait ses premieres campagnes sous Pyrrhus. Il descendoit de Gélon, dont l'exemple seul sembloit lui imposer la loi d'être vertueux.

Le peuple le lui conserve.

D'une figure aimable & d'une constitution forte, il avoit tout-à-la fois & les dehors que le soldat cherche dans le héros, & les graces qui préviennent le peuple. Quoique le maître que donnoit l'armée, dût être odieux, Hiéron se fit aimer, parce qu'il montra dans toute sa conduite beaucoup de sagesse & de modération. Il ne parut saisi de l'autorité, que pour faire respecter les loix. Il dissipa les factions, il rétablit l'ordre, & cependant il n'exerça aucune violence. Les Syracusains, qui connurent combien il pouvoit contribuer à leur bonheur, déclarerent qu'ils le vouloient pour les gouverner, & qu'ils ne vouloient que lui.

Si Hiéron a été un usurpateur.

Ce qui paroît usurpation, ne l'est pas toujours. On se fait à ce sujet de idées peu exactes, parce qu'on n'a pas égard à toutes les circonstances. Certainement il ne faut pas confondre Agathocles & Hiéron sous l'odieux nom d'usurpateur.

Celui-la, détruisant l'ouvrage du sage Timoléon, troubla la paix de sa patrie, y répandit le plus grand désordre, s'éleva au trône par des crimes, & en commit encore pour s'y maintenir. Celui-ci trouva Syracuse dans une anarchie, qui la livroit tour-à-tour à différentes factions, & qui tenoit les citoyens dans l'esclavage, quoiqu'elle ne leur permît pas de savoir à quel maître ils devoient obéir. Est-ce donc usurper l'autorité que de se mettre à la tête d'un pareil peuple, pour en devenir le bienfaiteur & le pere? Est-il en pareil cas de plus beaux droits que ceux des vertus & des talents? Hiéron, à la vérité, ne fut d'abord élu que par les soldats, qui étoient presque tous étrangers : il est même vraisemblable qu'il en rechercha les suffrages. Mais enfin devoit-il attendre qu'il fût prévenu par les Syracusains? Ce peuple étoit-il libre pour faire un choix? Hiéron me paroît justifié par les circonstances où il s'est trouvé, & encore plus par la conduite qu'il a tenue.

Il se défait des soldats étrangers.

Il n'étoit pas assuré des troupes, comme des citoyens. Les soldats étrangers se repentoient de lui avoir donné l'autorité. Ils auroient voulu un tyran, qui eût tout sacrifié à leur avidité, & à qui ils seroient devenus d'autant plus nécessaires, qu'il auroit été plus odieux. Sans discipline, toujours disposés à la révolte, ils n'attendoient que le moment de faire une révolution, & Syracuse paroissoit menacée d'une guerre civile. Hiéron forma le projet de se défaire des plus séditieux. Il seroit à souhaiter qu'il n'eût pas employé à cet effet la trahison la plus noire.

Les Campaniens, qu'Agathocles avoit eus à sa solde, ayant été obligés de se retirer, pasferent à Messine, dans le dessein de s'embarquer pour leur pays. Reçus avec bonté par les habitants de cette ville, ils eurent la perfidie d'égorger ou de chasser les hommes, & ils partagerent entre eux les femmes & les terres. Ils prirent ensuite le nom de Mamertins, de *Mamers* le dieu de la guerre, & bientôt devenus puissants, ils firent des courses sur les terres des Syracusains.

Hiéron marcha contre eux uniquement dans la vue d'exécuter le projet qu'il méditoit. Il fit deux corps de ses troupes. Au premier, tout composé de soldats étrangers, il ordonna de commencer l'attaque; & lorsqu'il les vit engagés, il les abandonna, au lieu des les soutenir. Ils furent taillés en pieces. Il est triste de voir cette tache dans la vie d'Hiéron. On ne peut excuser ce prince, qu'en accusant le siecle où il vivoit. En effet, en Sicile, comme en Italie, la guerre étoit alors un vrai brigandage.

Sa guerre avec les Mamertins. Occasion de la premiere guerre Punique.

Après avoir exterminé les soldats étrangers, Hiéron forma les Syracusains à la discipline militaire, ne craignant pas, comme les tyrans, d'armer des citoyens. Dès qu'il eut une armée, il punit les Mamertins des hostilités qu'ils avoient commises; & rentrant victorieux dans Syracuse, il y fut proclamé roi. Il y avoit sept ans qu'il gouvernoit cette république.

Av. J. C. 269 de Rome 485.

La couronne ne le changea point. Il continua d'être humain, généreux & citoyen. Les

Mamertins, qu'il avoit vaincus, se voyant menacés de tombér sous sa domination, chercherent des secours au dehors. Mais, peu d'accord entre eux, les uns se mirent sous la protection des Carthaginois, les autres appellerent les Romains. Ce fut l'occasion de la premiere guerre Punique. Av. J. C. 265. de Rome 489.

CHAPITRE VII.

Comparaison des Romains & des Carthaginois.

L'empire des Carthaginois s'est formé trop facilement.

LORSQUE nous remontons à l'origine des établissements, nous voyons que le premier droit est celui du premier occupant. C'est ainsi que les Carthaginois eurent d'abord l'empire de la mer. Ils le durent, soit à l'ingorance, soit à l'impuissance des autres peuples. En un mot, ils l'occuperent les premiers. Ce fut une raison de la rapidité de leurs progrès : mais cette facilité ne leur apprit pas à surmonter des obstacles, & en cela, ils furent mal servis par les circonstances.

Les Romains, au contraire, toujours arrêtés, s'élevent lentement. Ils sont dans la nécessité de perfectionner l'art militaire, de vaincre par la conduite autant que par les armes, & de penser aux moyens de s'attacher les vaincus.

Plusieurs siecles de succès faciles ont produit chez les Carthaginois des effets contraires.

Sans

Sans politique, ils n'ont jamais su, ni s'attacher les alliés, ni intéresser à leur fortune les peuples vaincus. Quoiqu'ils fissent beaucoup la guerre sur terre & sur mer, ils ne paroissent pas avoir été jusqu'ici supérieurs dans l'art militaire. Ils avoient porté leurs armes en Afrique, en Espagne, dans les îles Baléares, sur les côtes de Sicile, où les Grecs ne s'étoient pas établis; & il y a lieu de présumer, que lorsqu'ils armerent contre Gélon, ils avoient eu rarement occasion de combattre contre des ennemis bien redoutables.

Pendant qu'ils étoient vainqueurs avec tant de facilité, il se formoit des peuples qui apprenoient à vaincre. Alors les Carthaginois ne virent pas ce qui leur manquoit. Parce qu'ils avoient réussi, ils crurent devoir réussir encore. Les revers les irriterent sans les instruire. Ils s'imaginerent qu'il suffisoit d'avoir de grosses armées, de traiter avec la derniere barbarie les nations subjuguées, & de punir l'ignorance ou le malheur de leurs généraux, comme ils en auroient puni la trahison.

Ils auroient pu subjuguer la Sicile. Ils n'avoient qu'à se déclarer les protecteurs de la liberté. Les villes se seroient mises, les unes après les autres, sous leur protection; & s'ils avoient été fideles à leurs engagements, Syracuse elle-même auroit eu recours à eux, quand ce n'eût été que pour se soustraire à la tyrannie.

Cet empire eût été moins coûteux, plus juste, plus utile & plus assuré. Au lieu de cela, ils se sont obstinés à faire cette conquête par la force des armes. Ils ont souvent fait des préparatifs immenses. Ils ont levé de grandes armées, qui périssoient par l'intempérie de l'air, quand elles échappoient à l'ennemi. Ils ont réuni contre eux tous les peuples de cette île. Ils y ont fait venir des secours de la Grece. Enfin, ils ont fait des dépenses, qui auroient été plus que suffisantes pour l'acheter, & ils ne l'ont jamais eue toute entiere. Le seul avantage qu'ils aient pu retirer de leurs entreprises, a été d'apprendre le métier de la guerre. Il n'est pas vraisemblable que Gélon, Denis, Timoléon, Agathocles & Pyrrhus ne leur aient à cet égard fait faire des progrès. On n'apprend bien cet art que de ses ennemis.

Plus vous réfléchirez sur les Romains & sur les Carthaginois, plus vous vous convaincrez que, dans quelque genre que ce soit, les hommes ne deviennent grands que par les obstacles vaincus. Appliquez-vous, Monseigneur, de bonne heure, & avec courage aux choses difficiles.

Gouvernement de Carthage.

Le gouvernement de Carthage n'étoit ni purement aristocratique ni purement démocratique. Deux magistrats annuels convoquoient le sénat, y présidoient, proposoient les affaires, & recueilloient les suffrages. Quoiqu'on leur donnât quelquefois le commandement des armées, ils ne l'avoient pas néanmoins de droit. Les historiens les nomment sufferes, rois, consuls & dictateurs. On peut juger à la multitude de ces noms, qu'ils ne se faisoient pas des idées bien précises des fonctions de ces magistrats.

Rien ne seroit mieux que de confier aux mêmes hommes la conduite de l'état & de la guerre. Cela arriva chez les Romains, parce que, pendant plusieurs siecles, les consuls pouvoient marcher à l'ennemi, sans paroître presque s'absenter de Rome. Mais cet usage ne devoit pas s'introduire à Carthage, qui porta de bonne heure ses armes au loin. Mettre les sufferes dans la nécessité de s'absenter, c'eût été aller contre l'objet pour lequel on les avoit créés; & on ne prit ce parti que dans des circonstances particulieres.

Les grandes affaires se traitoient dans le sénat, telles que les négociations, le gouvernement des provinces, la paix & la guerre. Si les suffrages y étoient partagés, la décision étoit dévolue au peuple. Quelquefois même il suffisoit pour cela, que les sufferes ne fussent pas de l'avis du sénat.

On ne sait point quel étoit le nombre des membres de ce corps, ni à qui appartenoit le droit de les élire. On dit seulement qu'on les prenoit toujours parmi les citoyens, que l'âge, l'expérience, la naissance, les richesses & le mérite, sur-tout, rendoient recommandables. Sans doute, les loix le prescrivoient ainsi: mais il y a souvent loin de la conduite d'un peuple à sa législation.

Quoique les suffetes, le sénat & le peuple se partageassent l'autorité, les généraux ne pouvoient manquer de devenir très-puissants. Les guerres qui se faisoient loin de Carthage, mettoient dans la nécessité de leur conserver le commandement plusieurs années de suite; & les armées, composées de soldats mercénaires, devoient souvent s'intéresser plus à la fortune de leur chef, qu'à celle de la république.

On redouta donc la puissance des généraux. Pour la balancer, on créa le tribunal des cent. C'étoit un corps, auquel chaque général devoit rendre compte de sa conduite. On le composa de cent quatre personnes choisies parmi les sénateurs, & dont les places furent à vie.

Ce tribunal pouvoit avoir des inconvénients. Tous ceux qui le composoient étoient-ils militaires? Quand ils l'auroient été, pouvoient-ils juger des circonstances où un général s'étoit trouvé? Enfin étoient-ils si incorruptibles, que les richesses & la puissance ne pussent pas assurer l'impunité?

On reconnut, sans doute, l'insuffisance de ce tribunal, & pour y remédier, on en tira cinq magistrats dont le pouvoir fut encore plus étendu. Ils nommoient aux places vacantes dans le tribunal des cent: ils disposoient de plusieurs charges de la république; & la fortune des citoyens étoit, pour ainsi dire, entre leurs mains, C'est ainsi que pour se défendre contre quelques hommes puissants, les Carthaginois créerent des tribunaux qui pouvoient devenir plus redoutables: Ils vouloient mettre un frein à une autorité, & ils en établissoient une autre qui avoit besoin d'être contenue. Ils laissoient donc subsister les abus, auxquels ils croyoient remédier. La plupart des corps politiques sont de mauvaises machines, qui se démontent toujours, auxquelles il faut continuellement travailler, & qui ne vont bien, qu'autant qu'un grand ouvrier y met la main.

Il y avoit encore, à Carthage, des magistrats dont les uns avoient le dépôt des deniers publics, les autres l'inspection des mœurs, & que les historiens latins ont nommés questeurs & censeurs. Nous ne savons pas si, d'après ces dénominations, nous pouvons juger exactement des fonctions de ces magistrats.

La préture a eu à Carthge la plus grande influence. On voit que celui qui exerçoit cette magistrature, disposoit, au moins dans quelques cas, des revenus de l'état, & qu'il étendoit sa jurisdiction sur le tribunal des cent & même sur les cinq juges qu'on en tiroit. Si nous savions mieux l'histoire de Carthage, nous pourrions observer le développement de toutes ces choses, & nous ferions une comparaison plus exacte de son gouvernement avec celui de Rome.

Pourquoi Carthage a pu être long-temps sans être troublée, comme Rome, par des dissentions.

Aristote l'a regardé comme un des plus parfaits. Il se fondoit sur ce que jusqu'à son temps, aucun tyran n'avoit opprimé la liberté de cette république, & qu'il ne s'y étoit même élevé aucune sédition considérable. Il seroit à souhaiter qu'il nous eût fait voir comment cet avantage a été l'effet des loix. Je soupçonne qu'on pourroit attribuer aux circonstances seules ce qu'il attribue à la sagesse du gouvernement.

Rome ayant été bâtie dans l'intérieur du continent, il falloit à ses citoyens des champs ou du butin: ils n'avoient pas d'autre moyen de subsister. Il étoit donc naturel que la loi Agraire devînt un sujet de dissentions; & que pour obtenir des terres, le peuple tentât de se rendre maître du gouvernement.

Transportons les Romains sur une des côtes d'Italie: donnons leur un port de mer, des vaisseaux, un fond de richesses. Supposons encore que c'est une colonie d'hommes industrieux, laborieux, & qui ont appris le commerce dans leur premiere patrie. Il est certain que dans cette supposition, ils seront commerçants. Ceux qui n'auront point de terres à cultiver, ne sentiront pas le besoin d'en avoir. Ils monteront sur les vaisseaux : ils vivront des arts, introduits par la navigation & par le commerce. Voilà précisément ce qu'a été Carthage dès sa fondation. Un carthaginois, sans avoir des terres, avoit donc de quoi subsister : il pouvoit même s'enrichir. Or, le peuple se borne aux choses qui sont à sa portée, & il faudroit les lui enlever pour lui faire ambitionner quelque chose au de-là.

Le sénat, composé de commerçants, avoit besoin des pauvres. Intéressé à favoriser leur industrie, il ne pouvoit pas leur enlever leur subsistance, comme à Rome les patriciens l'enlevoient aux plébéiens ; & le peuple, content de jouir des fruits de son travail, ne songeoit pas à remuer, parce qu'il ne sentoit pas le besoin de se gouverner lui-même. Il n'étoit pas d'ailleurs assez désœuvré, pour s'occuper sur la place des affaires du gouvernement. Il n'est donc pas bien sûr que la tranquillité, dont Carthage a joui, ait été l'ouvrage des loix. Mais il faut distinguer les temps.

Temps où elle n'a point de dissentions.

Dans les commencements, chaque citoyen ne songe qu'à s'établir. Les ouvriers se forment, des matelots, des pilotes. Les marchands méditent des entreprises, font des voyages au loin, tentent différents commerces, rapportent des richesses, & font subsister un peuple nombreux. Ainsi tous les citoyens s'occupent, tous vivent de leur travail ; & ils ne peuvent pas avoir cette inquiétude qui favorise l'ambition des plus puissants, & qui prépare les révolutions.

Alors ce sont les riches qui exercent les magistratures, qui commandent les armées, qui remplissent les tribunaux & le sénat. Cela est dans l'ordre. Il est naturel que ceux qui ont un plus grand intérêt dans une association, aient aussi plus de part à la conduite des affaires. En pareil cas, chacun se met volontiers à sa place: ceux qui n'ont rien, ont au moins leur industrie; & les pauvres se contentent des profits qu'ils font en servant les riches.

Tout reste dans cette situation, tant que les particuliers, protégés par le gouvernement, sont chacun trop occupés de leurs propres affaires, pour vouloir se mêler uniquement des affaires publiques.

Temps où les factions commencent.

Cependant il se forme de nouveaux riches. Ils veulent avoir part au gouvernement, & ils sont fondés. Mais les anciens ne veulent pas céder les charges & les honneurs, dont leurs familles sont en possession. Alors la jalousie commence, elle excite l'ambition, & les troubles vont naître.

En effet, si dans ces circonstances, la république en guerre avec une nation puissante, fait des pertes considérables, la ruine du commerce entraînera la ruine des familles. Les nouveaux riches, qui sont exclus des magistratures, se plaindront de ceux qui gouvernent: les pauvres qui ne pourront plus ſubſiſter de leur travail, s'en plaindront également; & c'eſt alors que la république ſera déchirée par des factions. Voilà la poſition, où ſe trouvera Carthage, dans le cours de ſes guerres avec Rome.

Le peuple aura donc part au gouvernement dans ces deux républiques, mais l'une en ſera plus foible, & l'autre plus puiſſante.

Rome eſt puiſſante malgré ſes diſſentions, & parce que Carthage en a, elle eſt foible.

A Rome, l'objet de la guerre eſt le même pour tous les citoyens: ils veulent être libres & dominer, c'eſt leur unique ambition. Par-là, les ſuccès ſont communs, les revers le ſont encore, & ils réuniront mieux toutes les forces; car la la liberté, qu'ils menacent, fait ſentir la néceſſite d'agir de concert.

A Carthage, le commerce eſt le principal objet de la guerre: on n'y prend les armes que pour le conſerver ou pour l'étendre. Or, les avantages qu'il produit, ne ſauroient être égaux pour tous les citoyens: il y aura encore une plus grande diſproportion dans les pertes, qui ſeront la ſuite des revers. En pareil cas, plus d'intérêt commun, tout, au contraire, répandra la diviſion & le trouble.

Les Romains, malgré leurs diſſentions, ſont donc toujours réunis, parce que toutes les opérations du gouvernement ont un objet auquel tous les citoyens s'intéreſſent également.

A Carthage, le peuple ne desire d'avoir part au gouvernement, que dans la vue de s'enrichir. A Rome, il ne cherche dans les honneurs que les honneurs mêmes, & il est forcé de s'en rendre digne. Il y aura donc plus d'émulation parmi les Romains, & plus de jalousie parmi les Carthaginois. Or, l'émulation détermine toutes les forces à la fois vers le bien géneral, tandis que la jalousie les divise, & les détruit les unes par les autres.

Les éloges, qu'Aristote a donnés au gouvernement de Carthage, font croire que de son temps, il n'avoit pas encore dégénéré en abus. L'histoire ne nous apprend pas, comment dans la suite il s'est altéré. Nous voyons que si les sénateurs vouloient conserver l'autorité, il falloit qu'ils prissent la précaution de décider de tout sans partage; & il est à présumer qu'ils ont tenu cette conduite, tant que les circonstances l'ont permis. Mais à peine les citoyens auront eu occasion de se plaindre du gouvernement, qu'aussitôt des ambitieux auront voulu profiter de l'inquiétude produite par un mécontentement général. Ils auront, par conséquent, divisé le sénat, pour avoir un prétexte de porter les affaires devant le peuple. Or, dès que chez un peuple riche, la démocratie vient à prévaloir, elle hâte la ruine de la république.

Dans l'état où nous avons laissé Rome, ses armées n'étoient composées que de citoyens ou d'alliés, qui s'intéressoient au sort de ses armes. Il n'en étoit pas de même de Carthage. Commerçante par sa nature, elle trouvoit peu de soldats parmi ses citoyens. A la vérité, elle entretenoit un corps de troupes nationales, mais il étoit si peu considérable, qu'on ne pouvoit le regarder que comme une école. Elle tiroit sa cavalerie de Numidie, ses frondeurs des îles Baléares, son infanterie d'Espagne, d'Italie, des Gaules, de la Grece. Elle avoit l'avantage de faire combattre tous les peuples pour ses propres intérêts : ses défaites lui coûtoient peu de citoyens, & le commerce réparoit les pertes qu'elle faisoit.

Les troupes des Carthaginois comparées à celles des Romains.

Mais cet avantage n'est pas solide. Il n'en résulte qu'une puissance empruntée, & Rome étoit puissante par elle même. Que deviendra Carthage, si la guerre interrompt son commerce ? Que la mer cesse d'être libre, bientôt abandonnée de ses troupes mercenaires, exposée même à leur révolte, elle ne sera pas en état d'en lever de nouvelles.

Cette république jugeoit avantageux pour elle que ses armées fussent composées de nations, qu'elle supposoit pouvoir difficilement concerter une révolte générale, parce qu'elles parloient des langues différentes. C'étoit une erreur. Toutes les fois que des soldats seront mécontents, ils s'entendront en quelque sorte sans se parler. D'ailleurs, pour se flatter de vaincre avec de pareilles troupes, il faudroit qu'elles fussent commandées par des généraux d'un mérite bien rare, ou n'avoir jamais à combattre contre des Gélons, des Timoléons, des Agathocles & des Romains.

Rome ne produisoit que des soldats, parce que la guerre étoit pour elle, ce que le commerce étoit pour Carthage. Elle ne négligeoit rien pour les former. Châtiments, récompenses, discipline sévere, tout étoit mis en usage. Toujours exercés, toujours aguerris, l'art militaire faisoit continuellement des progrès. Toujours animés de l'amour de la patrie, leur courage étoit un vrai fanatisme. Ils pouvoient être défaits, mais ils pouvoient à peine s'avouer vaincus; & nous les verrons, après les plus grands revers, compter encore sur la victoire. Vous jugez que Carthage ne pourra vaincre, qu'autant qu'elle aura, comme Thébes, un Épaminondas.

FIN du septieme volume.

BIBLIOTHEQUE ROYALE

www.ingramcontent.com/pod-product-compliance
Lightning Source LLC
Chambersburg PA
CBHW060953280326
41935CB00009B/713

* 9 7 8 2 0 1 1 8 6 3 2 1 8 *